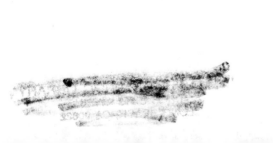

GREGG BRADEN

EL PUNTO
CRUCIAL

editorial Sirio

Si este libro le ha interesado y desea que lo mantengamos
informado de nuestras publicaciones, puede escribirnos a
comunicacion@editorialsirio.com,
o bien registrarse en nuestra página web:
www.editorialsirio.com

Título original: THE TURNING POINY
Traducido del inglés por Celia Quílez Díaz
Diseño de portada: Editorial Sirio, S.A.

© de la edición original
2014 Gregg Braden

Publicado inicialmente en inglés en el año 2007 por Hay House, Inc., en Estados Unidos.
Para oír la radio de Hay House, conectar con www.hayhouseradio.com

© de la presente edición
EDITORIAL SIRIO, S.A.

EDITORIAL SIRIO, S.A.	**NIRVANA LIBROS S.A. DE C.V.**	**ED. SIRIO ARGENTINA**
C/ Rosa de los Vientos, 64	Camino a Minas, 501	C/ Paracas 59
Pol. Ind. El Viso	Bodega nº 8,	1275- Capital Federal
29006-Málaga	Col. Lomas de Becerra	Buenos Aires
España	Del.: Alvaro Obregón	(Argentina)
	México D.F., 01280	

www.editorialsirio.com
sirio@editorialsirio.com

I.S.B.N.: 978-84-7808-957-4
Depósito Legal: MA-605-2014

Impreso en los talleres gráficos de Romanya/Valls
Verdaguer 1, 08786-Capellades (Barcelona)

Estamos saturados de información, pero faltos de sabiduría. A partir de ahora el mundo va a estar a cargo de sintetizadores —personas capaces de reunir la información necesaria en el momento adecuado, de pensar de un modo crítico sobre esta y de tomar sabiamente decisiones importantes.

E. O. WILSON (1929-),
biólogo evolucionista

EL PODER DE LA RESILIENCIA EN UNA ÉPOCA DE EXTREMOS

Si alguna vez has ido de viaje sabrás cuál es la rutina. Para prepararte, primero debes hacerte una idea del sitio al que vas a ir. Para ello, compruebas las condiciones meteorológicas del lugar, estudias algunos mapas y después haces las maletas con todo lo que crees que vas a necesitar para ese viaje. La clave aquí está en darte cuenta de que cuando sabes hacia dónde vas también sabes qué debes llevarte. Y cuando te encuentras yendo a un lugar en el que nunca has estado antes, te preparas para lo desconocido. Esta es la cuestión más importante que va a tratarse en este libro.

NUESTRO VIAJE

Todos estamos inmersos en un viaje, y de los importantes. Nuestro viaje nos conduce hacia un lugar en el que nadie ha estado antes. No hay guías ni rutas de viaje en Internet que nos puedan decir con precisión cómo será nuestro destino o qué necesitamos exactamente para llegar allí. A diferencia de esos viajes a lugares exóticos de los que podemos regresar en pocos días, aquí, en este viaje, solo tenemos un billete de ida. Al fin y al cabo, es un tipo de viaje distinto. No vamos solamente a otro lugar cualquiera de los muchos que hay en la Tierra. Nos dirigimos hacia otro mundo que, sin saberlo, se esconde bajo la cotidianidad de nuestras vidas —y según las decisiones que tomemos hoy, podremos llegar hasta allí.

Juntos avanzamos a gran velocidad por el carril rápido de una autopista que cruza la frontera de las creencias tradicionales, religiones y hábitos del pasado. Al hacerlo, estamos consiguiendo que desaparezcan los límites de lo que en su día pensamos que era imposible. Estas experiencias tan importantes son nuestro pasaporte de entrada a un nuevo mundo que emerge ante nuestros ojos.

NUESTRO DESTINO

No puedo decir con total seguridad cómo va a ser nuestro lugar de destino. Pero sé que nuestras vidas solo cambiarán a mejor después de que aprendamos a adaptarnos a los cambios climáticos en vez de tratar de controlarlos, de que nuevas y sostenibles economías reemplacen a aquellas que en la actualidad están fallando y de que abracemos la tecnología que nos ofrece la energía utilizando únicamente la necesaria sin recurrir a los combustibles fósiles y a sus efectos secundarios. Imagino un nuevo mundo. Y cuando lo hago, puedo ver un lugar mejor para todos nosotros. *Veo un mundo en el que ha mejorado el nivel de vida de todas las personas, en vez de que el nivel de vida de la mayoría se vea reducido en beneficio de unos pocos. Veo* un mundo donde la guerra ha quedado obsoleta y donde ya no tiene sentido usar la amenaza de la guerra para solventar nuestros problemas. Veo un mundo donde el amor por la cooperación es mayor que el miedo que nos conduce a la competición violenta. Y también veo un cambio en nuestra manera de pensar, que hará de todo esto algo verdaderamente posible. Sin embargo, para lograr este cambio, antes debemos empezar a reconocer las realidades que tenemos ante nosotros, así como la promesa que estas esconden. Un buen punto de partida es agradecer el hecho de estar viviendo en una época de hechos extremos.

UNA ÉPOCA DE HECHOS EXTREMOS

Estamos viviendo en una época en la que podemos esperar que sucedan *grandes* cosas —*grandes* cambios en el mundo y *grandes* cambios en nuestras vidas—. Y solo para que quede claro: cuando me refiero a hechos extremos, no necesariamente tienen que considerarse algo malo. Sencillamente, se trata de *grandes* transformaciones que están sucediendo en nuestras vidas, así como también en el mundo. Aquí me interesa explicar el hecho de que estamos viviendo en una extraña era de transición; las cuestiones de fondo sobre los hechos extremos se van a tratar en los últimos capítulos.

Estamos presenciando el surgimiento de una nueva «normalidad», y el éxito de nuestra transición reside en nuestra predisposición a reconocer el cambio y en saber cómo adaptarnos a él. La globalización en nuestra cultura en cuanto a trabajo, dinero, mercados y recursos nos muestra que ahora es imposible separar los hechos extremos del mundo de nuestra vida diaria. La crisis en el cambio climático es un claro ejemplo de esta conexión.

El aumento de las sequías causado por los cambios en el clima mundial se traduce en un aumento de los precios de los alimentos que compramos en nuestros mercados locales. Por otro lado, la deuda extrema y las crisis económicas que tienen lugar en otras zonas del planeta se traducen directamente en un incremento del coste de la gasolina, que repercute en el precio de los billetes de los autobuses, trenes y taxis que nos llevan diariamente al trabajo. A causa de estos hechos extremos y de muchos otros, los préstamos comerciales se han vuelto escasos y los intereses que estamos obteniendo de nuestros ahorros y cuentas de jubilación registran mínimos históricos. La desaceleración de la actividad industrial se traduce directamente en la pérdida de puestos de trabajo y de beneficios en nuestras comunidades locales.

Estas son muestras de los hechos extremos que están aconteciendo en el mundo, que están dando lugar a grandes cambios en nuestras vidas. Entre las muchas incertidumbres que traen, sin embargo, hay una cosa que podemos saber con absoluta certeza: nuestras vidas se están transformando de tal manera y a tanta velocidad que no estamos preparados para ello.

LA CLAVE

Soy optimista por naturaleza. Veo verdaderas razones para que seamos optimistas. Al mismo tiempo, soy realista. No me hago ilusiones en cuanto a la enorme cantidad de trabajo que se va a tener que hacer para dar a luz al nuevo mundo que se abre ante nosotros. Nuestra capacidad para afrontar con éxito los retos que convergen en nuestras vidas comienza por reconocer la que puede ser la más obvia, pero también difícil, pregunta que nos podríamos hacer: ¿cómo vamos a poder hacer frente a todos estos problemas si no estamos siendo honestos ante ellos?

Nuestra predisposición a reconocer la magnitud de esta simple pregunta es la clave para desarrollar más resiliencia en esta época de hechos extremos.

TODO EL MUNDO ESTÁ EN EL CAMINO

La mayor diferencia que hay entre los viajes que quizás hayamos hecho en el pasado y el gran viaje en el que estamos inmersos ahora es que en la actualidad no tenemos que recoger a nuestros compañeros de viaje. La razón es sencilla: todo el mundo está ya en nuestro viaje. No hay nadie que pueda mantenerse al margen. Nuestro mundo, hoy en día, está profundamente conectado a distintas escalas, de tal manera que es imposible que la transformación suceda en una parte del mundo y no se muestre en otras. Lo he podido comprobar en mis viajes por los lugares más remotos y aislados del mundo, como por ejemplo el Tíbet.

Tras una serie de peregrinaciones anteriores a los monasterios de la meseta del Tíbet, en 2005 vi por primera vez el resplandor luminoso de los teléfonos móviles iluminando oscuros recovecos en edificios con siglos de antigüedad. Fui testigo de cómo los bolsillos de las túnicas de los monjes y las monjas se iluminaban. La forma de vida de la gente que vive en estos monasterios remotos, tradicionalmente basada en el aislamiento, está cambiando hacia una mayor conectividad. Como consecuencia, sus tradiciones experimentarán cambios profundos e irreversibles.

UNA CRISIS DEL PENSAMIENTO

Pero no necesitamos ir al Tíbet para comprobar lo drásticamente que está cambiando el mundo. El cambio está presente en todo, tanto en aquello que funciona como en lo que no. Por ejemplo, la era basada en la economía del petróleo está dejando paso a una nueva economía en la que surgen nuevas formas de energía más limpias y sostenibles. La centralización en la producción de nuestros alimentos por parte de grandes corporaciones está cambiando hacia una producción más sana y sostenible por parte de productores locales que vigorizan la economía local. La práctica tan destructiva de crear riqueza a cualquier coste por parte de las empresas se está dirigiendo hacia nuevos modelos de responsabilidad social en cuestiones de inversión. Y así como el viejo mundo desaparece progresivamente y da paso al surgimiento de uno nuevo, el choque entre ambos hace que estemos viviendo una gran crisis, de la que todos somos conscientes pero de la que nunca hemos leído u oído hablar en los medios de comunicación. Es una crisis silenciosa, como cuando todo el mundo ve algo que es obvio pero nadie quiere reconocerlo. *Podría decirse que la mayor crisis a la que nos enfrentamos en esta época de extremos es una crisis del pensamiento.* En nuestro pensamiento se encuentra la clave para poder hacer frente a las necesidades de este mundo que emerge. Tú y yo hemos de emprender una tarea que jamás antes se ha llevado a cabo. Nos encontramos ante el reto de cambiar radicalmente la manera en la que pensamos sobre nosotros mismos y sobre nuestra relación con el mundo, y tenemos que hacerlo con una rapidez desconocida por cualquier otra generación de la historia.

Nuestra voluntad para pensar de un modo distinto sobre nosotros mismos y sobre el mundo es la clave que nos conducirá hacia el éxito en nuestro viaje. Y aunque es sin duda un gran viaje, también es un trayecto corto, porque el mundo al que viajamos ya está aquí. Está con nosotros ahora mismo.

NOSOTROS TENEMOS LAS SOLUCIONES

Afortunadamente para nosotros, toda aquella tecnología que necesitamos para superar esos grandes retos ante los que nos encontramos ya ha sido descubierta. Los principios más complejos ya se entienden. Todos ellos existen en este momento, aquí y ahora, y están a nuestro alcance. Existe un nuevo mundo donde la energía proviene de una fuente limpia y abundante, y es accesible a cualquier miembro de nuestra familia global, donde los alimentos sanos son cuantiosos y llegan a todas las bocas hambrientas de este planeta y donde todo ser humano tiene cubiertas las necesidades básicas para vivir saludablemente y con sentido su propia vida. Todo lo que se interpone entre nosotros y este nuevo mundo que aquí se describe es el *pensamiento*, que debe hacer espacio en nuestras vidas para todo aquello positivo que ya existe en el mundo.

¿Estamos dispuestos a abrazar el pensamiento que hace de estas posibilidades una prioridad? ¿Vamos a permitir finalmente que la ciencia nos revele estas verdades tan profundas sobre nuestra relación con nosotros mismos, con los seres que nos rodean y con el planeta, para que nos guíe en este viaje? Este libro se ha escrito para ayudarnos a encontrar las respuestas a estas preguntas.

EL PANORAMA

Al leer las páginas que siguen a continuación, te pido que retengas en la mente cinco hechos:

PRIMER HECHO: AHORA ES DISTINTO. Desde la quiebra de las economías nacionales y el fin de lo que se ha dado en llamar «la era del petróleo barato» hasta las realidades del cambio climático, pasando por la falsa creencia de que la guerra puede resolver nuestras diferencias, todo ello ha hecho que estemos viviendo en una convergencia de circunstancias extremas como nunca antes se había visto en la historia de nuestro mundo. *Ahora es distinto*, algo ha cambiado, y por eso la manera de pensar del pasado ya no funciona para solventar nuestros problemas.

SEGUNDO HECHO: EL PUNTO CRUCIAL DE UNA TRANSFORMACIÓN EXITOSA PUEDE REEMPLAZAR AL PUNTO CRUCIAL DE LOS HECHOS EXTREMOS. La naturaleza nos da la oportunidad de convertir toda crisis en una transformación, donde la supervivencia ante los hechos extremos de la vida puede conducirnos hacia una nueva y próspera forma de vida. Un punto crucial surge cuando una nueva fuerza —un hecho, un descubrimiento, una experiencia— cambia la forma en la que abordamos el curso de nuestros acontecimientos. *Lo importante aquí es entender que los puntos cruciales pueden ser espontáneos, pero también creados intencionadamente.*

TERCER HECHO: LA VIDA PUEDE IR A MEJOR, Y LA CLAVE ESTÁ EN NUESTRA RESILIENCIA. Es muy importante recordar que las únicas cosas que no están funcionando en nuestras vidas en este momento son las formas de vivir y de pensar que ya no son sostenibles. Nuestra propia resiliencia da cabida a grandes cambios en nuestras vidas y es nuestro mayor aliado en esta época de extremos.

CUARTO HECHO: TENEMOS NUEVAS SOLUCIONES. Ya disponemos de las soluciones necesarias para crear los puntos cruciales que transformarán nuestras vidas. No tenemos que reinventar la rueda. Lo que hemos de hacer es construir el «camino» del pensamiento que, a través de «ruedas» de soluciones, nos llevará hacia delante.

QUINTO HECHO: LA MAYOR CRISIS ES LA MÁS DIFÍCIL DE ACEPTAR. Lo único que se interpone entre la crisis y la transformación es aquello que han estado evitando científicos, políticos y líderes religiosos por igual. Es una crisis del pensamiento. Debemos abrazar un pensamiento que nos permita aceptar la existencia de soluciones dentro de nuestras propias vidas.

Son estos cinco hechos los que contienen la esencia misma de aquello a lo que nos enfrentamos y las claves del próximo paso de nuestra transformación y la del mundo. Nuestra capacidad de prosperar en medio de estos grandes cambios —*nuestra resiliencia*— es el primer paso que garantiza el éxito de nuestro viaje.

EN ESTE LIBRO

A través de los siguientes capítulos te invito a compartir un viaje veraz y objetivo lleno de posibilidades reales. Esto no es un bonito lienzo donde se pinta la vida de color de rosa. Se trata más bien de una evaluación honesta sobre la realidad que se presenta ante nosotros y de las significativas estrategias que nos pueden servir de guía a cada uno de nosotros a la hora de tomar las decisiones que van a transformarlo todo.

En las siguientes páginas voy a responder a grandes interrogantes que todo el mundo tiene en mente: ¿qué es lo que está causando estos hechos extremos en nuestro mundo? ¿Qué significado tienen estos extremos globales en nuestras existencias? ¿Cómo podemos hacer que nuestra vida y la de nuestras familias mejore a diario? A medida que leas, descubrirás lo siguiente:

- ✧ Las estrategias que podemos poner en práctica ahora mismo en nuestras vidas para crear puntos cruciales de transformación.
- ✧ Las claves de la resiliencia en tiempos de cambio para nuestras familias y sociedades.
- ✧ La clave para adaptarse con éxito a la nueva forma de pensar sobre los empleos y las carreras profesionales en un mundo transformado.
- ✧ Los hechos que nos han llevado a vivir en una época de extremos.
- ✧ La clave para adaptarse a una nueva manera de concebir el dinero y las finanzas en un mundo que ha cambiado.
- ✧ Por qué es posible elevarnos hacia un nivel de vida más puro, saludable y sostenible.

Es importante que sepas desde el principio qué puedes esperar de este libro, por qué razón fue escrito, qué es y qué no es:

✧ *El punto crucial no es un libro científico.* Aunque voy a compartir contigo los últimos avances de la ciencia que nos dan la oportunidad de replantearnos nuestra relación con el mundo y la manera como hemos estado condicionados a resolver nuestros problemas, este libro no se ha escrito para ajustarse al formato y a las normas de los libros de texto de las clases de ciencia o de las revistas especializadas.

✧ Este libro *no es un trabajo de investigación científica revisada por pares.* Los capítulos *no han pasado* por el largo proceso de revisión por el que suelen pasar los textos científicos para obtener un certificado por parte de una junta o un grupo de expertos, cuyo punto de vista está condicionado por lo aprendido en un campo de estudio concreto, como por ejemplo la física, las matemáticas o la psicología.

✧ Este libro *está bien documentado y se apoya en investigaciones profundas.* Está escrito de una forma amena y se incorporan estudios científicos, datos históricos y experiencias personales que refuerzan la visión de nosotros mismos como seres con un gran potencial.

✧ Este libro *es un ejemplo de lo que se puede lograr cuando se superan las tradicionales barreras que siempre ha habido entre la ciencia y la espiritualidad.* Si unimos los grandes descubrimientos del siglo XX en biología y ciencias naturales con el cambio social existente, obtenemos un marco de gran alcance en el que ubicar los grandes cambios de nuestro tiempo y un contexto que nos puede ayudar a lidiar con dichos cambios.

Cuando los hechos son claros, las opciones se vuelven obvias

A todos se nos condicionó a pensar sobre nosotros mismos, nuestras naciones, nuestras religiones y nuestras familias de un modo que nos ayudó a dar sentido a nuestro mundo en el pasado —a través de historias basadas en lo que nuestras familias y comunidades aceptaron como verdad en un momento dado—. No obstante, si somos honestos con nosotros mismos y con el hecho de que el mundo está cambiando, tiene sentido que nuestras historias también cambien. Te animo a que analices todos los hechos que se presentan en este libro y, tras ello, explores cuáles tienen sentido para ti. Habla sobre ello con los demás. Haciendo esto podrás descubrir por ti mismo si tu propia historia cambia, y cómo lo hace.

El punto crucial se ha escrito con un propósito en mente: darnos el poder de tomar las decisiones adecuadas que nos conduzcan hacia una vida próspera en un mundo nuevo, transformado y sostenible. Creo que es posible hacerlo a la vez que se conservan las tradiciones de nuestras culturas y el patrimonio que ha hecho de nuestro tiempo en este mundo una rica experiencia. La clave para nuestra transformación es muy sencilla: cuanto mejor nos conozcamos a nosotros mismos, más preparados estaremos para tomar decisiones con sabiduría.

GREGG BRADEN
Santa Fe, Nuevo México, 2014

PUNTOS CRUCIALES VERSUS
PUNTOS DE ELECCIÓN

En mi libro anterior, *El tiempo fractal*, incluí un análisis sobre *los puntos de elección* y la oportunidad que estos nos dan para iniciar cambios en nuestras vidas. Ahora me gustaría anotar la diferencia existente entre *los puntos de elección* que aparecen en *El tiempo fractal* y *los puntos cruciales* que vamos a explorar en las siguientes páginas.

En resumen, un punto de elección es una abertura (o ventana) precisa en el tiempo. Tiene un principio y un final que pueden ser conocidos y calculados matemáticamente. Un punto de elección se basa en hechos relevantes del pasado que repiten ciertos patrones de cambio en el tiempo. Haciendo uso de las matemáticas simples de la naturaleza, podemos descubrir cuándo se repetirán estos ciclos y cuándo los patrones son más propicios para un cambio positivo.

Por el contrario, un punto crucial no está vinculado a ningún momento específico en el tiempo. Mientras que las leyes naturales permiten puntos cruciales en nuestras vidas, el cuándo y el cómo de su aparición es una experiencia mucho más holística e intuitiva. Los puntos cruciales pueden surgir espontáneamente a través de los acontecimientos diarios de nuestras vidas, o también pueden ser creados intencionadamente por nuestra parte. Su belleza está en el hecho de que debemos cruzarlos *antes* de alcanzar un punto de no retorno.

Podemos pensar en los puntos cruciales como respuestas naturales a los hechos extremos de la vida y como una oportunidad para alcanzar finalmente aquello que el filósofo chino Lao Tzu escribió en el siglo VI a. de C.: «Si no cambias de dirección, probablemente termines donde empezaste».[1]

Capítulo 1

Ahora es distinto: una época de extremos

*Hasta que nos sentimos perdidos, o, en otras palabras,
hasta que hemos perdido el mundo, no empezamos
a encontrarnos a nosotros mismos.*

HENRY DAVID THOREAU (1817-1862),
filósofo y ensayista estadounidense

Los primeros rayos del sol de la mañana despuntaban a lo lejos en el horizonte cuando me disponía a apearme de la camioneta y pisar el suelo helado del aparcamiento. La capa de hielo bajo mis pies era inusual en esa época del año, y el solo conocimiento de su existencia no hacía que fuera menos peligroso caminar hasta la tienda de la gasolinera. La suela de cuero de mis botas no me estaba siendo de gran ayuda y apenas ejercía punción sobre el suelo: mi caminar se convirtió en un patinar de lo más incómodo.

Me encontraba de paso en una pequeña localidad del sur de Colorado, en mi camino hacia una reunión que tenía en Taos, Nuevo México, al final del día. Al recordar, de viajes anteriores, el largo trecho de desierto que tenía que cruzar para llegar hasta allí, consideré oportuno pararme en una gasolinera para repostar y tomar una taza de té caliente. En cuanto entré por la puerta y sentí el aire caliente del interior del local, vi un hombre de aspecto mayor que sorbía café de un termo en una mesa dispuesta cerca de la ventana. Acababa de presenciar el espectáculo de resbalones y patinazos que yo había ofrecido mientras trataba de andar desde mi camioneta hasta la puerta. Al pasar junto a su mesa, y sin siquiera mirarme, me dijo:

—Ahí fuera resbala bastante, ¿verdad?

—¿Así que usted ha visto mi baile? —le dije en un tono burlón.

—Sí, he visto todo el espectáculo —contestó—. Esas botas que lleva no son las adecuadas para este tiempo. Lo que necesita son unas como estas —me dijo, señalando sus gruesas botas de suela de goma debajo de la mesa.

—Ya tengo unas —le contesté—, pero están en casa. Suelo venir por aquí un poco más tarde, cuando el sol ya ha salido y el hielo se ha derretido. Ayer llegué con retraso y no quería que la tormenta me pillara. Así que he pasado la noche en el Best Western —le expliqué, apuntando en la dirección del único hotel de la ciudad. Pensé que ese era el final de nuestra conversación, así que lo que me dijo a continuación me tomó completamente por sorpresa.

—Sí, entiendo lo que quiere decir —prosiguió el hombre—. Se supone que no debería hacer tanto frío en esta época del año. Pero todo ha cambiado. Los nativos nos dijeron que esto era el comienzo... de todo. Nos contaron que la lluvia se detendría, que el clima cambiaría y que la gente se volvería loca tratando de entender qué está ocurriendo. El problema es que nadie les cree.

Las palabras de ese hombre eran inesperadas y estaban totalmente fuera de contexto esa mañana —al menos para mí—. Para él, sin embargo, se trataba obviamente de cuestiones en las que pensaba desde hacía tiempo. Por primera vez, alzó la vista hacia mí por debajo de la visera de su raída gorra John Deere. Me miró directamente a los ojos y me dijo:

—Ahora todo está fuera de control. Todo está fatal, amigo. Ha dejado de llover en la estación de las lluvias. Mi trigo ha dejado de crecer cuando supuestamente lo tenía que hacer. Mis vacas no pueden encontrar pasto para comer. —Y continuó—: No es nada bueno. Pero ¿qué le vas a hacer?, tienes que seguir viviendo. Al menos lo tienes que intentar y hacerlo lo mejor que puedas. Pero le diré una cosa: le aseguro que esto no es como lo de siempre.

El hombre me miró mientras se levantaba para irse y tomó un sorbo más de su café. Apenas habíamos intercambiado unas frases; sin embargo, sentía que acabábamos de mantener una conversación extraordinaria. Se giró y, mientras se disponía a ir hacia la puerta, terminó diciendo:

—Ahora cuídese, joven. Hay una larga franja de desierto hasta el lugar adonde va.

Vi cómo se dirigía hacia su descolorida y vieja camioneta International Harvester. Sabía que habían dejado de fabricar esos vehículos hacía más de treinta años. Le seguí afuera y me quedé ahí de pie observándole hasta que el ruido de la camioneta se desvaneció entre los sonidos de la mañana. Pensé sobre lo que había dicho y me pregunté si sería cierto.

Es un hecho que el mundo ha cambiado considerablemente, pero es difícil señalar con precisión cuándo se inició este cambio. Aquel hombre había dicho una cosa que no podía negar: estamos viviendo en una época extraordinaria en todos los sentidos. Realmente, nuestro mundo ya no es lo que era.

AHORA ES DISTINTO

Es cierto. Ahora es distinto. El mundo en el que crecimos ya no existe y ya nada volverá a ser como antes. Ha desaparecido ante nuestros ojos. Mientras hacíamos nuestras compras semanales, preparábamos la comida para nuestras familias y cuidábamos de nuestros ancianos padres, el mundo que conocíamos y en el que confiábamos desapareció. El problema es que nadie nos dijo que esto estaba ocurriendo. Nadie nos avisó de que nuestras vidas iban a cambiar para siempre.

No hubo ningún anuncio en los titulares del *Wall Street Journal* o del *USA Today*. No se emitió ningún programa especial en los canales de televisión, ni ningún reportaje de investigación en las noticias de la noche, ni tampoco apareció en la portada de ninguna revista una imagen atrayente que captara nuestra atención de entre los estantes de las tiendas del aeropuerto. El mundo que hemos conocido ya no volverá a existir, pero su desaparición no ha sido aceptada por la principal corriente de pensamiento. Esto ha hecho que no hayamos tenido la oportunidad de reconocer el gran cambio que se está dando en nuestras vidas. Un cambio que está impactando a un gran número de personas en la historia de la humanidad. Nunca hemos tenido la oportunidad de despedirnos de todas esas cosas que se han ido ni de llorar su muerte.

Ya vimos una evidencia del desvanecimiento de nuestro mundo cuando las pequeñas tiendas familiares que se alineaban en las calles de nuestras comunidades dieron paso a los grandes supermercados que las llevaron a la quiebra. Las granjas familiares en las que confiábamos para nuestro abastecimiento semanal de huevos y leche se han convertido en algo difícil de ver hoy en día incluso en las áreas rurales de Estados Unidos. Las tiendas de barrio con las que contábamos para cualquier tipo de arreglo, desde los agujeros en nuestros zapatos y neumáticos hasta las cortadoras de césped que utilizábamos para cortar la hierba que crecía en nuestro jardín, han empezado a ser un recuerdo del pasado. Ese modo de vida ha desaparecido por completo, y ha sucedido con tanta rapidez que muchas personas aún no saben que se ha ido para no volver. No se dan cuenta de que nuestro vulnerable mundo está inmerso en una transición y, por ahora, en un período de hechos extremos.

Aquí es donde comienza el problema. A causa de que estas personas desconocen el cambio que está teniendo lugar, aún esperan que el mundo de ayer regrese. Esperan que la vida vuelva a ser «normal». De forma consciente unas, inconscientemente otras, siguen aferrándose a una idea fija de lo que solía ser el mundo, de cómo las cosas se tenían que hacer y de qué lugar les correspondía en dicho mundo.

Muchos han puesto sus vidas en suspenso hasta que el mundo familiar y conocido retorne. Han postergado tomar decisiones importantes que afectan a sus vidas, como cuándo casarse, cuándo tener hijos o cuándo buscar trabajo en un nuevo campo que reemplace lo que ya nunca más va a existir. Se han mantenido al margen porque están esperando que el mundo vuelva a ser como el de antes y que todo regrese a la normalidad. Mientras esperan, se pierden lo mejor de la vida: ¡la vida en sí misma!

Si jamás hemos llorado la muerte de ese modo de vida que ahora ya ha desaparecido por completo, podemos dejarlo ir sin más.

ESPERAR QUE VUELVA «LA NORMALIDAD»

Recuerdo una conversación que tuve hace algunos años que ilustra a la perfección lo que quiero decir cuando hablo de esperar que la vida «vuelva a la normalidad». Estaba conversando con la empleada de una gasolinera en un pequeño pueblo de montaña sobre la situación de la economía y sobre cómo se las apañaba la gente del lugar.

—¿Cómo van las cosas en esta parte del mundo? –le pregunté–. ¿El negocio va bien?

Encogiéndose de hombros, la mujer de detrás del mostrador dejó de contar el cambio de la caja registradora y me miró:

—¿Realmente lo quiere saber? –me preguntó.

—Por supuesto –le dije con una sonrisa–. No lo habría preguntado si no quisiera saberlo.

—Nada ha vuelto a ser igual desde que la mina cerró –empezó a contar–. La gente ganaba bastante dinero. Tenían un buen trabajo, obtenían buenos beneficios y contaban con seguridad laboral. Y luego, todo cambió. Todo se fue al garete. Con la mina, las cosas siempre han ido así. Cuando está en funcionamiento, todo va bien. Cuando no, es un verdadero infierno para la gente. Hace unos años el precio del mineral cayó hasta valores tan bajos que la mina tuvo que cerrar, y eso hizo que centenares de personas se quedaran sin trabajo.

—Esto tiene que ser duro. ¿Cuánta gente del pueblo trabaja en la mina?

—Cuando está abierta, es la empresa que más empleo da en el condado —me contestó—. En los buenos tiempos se trabaja veinticuatro horas al día siete días a la semana, y se emplea a alrededor de seiscientas personas para cubrir tres turnos.

—¿Cuánta gente vive en el pueblo? —le pregunté.

—Nuestra población es de unos mil ochocientos cincuenta habitantes —me respondió—. Alrededor de una tercera parte del pueblo ha trabajado en la mina. Cuando va bien, va realmente bien. Y cuando la cosa va mal, bueno...

—Y, entonces, ¿qué hace ahora la gente? —le pregunté—. ¿Cómo se gana la vida?

—Oh, están por aquí —dijo ella—. Hacen todo lo posible para tirar adelante. Algunos chicos son mecánicos y trabajan con los coches de la gasolinera que está ahí en el camino. Otros cortan leña o rescatan renos. Están haciendo casi todo lo posible para salir adelante hasta que la mina vuelva a abrir.

—¿Cómo sabe que la mina volverá a abrir? —le pregunté—. ¿Cuánto tiempo ha pasado desde que cerró?

—Cerró hace cinco años y dos meses —me dijo—. Hay un equipo mínimo de empleados que aún trabaja para mantenerlo todo en marcha. Se rumorea que van a volver a abrirla, pero nadie lo sabe con total seguridad. Lo único que podemos hacer es tener esperanza.

—Tendré esperanza y rezaré por vosotros —le dije mientras firmaba mi recibo. Otro cliente entraba cuando me di la vuelta y me puse a contemplar de nuevo la belleza de las montañas que se alzaban por encima de aquel pueblo. Estaba sorprendido por lo que acababa de escuchar. Mientras conducía de regreso a la carretera principal, no pude dejar de pensar en los paralelismos entre lo que la mujer de la caja registradora acababa de contarme sobre su pequeña comunidad y lo que está sucediendo a distinta escala en el mundo entero. Tal vez lo más importante haya sido el hecho de que he experimentado de primera mano la forma en la que la gente se enfrenta a los cambios que desgarran el tejido de su seguridad y de sus vidas.

En el caso de las minas, estas cerraron porque el mundo ha cambiado. Aquel mineral que era su medio de vida y del que tanto dependían se extrae ahora de China y a bajo coste. Este pequeño cambio no es más que una faceta del gran cambio que se está dando en el equilibrio de los recursos globales. Para la pequeña comunidad minera es una transformación que decanta la balanza a favor de otra economía que se encuentra en otro país.

Lo importante es entender que la reticencia de estas personas a desapegarse de la seguridad de lo que les es conocido hace que se pierdan la oportunidad de crearse una seguridad incluso mayor en este nuevo mundo que emerge.

A veces tratamos de justificarnos ante nuestra reticencia a dejar ir el pasado diciendo que los cambios que vemos son temporales. Así como los ejecutivos del mundo de la música creyeron que la revolución del *rock and roll* iba a ser una «locura temporal» cuando apareció a principios de 1950, o como algunos «expertos» en tecnología creyeron que los ordenadores iban a ser una moda pasajera cuando entraron en escena en la década de 1960, ver tantos cambios a tan gran escala ocurriendo tan rápidamente es claramente un signo de que se ha superado el mundo de ayer. Y es por eso por lo que es imposible volver atrás. Nuestra reticencia a aceptar la existencia de estos cambios puede poner en peligro nuestra capacidad para adaptarnos —pues solo podemos hacer frente a los cambios que reconocemos.

> ¿Cómo vamos a prosperar en el nuevo mundo
> si lo único en lo que centramos nuestra atención
> es que todo vuelva a ser como antes?

UNA ÉPOCA DE EXTREMOS

Hay distintas fases de cambio en este mundo que emerge. Ya no vivimos en esos países aislados que fundaron y constituyeron nuestras políticas y modos de pensar del siglo XX. Ya no vivimos en naciones con economías, tecnologías, redes de energía ni sistemas de defensa y comunicación aislados. Estos hechos nos han llevado a saber con certeza dónde nos encontramos en este preciso momento: estamos viviendo con un nuevo conjunto de reglas para aplicar a nuestras vidas, a nuestras carreras y al conjunto del mundo.

La manera en la que ahora pensamos sobre el dinero y nuestra seguridad económica no es igual a la manera en la que nuestros padres o nuestros abuelos pensaban sobre ello. La manera en la que pensábamos sobre nuestros empleos, en cuanto a lealtad hacia la empresa y cercanía al puesto de trabajo, ha dado paso a una menor lealtad y a una concepción más global de todo. El rol que desempeñan la religión y la espiritualidad en nuestras vidas está tomando un nuevo sentido cuando tratamos de aplicar a las crisis del siglo XXI ideas de más de dos mil quinientos años de antigüedad. Lo que pensamos sobre la medicina, la enfermedad y la sanación está convergiendo en un nuevo modelo holístico de bienestar para nosotros y nuestras familias. Los grandes principios que nos ayudaron a sentirnos seguros en nuestras comunidades y hogares están cambiando. Hechos como estos nos conducen hacia una de las más cruciales aunque menos entendida de todas las verdades de nuestro tiempo: *estamos viviendo en una época de muchos extremos, y todos ellos ocurren a la vez.*

Las mentes más prodigiosas de nuestro tiempo están de acuerdo en que tú y yo estamos viviendo un cambio radical en el mundo y en nuestras vidas como nunca antes ningún documento histórico ha registrado. Entonces, ¿a qué nos enfrentamos precisamente? ¿Qué es eso que nuestras generaciones pasadas nunca tuvieron que afrontar? Si bien la respuesta a estas preguntas podría llenar las páginas de un libro entero —y de hecho hay otros autores que han realizado un trabajo magnífico respecto a esto—, esta no es mi intención ni la razón por la que estoy abordando este punto. Más bien se trata de proporcionar los antecedentes que explican por qué tenemos la necesidad de pensar de un modo distinto.

Con todas estas ideas en mente, lo que sigue es un resumen de las condiciones climáticas, poblacionales, energéticas y económicas que hacen del «ahora» algo diferente respecto al pasado.

EXTREMOS CLIMÁTICOS

No es solo nuestra imaginación. No son solo las advertencias enfáticas de unos ecologistas recelosos que nos dicen
que estamos ante una época de extremos. No son solo los
ancianos de todas las comunidades indígenas del mundo que
comparten la sabiduría y las advertencias de sus antepasados
con respecto a nuestra época. De hecho, son los propios datos los que nos lo cuentan. Y estos datos nos dicen que estamos viviendo en una extraña época de cambios cíclicos que
pocos seres humanos experimentaron en el pasado. A partir
de las inundaciones, huracanes y tornados sin precedentes,
así como el récord de temperaturas o las grandes tormentas,
desde mediados de 1990 nuestra familia global se ha enfrentado a una crisis, y ya padecemos las secuelas de ello: un número cada vez mayor de eventos climáticos extremos están
teniendo unas consecuencias como nunca la tuvieron antes
(en aquellos períodos en los que contamos con registros históricos al respecto).

- ❖ **HECHO:** Hemos sobrepasado los umbrales ecológicos vitales que es necesario respetar para la supervivencia en la Tierra (un ejemplo son los altos niveles
   de CO_2 y la extinción de especies animales).[1]
- ❖ **HECHO:** Entre febrero y marzo de 2010 aumentó
   dos veces y media la cantidad de inundaciones devastadoras que tuvieron lugar en todo el mundo, si lo
   comparamos con el total de inundaciones que hubo
   durante la misma estación del año pero para el período comprendido entre 2002 y 2006.

❖ **Hecho:** Se ha producido un incremento del número de tormentas tropicales en el Atlántico norte, registrado por el Servicio Nacional de Meteorología entre 1998 y 2007. Es una tendencia que continúa hasta nuestros días.

❖ **Hecho:** Ha habido un ascenso drástico del número de incendios forestales (asociados con las sequías) desde 1998 en América del Norte y en gran parte de Australia y Europa.

Si bien no es inusual que ocurran esta clase de desastres climáticos, sí lo es que se estén dando un gran número de estos sucesos en distintos lugares del mundo al mismo tiempo: «Cada año suceden hechos climáticos extremos –afirma Omar Baddour, ingeniero jefe de meteorología de la Organización Internacional de Meteorología de Ginebra (Suiza)–, pero es inusual que se estén produciendo estos hechos extremos a la vez».[2] Mientras Baddour nos alertaba de que los sucesos climáticos globales iban a ser distintos a lo usual en invierno de 2012, una extraña serie de tormentas estaba produciendo estragos alrededor del mundo. Esto incluyó grandes inundaciones en el Reino Unido, un aumento de los incendios en Australia y una tormenta épica de lluvia y nieve que amenazó la vida de ciento sesenta mil sirios, que tuvieron que desplazarse a campamentos provisionales en el Líbano. Antes de que llegaran los meses de invierno, se sabía que 2012 iba a ser un año de récords. A finales de año, los eventos climáticos extremos dejaban un legado que incluía:

❖ El registro del año más cálido desde 1850.

- ✧ El registro de los valores más bajos de precipitaciones en la estación de lluvias en Estados Unidos, con un 39% del país en extrema sequía.

- ✧ El registro del récord de altas temperaturas en Estados Unidos, con ciento noventa y siete máximos históricos alcanzados o superados.

- ✧ La supertormenta Sandy, que provocó olas de casi diez metros de altura en el puerto de Nueva York; todo un récord.

Un estudio publicado por la revista *Climatic Change* nos dice sin reservas que estos sucesos extremos son algo más que simples anomalías locales. Están ocurriendo a escala global, pese a que el mundo no está preparado para unos cambios climáticos tan rápidos: «En la última década se han registrado olas de calor sin precedentes —señala Dim Coumou, autor principal del estudio—. Por ejemplo, en Estados Unidos en 2012, en Rusia en 2010, en Australia en 2009 y en Europa en 2003».[3] Coumou resume el impacto que tienen dichos sucesos extremos con una frase; afirma que «las altas temperaturas extremas son la causa de muchas muertes, de gran parte de los incendios forestales y de grandes pérdidas —las sociedades y los ecosistemas no están adaptados a estos nuevos récords en las temperaturas».[4]

Mientras las controversias de décadas anteriores respecto a la existencia y las causas de estos eventos extremos siguen sin resolverse, los datos de la Tierra hablan por sí mismos. Es un hecho comprobado que en la historia de nuestro planeta se han producido cambios dinámicos en los patrones climáticos y meteorológicos. También es un hecho que los patrones del pasado sugieren que deberíamos experimentar en la actualidad un calentamiento del planeta.

Los datos de la muestra de hielo representados en la figura 1.1A muestran claramente los ciclos de calentamiento y enfriamiento que han tenido lugar a lo largo de los últimos cuatrocientos veinte mil años. El «0» en la parte derecha de la escala corresponde al presente. Esto indica que nos encontramos en un momento en el que es del todo razonable esperar un calentamiento general de la Tierra. La cuestión es: ¿cuánto debemos esperar?

La figura 1.1 nos da una idea más clara del aspecto que tiene un calentamiento para un período de tiempo más corto. En este caso, los indicadores revisados de los últimos dos mil años muestran las temperaturas que se alcanzaron en el período de calentamiento medieval (PCM) entre el 820 d. de C. y el 1040 d. de C., con valores cuatro veces superiores a los experimentados a día de hoy. Otro episodio de calentamiento acontecido a finales de 1200 d. de C. muestra unas temperaturas superiores a las de la actualidad.[5] Aunque los valores son fracciones de un grado Celsius, comparto la información para poner en perspectiva el cambio climático en sí y qué significa en nuestros tiempos.

Es interesante percatarse de que los cambios en las temperaturas del pasado ocurrieron sin que se dieran los factores que comúnmente creemos que son la causa de dichos sucesos extremos, tales como las emisiones de CO_2. La cuestión es: ¿por qué? Si el CO_2 no fue el causante de dichos cambios, ¿cuál fue la causa? Y ¿qué significado tiene esto para nosotros hoy en día? Estas son preguntas que debemos contestar

Cambios en las temperaturas en la Edad de Hielo

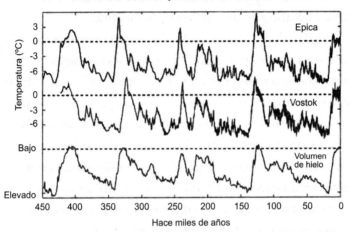

Reconstrucción de la temperatura global

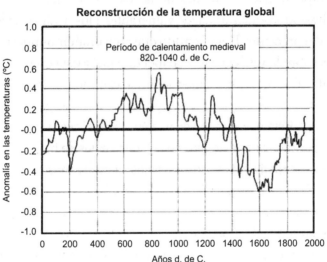

Figura 1.1. Es un hecho que el clima del mundo está cambiando, y el calentamiento forma parte de dicho cambio. La imagen superior (1.1A) muestra los ciclos históricos de calentamiento, así como también los de enfriamiento, representados por los núcleos de hielo durante los últimos cuatrocientos veinte mil años. Fuente: Petit/NOAA/GNU documentación libre de licencia. La imagen inferior (1.1B) muestra las desviaciones en la temperatura de los últimos dos mil años, por encima y por debajo de los niveles considerados normales. En este caso los datos muestran claramente los ciclos de calentamiento y enfriamiento del pasado, incluyendo el período de calentamiento medieval (PCM), con temperaturas de 0,5 °C por encima de lo normal, y el enfriamiento que le sigue. Fuente: adaptado de *Energy and Environment*, vol. 19, n.º 1 (2008).

honestamente si queremos hacer frente a los problemas del cambio climático de una manera significativa.

Aquí es donde entra en juego nuestra honestidad a la hora de reconocer los datos. Si, como estos sugieren, estamos experimentando una nueva normalidad en cuanto al cambio climático y sus efectos, tales como el calentamiento y las grandes tormentas, está claro que nuestro deber es adaptarnos a este cambio en vez de esperar que las condiciones vuelvan a ser como las de antes. Tiene sentido que adaptemos nuestro estilo de vida, el modo en que cultivamos nuestros alimentos y cómo diseñamos nuestros hogares, así como que nos replanteemos la validez de las elecciones que hicimos en el pasado y que nos hacen vulnerables a los hechos extremos del presente. Tiene sentido que reexaminemos nuestras ideas sobre la resiliencia y el papel que juega esta en nuestra adaptación (más que recuperación) al cambio.

> Estamos viviendo en una época de sucesos climáticos extremos como nunca antes se ha experimentado en los últimos cinco mil años.

EXTREMOS POBLACIONALES

Se cree que la cantidad de población mundial prácticamente no varió desde el final de la última era glacial, hace unos doce mil años, hasta más o menos la mitad del siglo XVII. Durante ese período, el número de nacimientos se compensaba con el número de defunciones; el ser humano trataba de sobrevivir a los mamuts lanudos, a los tigres de grandes colmillos y a la brutalidad de los fríos inviernos causados por el cambio climático. Así pues, durante los últimos once mil quinientos años no se registraron más de quinientos millones de habitantes en todo el planeta. Para ponerlo en perspectiva, esto significa que *la cantidad total de población que se sostenía gracias a los recursos del planeta en la antigüedad corresponde tan solo al total de habitantes de la India en la actualidad.*

Después de 1650, las condiciones cambiaron y la población empezó a crecer. La imagen de la figura 1.2 da una idea de cuán velozmente se ha producido este crecimiento.

Entre 1650 y 1804, la población del planeta Tierra se duplicó; alcanzó los mil millones de habitantes. Después de llegar a esta cifra, en tan solo ciento veintitrés años se duplicó de nuevo, hasta los dos mil millones. Desde entonces, la tendencia continúa; la duplicación tiene lugar cada vez en

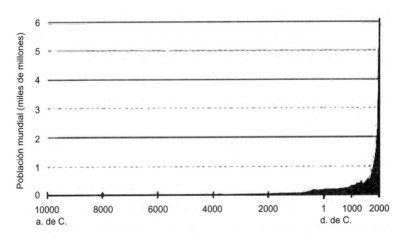

Figura 1.2. Estimación de la población mundial entre el 10000 a. de C. y el 2000 d. de C. El marcado aumento alrededor del año 2000 se inició en 1804, cuando el total de la población alcanzó los mil millones. El espectacular crecimiento de la población desde ese hito sin precedentes en la historia del mundo es clave para entender el crecimiento en la demanda de energía, alimento y otros recursos necesarios para sostener a nuestra familia global. Fuente: de dominio público.

menor tiempo. A medida que el número de habitantes del mundo aumentaba a tres mil millones, cuatro mil millones, cinco mil millones y seis mil millones, el número de años necesarios para añadir mil millones más pasó de cientos de años a solo treinta y tres, catorce, trece y doce años, respectivamente. En 2012, nuestra familia global alcanzó un nuevo récord: siete mil millones de habitantes. A pesar de que parece que este crecimiento explosivo ha ido frenándose poco a poco, continúa.

Joel E. Cohen, biólogo matemático y director del Laboratorio de la Población de la Universidad Rockefeller, afirma en *Scientific American*: «El máximo de crecimiento poblacional jamás antes alcanzado, con un crecimiento del 2,1% por año, se obtuvo entre 1965 y 1970. La población mundial nunca ha crecido tan rápidamente como en el siglo XX y nunca más volverá a hacerlo a tanta velocidad».[6]

La buena noticia de la investigación de Cohen es que parece que el cénit de la explosión demográfica ya se alcanzó hace cuarenta años. Por otro lado, hemos de recordar que la mayoría de los nacidos en esa época siguen vivos y necesitan encontrar recursos como comida, agua, casa y trabajo para sostenerse durante su vida —la esperanza de vida media actual es, considerando el conjunto del mundo, de sesenta y siete años. Aquí es donde la política, la tecnología, los estilos de vida y las costumbres milenarias convergen y dan lugar al caldo de cultivo de las crisis sociales que vivimos en la actualidad.

La Agencia Central de Inteligencia de Estados Unidos (CIA), cuyos recursos para la recogida de datos le ha permitido proporcionar algunas de las informaciones más precisas y actuales, describe la necesidad de registrar este tipo de estadísticas: «La tasa de crecimiento poblacional es un factor importante para determinar la carga que se le impone a un país cuando se producen cambios que afectan a las necesidades de su población en cuanto a equipamientos e infraestructuras (por ejemplo, escuelas, hospitales, casas y carreteras), recursos (por ejemplo, alimento, agua, electricidad) y trabajo. El rápido crecimiento poblacional se puede ver como una amenaza para los países vecinos».[7]

La tasa de crecimiento poblacional alcanzó su máximo entre 1965 y 1970. Aún tenemos que encontrar los recursos que permitan sostener a toda la población nacida durante ese período a lo largo de toda su vida.

EXTREMOS ENERGÉTICOS

Existe una relación directa entre la cantidad de personas que viven en el mundo y su demanda de energía. Si bien vamos a explorar la relación existente entre la población y la energía en capítulos posteriores, lo importante aquí es entender que la creciente población mundial, así como el creciente número de personas que aspiran a vivir bajo un modelo energético propio del estilo de vida occidental, han empujado a que los niveles de demanda energética hayan alcanzado valores récord. Durante el último siglo, la demanda ha sido satisfecha gracias a los combustibles fósiles.

A lo largo del siglo XIX, el carbón fue abundante en Europa y América del Norte, y tan barato que rápidamente se convirtió en el combustible favorito de todo el mundo. Durante más de cien años, el carbón alimentó las máquinas de vapor de las industrias, los navíos y los ferrocarriles de la Revolución industrial. En 1800 se estima que en todo el mundo se utilizaban alrededor de diez millones de toneladas de carbón por año para satisfacer las necesidades energéticas. En 1900, esta cifra se multiplicó por cien; se llegó a los mil millones de toneladas. En la actualidad, el carbón sigue siendo la principal fuente de energía utilizada para alimentar las turbinas y generar electricidad para el planeta. En 2010 se utilizaron siete mil doscientos millones de toneladas solo para este propósito.

La Administración de Información de la Energía de Estados Unidos estima que al mundo solo le queda un siglo y medio de reservas de carbón, si se sigue con el ritmo actual de explotación de este recurso.[8] Sin embargo, el carbón no se emplea más allá de las redes eléctricas industriales. Cuando necesitamos calentar nuestros hogares, cocinar con los fogones de nuestras cocinas o llenar nuestros automóviles de combustible, dependemos del petróleo.

Después de la Segunda Guerra Mundial, el petróleo devino seguro y barato, y se hizo popular. Desde entonces, ha sido el combustible elegido para los usos energéticos domésticos. Pese a que las reservas mundiales parecían casi inagotables al principio de la era del petróleo, el hecho de que sea una fuente finita nos dice que no es razonable confiar en este recurso para la creciente necesidad de energía del mundo que se dará en el futuro. Podemos asumir esta comprensión intuitivamente y la vemos confirmada por un geólogo que puso estos hechos en perspectiva en la década de 1950. Este geólogo, M. King Hubbert, estableció la cronología de la disponibilidad del petróleo en el mundo.

En lo que se ha convertido en la clave para determinar cuánto tiempo podemos esperar que duren los suministros de petróleo, Hubbert colocó los factores más relevantes respecto a este recurso (tales como las reservas estimadas, las reservas probadas, las reservas recuperables, etc.) en una fórmula que describe cuánta cantidad existe realmente y

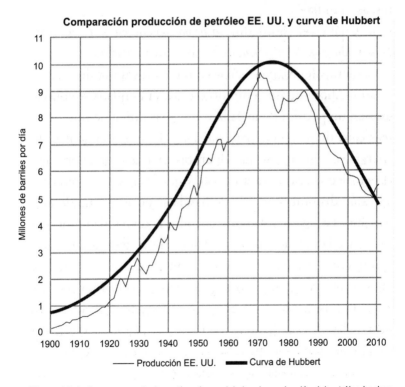

Figura 1.3. La imagen muestra las estimaciones del pico de producción del petróleo hechas para Estados Unidos por M. King Hubbert, junto a la curva de producción actual. La comparación entre ambas muestra la exactitud de los cálculos de Hubbert y nos sirve de precedente a la hora de aplicar cálculos similares sobre una base global. Fuente: Administración de Información de la Energía de Estados Unidos.

cuánto va a durar.[9] El resultado fue la curva estadística que ahora lleva su nombre, la curva de Hubbert —más comúnmente conocida como *curva del pico del petróleo*—. La figura 1.3 muestra la curva teórica del pico de producción del petróleo y la curva real de la producción de petróleo en Estados Unidos. Los datos reales se correlacionan prácticamente con la curva predicha. Resultados tan convincentes como estos se pretenden aplicar ahora a las estimaciones globales para que nos den una idea realista de cuánto tiempo durarán las reservas mundiales.

¿Cuál es el resultado? *Ya hemos pasado ese pico, ese cénit de la producción del petróleo*; de hecho, tuvo lugar hace aproximadamente veinticinco años —a mediados de la década de 1980—. Ahora hemos entrado en una era en la que confiamos en un petróleo que cada vez es más difícil de obtener y más caro de producir para satisfacer la demanda global de energía. El dilema es que mientras sabemos de sobra que el petróleo «barato» ya no existe y que las reservas mundiales están disminuyendo, la demanda sigue aumentando año tras año. La figura 1.4 muestra cómo la demanda empezó a superar a la producción a mediados de la década de 1980. Como consecuencia de que está aumentando la conciencia medioambiental, junto con la aparición de automóviles más eficientes, la demanda de petróleo en los países occidentales desarrollados está disminuyendo. Sin embargo, la demanda total sigue creciendo, debido principalmente a las economías emergentes, como las de la India y China.

Hasta hace poco la cantidad de petróleo disponible ha podido seguir el ritmo de lo que se ha necesitado. Está claro, sin embargo, que esta relación no puede prolongarse durante

Producción y consumo de petróleo en el mundo 1965-2000

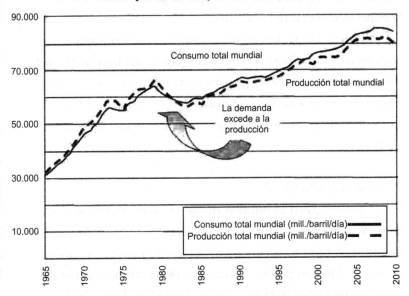

Figura 1.4. Esta imagen muestra la producción global de petróleo comparada con la demanda total. Los datos muestran claramente dos tendencias: la demanda de petróleo es mayor que la disponibilidad total de este recurso a mediados de la década de 1980 y la diferencia entre la demanda y la producción está aumentando. Fuente: «BP Informe Estadístico de la Energía Mundial», junio de 2010.

mucho más tiempo bajo unas condiciones como las que se dan en la actualidad.

Ahora que la disponibilidad de petróleo barato está disminuyendo, los científicos tienen que buscarlo cada vez a mayor profundidad, en los océanos bajo miles de kilómetros de agua y, también, bajo miles de kilómetros de rocas en la tierra. Esto hace que las perforaciones sean cada vez más difíciles de realizar y que aumente el coste de extracción, con lo cual la explotación del petróleo es cada vez menos rentable. El término que describe esta relación es el *retorno sobre la inversión* (RSI). El decrecimiento del RSI en la producción del petróleo hoy en día es un factor que le da un nuevo sentido a la expresión «pico del petróleo».

Si bien el petróleo seguirá siendo un medio importante para satisfacer las necesidades energéticas del mundo en un futuro próximo, su protagonismo está menguando, ya que la aparición de las energías renovables y los avances en las tecnologías del gas natural le están dando la vuelta a la ecuación de la energía.

EXTREMOS ECONÓMICOS

Cuando miro al público desde el escenario en mis seminarios, no es raro que advierta cómo los ojos de los participantes se ponen vidriosos en cuanto menciono la palabra *economía*. Muchas personas vinculan este término con el dinero, un tema que para muchos es aburrido y demasiado técnico. Pero cuando comparto que la economía del mundo es mucho más que una cuestión de dinero, el público empieza a sentir curiosidad. «¿Cómo podemos tener una economía sin dinero?», comienzan a preguntar. La respuesta sorprende a algunas personas.

Ya sea que estemos hablando de la economía de una familia o de la economía de un planeta, *quizás* incluya al dinero, pero no tiene por qué hacerlo. Nuestra economía global es parte de la estructura de unas relaciones que entretejen y unen a las familias, comunidades y naciones del mundo. Es el medio para que podamos compartir lo que tenemos con otras personas que lo necesitan, y para que estas hagan lo mismo con nosotros. Sin una economía no podríamos compartir los alimentos, la energía, la medicina ni los bienes que son vitales para vivir cada día.

Con esta idea sobre la economía en mente, la audiencia pasa de tener simple curiosidad por la cuestión a prestar un verdadero interés. De repente, su significado se ve claro: estamos hablando de la vida y, en esencia, de todos los cambios que nos afectan a diario a cada uno de nosotros.

Si bien es interesante investigar el tema de la economía mundial en cualquier época, es crucial hacerlo en esta época de extremos por una razón importante: tiene problemas. Dependiendo de los expertos a quienes preguntes, algunos de ellos te dirán que la economía global se ha fracturado y que se necesita una cura; otros te asegurarán que se ha roto del todo y que ya no hay cura que valga. Sin embargo, casi universalmente todos están de acuerdo en que la economía global como la hemos conocido hasta ahora, con los efectos que tiene en cada una de nuestras vidas, se tambalea y está al borde de un colapso como nunca antes hemos presenciado.

Las razones que contribuyen a esta situación de gran vulnerabilidad son muchas y en su raíz aparecen un gran número de factores, empezando por la estructura misma del sistema bancario del siglo pasado. No puedo analizar estas razones en unas pocas páginas. De hecho, aunque dicha información es muy interesante, realmente no tenemos que centrar nuestra atención en ella para introducir en nuestras vidas los cambios que las harán más resilientes. Así pues, me limitaré a enunciar en esta parte del libro dos elementos clave que convergen en el panorama económico mundial. Ambos contribuyen a nuestra época de extremos y, de hecho, están afectando a tu vida ahora mismo.

Estos factores son:

1. La reserva monetaria mundial.
2. Los niveles sin precedentes de deuda.

Cada una de estas ideas, por sí sola, es fácil de entender. Cuando las ponemos juntas, nos cuentan una historia. Esta historia será importante en capítulos posteriores de este libro. Todo ello se relaciona con la creación de resiliencia en nuestras vidas.

Factor 1: El dinero que todo el mundo usa

Después de la Segunda Guerra Mundial, los Estados Unidos eran sin duda la mayor economía del mundo, basada en la fuerza y la estabilidad de su moneda: el dólar americano. Debido a su resistencia y fiabilidad, el dólar se escogió como la moneda de cambio entre los distintos países para la compra de recursos tales como petróleo, oro y alimentos. El 22 de julio de 1994 se convirtió oficialmente en la moneda de reserva mundial. La definición de moneda de reserva es: «Moneda que se guarda en grandes cantidades por parte de muchos gobiernos e instituciones como parte de su reserva de divisas extranjeras».[10]

Tener una moneda de reserva mundial tiene sus ventajas y sus inconvenientes. Para el país emisor de la moneda es algo bueno, porque le asegura que siempre haya una demanda de su dinero. Esa nación también tiene ventaja cuando se trata de los tipos de cambio y de la compra de productos importados. La desventaja es que el estado de la moneda de reserva afecta a cada una de las economías que la usan.

Hoy en día, el mundo emplea múltiples monedas de reserva. Estas distintas monedas se guardan en una «cesta», el

90% de la cual está ocupada por el dólar americano y el euro. Como estas dos son las principales monedas de reserva, se almacenan grandes cantidades de ellas en las instituciones financieras y en los bancos (ver la figura 1.5). En el restante 10% de esta «cesta» de reserva hay otras monedas, tales como la libra esterlina británica, el yen japonés y el franco suizo.

Esto significa que la estabilidad del dólar y del euro tiene un gran impacto en muchas de las economías del mundo; y aquí es donde empiezan los problemas. La deuda que va unida a las monedas de reserva es uno de los factores que más contribuyen a nuestra época de extremos.

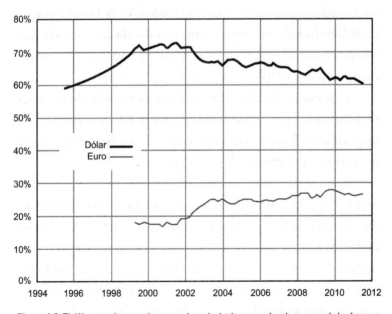

Figura 1.5. El dólar americano y el euro son las principales monedas de reserva de los bancos del mundo. Debido a que las grandes transacciones entre naciones de materias primas como energía y alimentos se hacen con estas monedas, su equilibrio y estabilidad tiene grandes efectos en las economías mundiales.

Factor 2: Deuda, deuda y más deuda

No es ningún secreto que la economía global está en crisis y que la deuda representa una gran parte del problema. Rara vez pasa un día en que los medios de comunicación no nos recuerden la crisis de la deuda en la zona euro o el escalonamiento de la deuda de Estados Unidos, que crece a un ritmo alarmante. Si bien la deuda siempre ha sido un factor presente en los gobiernos y en las naciones, a raíz de la crisis bancaria de Estados Unidos en 2008, durante la cual el dinero se destinó a evitar el colapso global de las entidades bancarias, la deuda del país y la de todo el mundo entró en una espiral sin control. Esta situación nos ha empujado hacia un terreno desconocido. Nunca antes las mayores economías del mundo, como la de Estados Unidos, la de la zona euro y la de Japón, habían cargado con una deuda tan elevada que igualara o incluso superara sus ingresos anuales o producto interior bruto (PIB).[11]

La forma en la que esta crisis se está abordando en la actualidad en los países con deuda es añadiendo más capital a su disponibilidad de dinero para asegurar que hay el suficiente para pagar las facturas, de tal modo que la rueda del comercio pueda seguir girando. Mientras que el término comúnmente utilizado para describir esta práctica es el de *imprimir* dinero, en la actualidad solo una pequeña parte se fabrica en realidad físicamente, como dinero que puedes guardar en tus bolsillos. La creación de dinero es una cuestión que está más relacionada con las reservas monetarias y con las políticas expansivas monetarias, como los programas de flexibilización cuantitativa (QE1, QE2, QE3, etc.), diseñados para crear un efecto por el que parece que se añade dinero al sistema.

La buena noticia es que esta solución está teniendo un efecto estabilizador en la economía mundial, por ahora. Cada vez que se crea dinero, se cubren los gastos sanitarios, se paga a los empleados del estado y la vida parece que continúa como siempre. La otra cara de esta supuesta buena noticia es que hay otro efecto que hace de esta solución algo insostenible a largo plazo.

Cuando se crea dinero, tanto si es en dólares como en euros o en yenes, esto significa que hay más dinero en circulación, y cada unidad tiene un valor menor. En otras palabras, debido a que hay más disponibilidad, la moneda empieza a devaluarse y se debilita. Al igual que ocurre con cualquier otra cosa, esto significa que se necesita más de la misma moneda para pagar por las mismas cosas que en el pasado requerían de menos de esta moneda porque su valor era más alto. La conclusión es fácil de imaginar: cuando la deuda aumenta y se crea más dinero para cubrir nuestras obligaciones, la moneda se devalúa.

La devaluación del dólar ha sido un factor clave en la subida de los precios estadounidenses, que se ha visto reflejada en las bombonas de gas, en las tiendas de comestibles y en los medicamentos. Entre los años 2000 y el 2011, por ejemplo, el precio del trigo, uno de los cultivos más importantes del mundo, creció desde un promedio de setenta y cinco dólares por tonelada hasta sobrepasar los trescientos diez dólares por tonelada.[12] Entre 1998 y 2008 el precio de la gasolina aumentó desde un promedio de 0,27 dólares el litro hasta los 1,06 dólares –¡un incremento de casi el 294%![13]

Estos factores –la devaluación y la deuda– contribuyen también a los problemas de gran parte del mundo que depende de las monedas de reserva para cubrir las necesidades de la vida diaria. El debilitamiento de la moneda de reserva causado por el aumento de la deuda ha hecho que el coste de los alimentos, de la energía y de las viviendas sobrepase los presupuestos domésticos en ciertas partes del mundo donde los ingresos anuales son mucho menores que en los países más ricos de Occidente.

> El récord actual en la deuda mundial y el consecuente debilitamiento de las principales monedas constituyen un factor clave que contribuye al aumento de los hechos extremos.

Teniendo en cuenta las condiciones extremas de nuestro clima, las demandas extremas de energía y las presiones extremas que tienen lugar en nuestras economías —todo ello amplificado por los niveles extremos de población—, podemos decir que estamos viviendo en una época donde todo es inestable. Como aquel cliente de la gasolinera observó desde su pequeña parcela del mundo en el inicio de este capítulo, en la vida las cosas ya nunca más volverán a ser como antes.

Probablemente la periodista del *New York Times* Peggy Noonan lo expresó mejor: «Estamos viviendo Días de Conocimiento. Días de gran historia». Tratando de aclarar lo que quiere decir con «días de gran historia», continúa: «Estamos viviendo una época que los estudiosos querrán investigar dentro de cincuenta años. Nos verán, a ti y a mí, como canosos veteranos que vivieron algo grande».[14] Pienso que las palabras de Noonan esconden una gran verdad. En cualquier parte del mundo a la que viajo hay una cierta sensación de que, de hecho, estamos viviendo en un tiempo en el que está ocurriendo algo grande.

En mi opinión, si somos capaces de hacernos una idea de por qué tantos sucesos aparentemente separados entre sí están teniendo lugar y por qué están ocurriendo ahora, y nos preguntamos hacia dónde nos conducen, habremos dado un gigantesco salto que hará que le encontremos sentido al cambio y sepamos cuál es nuestro lugar en dicho cambio. Si así ocurriera, podríamos crear un estado de esperanza y optimismo renovado para nosotros, nuestras familias y nuestras comunidades. Esta esperanza podría empezar a ser el denominador común para las personas con tradiciones culturales, espirituales y religiosas distintas, además de darnos una razón para pensar más allá de nuestras diferencias para enfrentarnos a una realidad que nos está transformando por completo. La clave para nuestra supervivencia es reconocer los hechos a los que nos enfrentamos: aquello que está cambiando y lo que significan estos cambios en nuestras vidas.

En el mundo, nunca antes se han tratado de satisfacer las crecientes demandas de tantas personas con una reducción de los suministros debido a los pocos recursos, con un cambio climático que sobrecarga dichas demandas.

SUCESOS EXTREMOS TEMPORALES ¿O LA NUEVA NORMALIDAD?

Hasta hace poco, ha habido una tendencia a pensar que los sucesos extremos como los que acabo de describir no eran más que anomalías no relacionadas y separadas entre sí

—como los árboles más grandes que hay en los bosques—. En el caso de los cambios climáticos y económicos, ¡estos han sido los árboles que han ocupado la mayor parte del bosque! El resultado de pensar así es que no dejamos de apagar un fuego aquí para luego acudir a sofocar el de más allá. Tal vez resolvemos los problemas temporalmente, pero nunca llegamos al centro de la cuestión.

Este enfoque me trae a la mente la idea de estar sujetando un gran globo de agua; notamos que tiene una fuga, y cuando tratamos de solventar el problema ya ha aparecido otro agujero. En cuanto al cambio climático, por ejemplo, nos han hecho creer que si hubiésemos dejado de usar combustibles fósiles y los hubiéramos sustituido por opciones más limpias, verdes y sostenibles, de alguna manera habríamos podido frenar el calentamiento que afecta a esta época de extremos. Creo *definitivamente* en ello y apoyo el desarrollo de formas de energía más limpias, verdes y sostenibles. También creo, *definitivamente*, que si utilizamos bombillas de bajo consumo ahorraremos energía en nuestras casas y oficinas. Y asumo que ir en bicicleta al trabajo y al colegio es *definitivamente* más saludable que conducir un coche. Con todo, es un error creer que si aplicamos todos estos cambios en nuestro estilo de vida habremos dado con la solución.

Para un gran número de personas y políticas gubernamentales, centrarnos en estos encomiables cambios en nuestras vidas se ha convertido en la distracción respecto a una incómoda y cruda realidad: los registros de la Tierra nos dicen que los cambios que estamos tratando de detener en realidad son características de una nueva normalidad. En lugar de reconocer los hechos científicos, como los de la figura 1.1

—que describe ciclos climáticos del pasado, lo que podemos esperar realmente hoy en día y cómo nos podemos adaptar a dichos cambios—, se sigue pensando que podemos volver a nuestra antigua normalidad, como por ejemplo al clima del siglo XX. El problema es que la atención se está centrando en parar y revertir los cambios, en vez de ponerla en crear la resiliencia que nos permitirá adaptarnos a estos cambios.

> Nos han hecho creer que los problemas se pueden resolver, en lugar de que tratemos de adaptarnos a los sucesos extremos que se han convertido en la nueva normalidad.

Este es uno de aquellos momentos en los que la conversación que estamos manteniendo empieza a ser un poco incómoda y, para mucha gente, incluso difícil. Se debe a lo que significa para nosotros reconocer que estos sucesos extremos son reales, y saber de dónde proceden. Si aceptamos la historia de la Tierra veremos claramente que estamos viviendo en un tiempo dentro de un ciclo que se repite, como cuando ocurrieron grandes cambios en el clima en el pasado. Los principales medios de comunicación, la ciencia de divulgación, las aulas y los textos tradicionales se han mantenido reacios a reconocer la veracidad de los antiguos cálculos que describen estos cambios, especialmente los que corresponden a los ciclos de hace más de cinco mil años descritos por el calendario mesoamericano. Hasta fechas recientes.

En un artículo publicado en 2004, Lonnie Thompson, un glaciólogo del Centro de Investigación Polar Byrd de la Universidad Estatal de Ohio, describe un cambio repentino que tuvo lugar hace cinco mil doscientos años y que da una idea sobre el cambio que estamos experimentando hoy en día. Thompson revela que los descubrimientos, que proceden de distintas fuentes localizadas en diferentes lugares a lo largo y ancho del globo, señalan hacia la misma dirección. Desde las muestras de los lechos de los ríos de América del Sur y del núcleo de hielo de Groenlandia y la Antártida hasta los datos obtenidos de los anillos de los árboles del Reino Unido y de las plantas conservadas en las montañas de los Andes, en Perú, la historia que cuentan los registros de la Tierra no se equivoca: el clima de nuestro planeta cambió drásticamente hace cinco mil doscientos años, y el impacto que ello tuvo en la vida del planeta fue inmenso.

No es tanto el hecho de que este gran cambio ocurriera lo que debe alarmarnos, sino el hecho de que sepamos *cuándo* sucedió. Por lo general, estamos acostumbrados a pensar en los cambios climáticos como en hechos que sucedieron cuando los dinosaurios vagaban por la Tierra y la gente vivía en cuevas. Lo que hace de los descubrimientos de Thompson algo tan destacado es que, en el esquema general de la historia, cinco mil años no nos quedan tan lejanos. Para dar cierta perspectiva a esta revelación, el estudio revela que el cambio ocurrió dentro de la historia humana registrada, justo tres mil años antes de Cristo, durante la Edad de Bronce: «Algo sucedió en ese tiempo y fue monumental», dice el doctor Thompson.[15] Tratando de describir lo significativo de las evidencias que se observan en esa época y qué implican para nosotros hoy en día, continúa: «La evidencia apunta claramente de nuevo a este momento en la historia y hacia cierto suceso que tuvo lugar. *También señala que se produjeron cambios similares a los de la actualidad* [la cursiva es mía]».[16]

A partir de estudios como los de Thompson podemos llegar a comprender los cambios que están teniendo lugar hoy en día y, quizás aún más importante, podemos vislumbrar cómo adaptarnos a ellos en nuestras vidas. He hablado en algunas conferencias cuyos organizadores creían que estos hechos extremos no debían compartirse públicamente. La razón que me daban para que siguiera guardando esta información me parecía mucho más perturbadora que los datos en sí: «No queremos asustar a la gente», es lo que me decían.

Entiendo el propósito de tales comentarios; sinceramente creo que obedecen a un cierto sentido de la responsabilidad y a un sentimiento de verdadera preocupación. Sin embargo, también creo que si bien tratar de calmar la ansiedad de las personas pudo funcionar en el pasado, ahora ya no podemos seguir esta línea de pensamiento.

Cuando escucho esta clase de declaraciones, me viene a la mente la imagen de una familia disfuncional que trata de lidiar con los arrebatos individuales de rabia que hacen que al final la familia se separe, sin haber reconocido los problemas subyacentes que desencadenaron esa ira. El hecho es que esta forma de pensar no funciona en una familia y tampoco servirá para el mundo. Nuestra época de extremos nos conduce hacia un territorio desconocido. Si alguna vez hubo un momento en el que tuvimos que ser honestos con nosotros mismos sobre los retos a los que nos enfrentábamos, no puedo pensar en un mejor momento que el actual.

PUNTOS CRUCIALES DE CONVERGENCIA

Desde los estudios de grandes instituciones como el Instituto Worldwatch, que fue fundado en 1974 para investigar de forma independiente los problemas más críticos, y el Instituto World Resources, fundado en 1982 para analizar la política ambiental, hasta el «Informe sobre la evaluación de los ecosistemas del milenio» de la Unesco, que fue elaborado por más de mil trescientos científicos de noventa y cinco países, está claro que las mejores mentes de nuestro tiempo han ido más allá de las advertencias del pasado para alertarnos de las peligrosas tendencias de la insostenibilidad. Ahora nosotros vivimos en esa época de la que se nos alertó en el pasado, y la magnitud de los cambios que estamos experimentando es una señal para que nos detengamos y prestemos atención.

En 2005, la revista *Scientific American* publicó una edición especial, «Una encrucijada para el planeta Tierra», que confirma que nuestros tiempos no son ordinarios. Afirma que la raza humana está «entrando en un período único en la historia».[17] El propósito de la edición fue identificar una serie de crisis globales que, si no se controlan, tienen el potencial de acabar con la vida humana y la civilización tal como las conocemos hoy en día. Estas crisis incluyen desde nuevas enfermedades sin cura y el agotamiento de los recursos finitos de la Tierra por parte de las naciones hasta un aumento en los niveles de pobreza como nunca antes se ha visto, y la pérdida de biodiversidad en los océanos, ríos y bosques del mundo. La conclusión es unánime: simplemente, no podemos seguir viviendo como lo hicimos en el pasado si pretendemos sobrevivir otros cien años.

La Tierra no puede sostener nuestros hábitos. Más de mil científicos de distintas disciplinas han pulido esta idea en un estudio elaborado por el Foro Mundial de Economía, que lleva por título «Riesgos globales 2013».[18] La conclusión es que las condiciones del cambio climático y la tambaleante economía global plantean la posibilidad de una «tormenta perfecta» de crisis que impactarán en el mundo durante un largo período de tiempo.

Estas organizaciones y otras que están haciendo que esto sea de dominio público señalan que estos escenarios que aparecen en sus investigaciones son catastróficos, y que todo ello está ocurriendo en el presente. Los colaboradores de estas organizaciones que participan en estos informes y comunicados especiales no son los únicos que hacen estas advertencias. Hay que añadir las investigaciones elaboradas tanto por autores independientes como por miembros de las comunidades de investigación más avanzadas de Estados Unidos, incluyendo el Pentágono y la CIA, que ven estas crisis como una amenaza para la seguridad y la estabilidad. La suma de estas aportaciones científicas ha disparado las alarmas, las cuales están sonando con fuerza.

El hecho de que ya hayan sonado las alarmas nos dice que tenemos problemas. La naturaleza se encuentra en un punto crucial en el que se pierden los océanos, bosques, climas y animales que han hecho posible la vida como la conocíamos hasta ahora. Cuando tenemos en cuenta la realidad de nuestras economías fragmentadas, el desvanecimiento de los recursos, el cambio climático y la pérdida completa de algunas industrias —y, junto a ello, de los puestos de trabajo que proporcionaban a nuestras familias y comunidades—, los sucesos extremos cobran significado a escala de las personas.

El punto crucial de no retorno en distintas áreas de nuestra vida nos conduce hacia una época de *convergencia*. Si bien hay distintas razones que pueden explicar por qué se están dando tantas crisis en tan corto espacio de tiempo, parece que hay un consenso sobre el panorama general: algo fuera de lo normal está sucediendo en nuestro planeta.

¿Cómo podemos empezar a definir algo tan grande que ya fue anticipado hace miles de años, que tiene el potencial de alterar toda vida en la Tierra y que no podemos reducir a una sola palabra o idea?

Puede ser precisamente por el hecho de que las implicaciones de esta época de extremos son tan vastas por lo que hay cierta reticencia a reconocer que nos encontramos en el meollo de algo realmente grave. Probablemente las condiciones, los retos y las crisis a las que nos enfrentamos nosotros, nuestra comunidad, nuestras naciones y nuestro mundo estén mejor resumidas por el biólogo E. O. Wilson, quien afirma que estamos viviendo en lo que podríamos llamar un «cuello de botella» en el tiempo. Según Wilson, las tensiones relacionadas con la gestión de los recursos y de los problemas del día a día llegarán a su propio límite.[19]

Después de haber descubierto que las organizaciones más respetables del mundo apuntan hacia los mismos temas cruciales y que desembocan en las mismas conclusiones generales, está claro que nos encontramos en medio de una rara convergencia de factores que indican que estamos viviendo una transición a escala planetaria. La cuestión es: ¿hacia dónde nos conduce esta transición?

¿Nos dirigimos hacia un mundo en destrucción? ¿O nos dirigimos hacia un mundo en transformación? Nuestra incapacidad para reconocer el panorama general y hacia dónde nos conducen las tendencias generales quizás sea el mayor problema al que nos enfrentamos.

Afortunadamente, este problema tiene solución.

¿La convergencia de puntos cruciales hace de nuestra época de extremos un período de destrucción o de transformación? Está en nosotros decidirlo.

«NOSOTROS / ELLOS» VERSUS «NOSOTROS»

Cuando miramos de cerca los cambios que están aconteciendo en el mundo, vemos nítidamente un tema común que es la razón de ser de tanto cambio: los modos de pensar y de vivir que ya no son sostenibles en nuestras vidas se están colapsando. Desde el pico de la deuda hasta el pico del petróleo, el simultáneo bloqueo de los grandes sistemas nos indica que ahora es el momento de replantearnos esas creencias tan arraigadas en nosotros que nos sirvieron de guía en nuestras elecciones del pasado.

Es un hecho que muchos expertos ven nuestra época de extremos como un tiempo de crisis. Pero la *crisis* planetaria no significa necesariamente que algo malo esté ocurriendo. También puede significar que algo grande e importante está teniendo lugar.

Solía tener cierta aversión a la palabra *crisis*. Pero recientemente he empezado a apreciarla, por una razón: si decimos que *estamos en crisis*, esto significa que aún tenemos tiempo para reparar el problema. Si decimos que la crisis *ya ha pasado*, esto implica que no podemos hacer nada más. Así que el hecho de que aún estemos en medio de una crisis en cuanto al cambio climático, la volatilidad de la economía y la producción de energía significa que aún tenemos una oportunidad para adaptarnos. Estas son las consecuencias a las que nos enfrentamos hoy en día por haber pensado de una manera determinada en el pasado. Debido a que el mundo ha cambiado, estas cuestiones requieren nuestra atención inmediata.

Nunca antes tanta gente se había planteado pensar de un modo distinto para así poder resolver problemas tan grandes en tan corto período de tiempo.

Vivimos en un mundo en el que todo está conectado. Ya no podemos pensar en términos de *nosotros* y *ellos* cuando se trata de las consecuencias de la manera en la que vivimos. Hoy en día todo debe englobarse en un *nosotros*. Es precisamente para crear un mayor sentimiento de unidad entre nosotros que hemos desarrollado la Internet que nos une a todos, o el transporte actual que traslada a las personas entre continentes y naciones, o la operativa financiera durante las veinticuatro horas al día, los siete días de la semana, o las redes de telefonía móvil que nos permiten escribir un mensaje de texto a las tres de la madrugada a las personas que amamos y que se hallan en otra parte del mundo. Pero nuestras conexiones globales nos permiten compartir no solo lo bueno, como nuestros gustos culturales y lúdicos, sino también todos aquellos problemas no muy agradables respecto a la energía, los alimentos y el dinero.

Durante un viaje reciente a Cuzco, la capital de las alturas de Perú, ubicada en la cordillera de los Andes, fui testigo de la inauguración de un restaurante McDonald's. Está ubicado tan solo un par de edificios más abajo de la histórica catedral de cuatrocientos años de antigüedad de la plaza central de la ciudad, que alberga algunas de las reliquias más antiguas de la Iglesia católica, de fechas anteriores a la conquista española. En la zona hay poca carne, aunque la producción local de carne de alpaca (un animal parecido a la llama) es abundante. Así que la versión andina del Big Mac está hecha en realidad de dos empanadas de alpaca en un pan de semillas de sésamo cubierto por su famosa salsa especial.

Fui testigo de lo mismo en Lhasa, la capital del Tíbet, a más de 3.600 metros de altitud respecto al nivel del mar, donde la carne local de yak ha reemplazado a la carne utilizada en Occidente. Los tibetanos de la zona se divierten bromeando sobre la hamburguesa Big Yak que ha sustituido al tradicional Big Mac. La cuestión aquí es que la globalización ha hecho que McDonald's, Starbucks y KFC, por ejemplo, sean algo común en lugares remotos del mundo, como lo han sido durante décadas en las grandes ciudades de Estados Unidos y Europa.

La misma unidad que hace que sea posible compartir los productos comerciales de la cultura, así como la moda, la música y el arte, también hace inevitable que los grandes problemas que acontecen en una parte del mundo afecten a la vida de comunidades enteras en otras partes del mundo. Esto significa por ejemplo que las sequías planetarias, que son un efecto del cambio climático, producen un aumento en los precios que refleja el empeoramiento de los cultivos. La desaceleración de la economía global conlleva el cierre de fábricas y la pérdida de puestos de trabajo en nuestras comunidades locales. El incremento de la deuda global repercute en la debilidad de nuestra moneda local y en el récord a la baja de los intereses que se nos están pagando en nuestras cuentas de ahorro para la jubilación. A través de estos sencillos ejemplos queda claro que ya no podemos separar el mundo «de ahí fuera» de lo que está sucediendo en el comedor de nuestras casas, en nuestras aulas y en nuestras oficinas.

Nuestra unidad también significa que ya no podemos separar la espiritualidad de nuestra vida cotidiana. Es común que los medios de comunicación y los reporteros que me suelen entrevistar antes de dar un seminario me pregunten si voy a hablar de «materia científica» o de «materia espiritual». Mi respuesta por lo general no suele ser lo que el entrevistador espera oír: «¿Dónde se traza la línea que separa la espiritualidad de nuestra vida cotidiana?», le contesto.

Es una cuestión importante, porque la artificial separación entre ciencia y espíritu es precisamente lo que nos mantiene atrapados en un tipo de pensamiento que nos impide adaptarnos a las crisis actuales.

Y me pregunto: ¿qué podría ser más espiritual que la aplicación de las más grandes verdades reveladas por la ciencia a la solución de los problemas de nuestra vida cotidiana?

LA CRISIS DEL CAMBIO EN SÍ MISMO

Cuando suceden grandes cambios en nuestras vidas, tendemos a verlos inicialmente como crisis. El anteriormente mencionado cambio climático es un claro ejemplo de ello. Cuando el clima del mundo empezó a modificarse, mucha gente se alarmó. A pesar de que las enseñanzas de distintas tradiciones indígenas de alrededor del mundo nos han advertido sobre los cambios que se han producido durante siglos y aun cuando la historia geológica de la Tierra muestra claramente que estamos en camino de experimentar un cambio cíclico en el clima, una inmensa mayoría de personas, ocupadas en sus propios asuntos, no se esperaba que ocurriera esto. Y no es de extrañar que no lo hicieran. En la memoria de la gente que vive hoy en día, los patrones climáticos del último siglo han devenido conocidos, regulares y predecibles. Las épocas del año, las temperaturas y las estaciones de crecimiento de los cultivos en nuestras granjas se han convertido en algo tan seguro como que después del día viene la noche. Y, de repente, todo ha cambiado.

Mi esposa y yo hemos observado este cambio en primera persona en las montañas del desierto de Nuevo México. A esta área se la conoce hoy en día por su baja humedad, su intensa radiación solar y su clima generalmente templado. A pesar de que las precipitaciones son poco frecuentes la mayor parte del año, el desierto de Nuevo México ha experimentado tradicionalmente lo que los habitantes locales llaman las lluvias monzónicas de los meses de verano. Como un reloj, todos los años a partir del mes de julio, el aire cálido y húmedo del golfo de México se dirige hacia el norte, donde colisiona con el aire frío y seco que procede de las montañas de Colorado y Nuevo México. Cada tarde, cuando las masas de aire chocan, se produce un notable despliegue de rayos y truenos. Son lluvias torrenciales que se prolongan durante gran parte del verano. Es decir, lo hicieron hasta hace poco.

Nuevo México y gran parte del desierto del suroeste llevan experimentando una gran sequía de varios años de duración. Por primera vez, los autóctonos que han vivido en la zona durante muchas generaciones están viendo cómo los ganaderos locales se ven forzados a vender su ganado y los agricultores a abandonar sus cultivos debido a que ya no pueden mantenerlos. Para la gente y la economía de Nuevo México, el cambio del clima es la crisis que les fuerza a modificar su forma de pensar y de vivir.

PILLADOS POR SORPRESA

El 30 de junio de 2012 pasará a la historia como la noche que pilló por sorpresa a los expertos. Los meteorólogos veían en sus pantallas de radar los patrones convergentes de calor y humedad, pero se sorprendieron al advertir el tamaño y la severidad de las tormentas que los patrones formaban: «El carácter generalizado de la imagen [de radar] que vimos es un fenómeno muy extraño –dijo Stephen Konarik, miembro del Servicio de Meteorología–. No habíamos previsto un suceso de tal magnitud».[20]

El daño causado esa noche por el sistema de tormentas que se extendió desde el medio oeste superior de Estados Unidos hasta la costa este tuvo un impacto de unas tres cuartas partes del causado por el huracán Irene (agosto de 2011), uno de los peores en la historia del país. Pese a la ayuda de alrededor de seiscientos trabajadores de asistencia pública y de equipos de emergencia procedentes de lugares tan alejados como Texas, Michigan y Florida, la gente del lugar se quedó sin suministro eléctrico hasta bien pasada una semana desde el suceso. Un habitante de la zona expresó así cómo la tormenta les sorprendió a todos: «Imagino que fue una sorpresa para todo el mundo, incluso para ellos».[21] Por *ellos* se entiende los pronosticadores del tiempo.

Si bien la severidad de esas tormentas pilló por sorpresa a los meteorólogos, para la gente que vive cerca de los ciclos naturales no hubo tal sorpresa. Casi universalmente, los textos ancestrales y las tradiciones indígenas han advertido que ahora es precisamente el momento en el que podemos esperar grandes cambios a distintos niveles en nuestras vidas, incluyendo el clima global y el tiempo local. Estos textos y tradiciones sabían que el cambio iba a venir por una razón: porque siempre lo ha hecho.

Como se describe en mi libro *El tiempo fractal* (Editorial Sirio, 2012), cada cinco mil años, más o menos, los ciclos solares y la posición de la Tierra en el espacio conspiran para llevar a cabo grandes cambios en nuestro mundo, como el que revelaron los estudios geológicos descritos anteriormente en este capítulo. El hecho de que tales cambios estén documentados científicamente se suma a la credibilidad de la sabiduría de nuestros ancestros. Y debido a que los cambios se basan en ciclos que son predecibles y fáciles de calcular, no es difícil identificar cuándo se produjo el último gran cambio y prever cuándo tendrá lugar el próximo. La esencia de los cambios descritos por quienes los han experimentado en el pasado sigue una visión simple e intuitiva del mundo. Básicamente se trata de un mapa de relaciones que proporciona significado a nuestra época de extremos (ver la figura 1.6).

Este mapa nos ayuda a dar sentido a la realidad subyacente de las crisis a las que nos enfrentamos hoy en día: *en el cambio del mundo está implícito nuestro cambio. Se nos ha cambiado* como personas, como comunidades y como sociedades en presencia de este mundo que está en proceso de cambio. Y cuando vemos la magnitud de lo que está aconteciendo en

Cuando el mundo cambia, nosotros cambiamos

La Tierra cambia su relación con el
Sol sobre una base cíclica

La relación Tierra/Sol modifica el
clima en nuestro planeta

El cambio climático global produce
extremos climáticos de ámbito local

Los extremos climáticos afectan al cultivo
y a la producción de alimentos

Debemos elegir la forma en la que
queremos tratar a los demás
para que se genere una transformación
en esta época de extremos:
debemos elegir entre la cooperación y la competencia

Figura 1.6. Un ejemplo simplificado para mostrar cómo los cambios cíclicos de la ubicación de la Tierra en el espacio (inclinación, órbita, ángulo y oscilación) se traducen en los cambios cíclicos que impulsan a las civilizaciones humanas. Fuente: *La verdad profunda* (Editorial Sirio, 2012).

estos momentos, podemos tener la certeza de que estamos en medio de un gran cambio en nuestras vidas, al igual que en la vida de nuestras familias, amigos y vecinos. También podemos estar seguros de que estos cambios están sucediendo con gran rapidez. Además, sentimos la presión de la naturaleza, que nos conduce hacia los límites de lo posible como individuos, familias y comunidades. Todo ello nos empuja de maneras que a veces son obvias, y otras, sutiles.

Los hechos extremos de la vida nos fuerzan a pensar de manera distinta sobre nosotros mismos y a reconsiderar cómo podemos mantener nuestros trabajos, carreras, salud y relaciones. Con el fin de dar sentido a este sinsentido que afecta severamente a nuestra vida diaria, se nos está forzando a que miremos más allá de la sabiduría que nos transmitieron nuestros padres y, a su vez, los suyos a estos. Aquí es donde el mensaje más importante de nuestras tradiciones –nuestra unidad con el mundo y con los ciclos de la naturaleza– está tomando un nuevo significado, y una nueva relevancia, en nuestras vidas.

Aunque generalmente la mayoría de nuestros ancestros entendían la relación que se ilustra en la figura 1.6, no estoy diciendo que todos y cada uno de los miembros de las distintas edades y tribus indígenas poseyeran este conocimiento. Lo que estoy sugiriendo es que el tema general de los cambios cíclicos conducidos por los cambios de la posición de la Tierra en el espacio, y su impacto en nuestro planeta y en nuestras vidas, parece que ha sido un principio aceptado por nuestros ancestros. Es fácil entender por qué: desde que los guardianes de sabiduría –desde los mayas de la península del Yucatán y los escribas del antiguo Egipto hasta los estudiantes de los ciclos yuga hindúes– establecieron el movimiento de la Tierra en el cielo, el resto simplemente adquirió sentido.

Sin embargo, hasta que fue confirmado por la ciencia moderna de mediados del siglo XX, este conocimiento ancestral estuvo solamente al alcance de las culturas indígenas.

¡AHORA YA LO SABEMOS!

Los seres humanos siempre hemos tenido la capacidad de abrazar el cambio y de llevar a cabo una transformación a partir de los puntos extremos de las crisis. Los geólogos nos dicen que hace veinte o treinta mil años el clima de nuestro planeta cambió súbitamente –y de un modo drástico–. Desde los cuerpos conservados de mamuts lanudos descubiertos congelados en medio de un camino con los restos de su último bocado todavía en la boca hasta los fósiles de plantas tropicales hallados en la Antártida, ahora uno de los lugares más fríos del planeta, la historia de la geología de la Tierra confirma que el clima cambió tan drásticamente en el pasado que nuestros ancestros apenas tuvieron tiempo para adaptarse. No disponían de ningún tipo de recuerdo de sucesos pasados que les hubiese podido ayudar a prepararse para ello o decirles qué hacer. Sabemos que se adaptaron a esos hechos extremos y que su habilidad para ello dio sus frutos. No solo sobrevivieron, sino que aumentaron en número y sus descendientes –nuestros ancestros– migraron a través del mundo para poblar otras tierras.

Más recientemente, hemos demostrado nuestra capacidad para unirnos como una familia global para superar algunos de los mayores cambios del mundo moderno. Nuestra capacidad para reconstruir la economía global después de la crisis bursátil de 1929 es un claro ejemplo de este tipo de unión. El renacimiento sin precedentes que tuvo lugar en Europa y Japón después de la Segunda Guerra Mundial es otro ejemplo de lo que estoy diciendo. La cuestión aquí es que cuando en el pasado nos enfrentamos a grandes problemas resucitamos con fuerza y creamos los niveles necesarios de cooperación para superar los retos. En el pasado, sin embargo, hubo una diferencia clave.

A lo largo de los grandes cambios que han tenido lugar en nuestro mundo, hemos tenido que batallar solo con una crisis cada vez, como el colapso de la economía, los devastadores efectos de la guerra o una pandemia. Así pues, sabemos que tenemos la capacidad de enfrentarnos a las crisis una a una. El reto que se nos presenta en la actualidad es totalmente distinto, porque tenemos que lidiar con múltiples hechos extremos totalmente distintos a los del pasado.

A menos que pensemos de un modo distinto a como lo hicimos en el pasado, sabemos con cierta seguridad hacia dónde nos conduce este mundo de extremos. Como individuos, comunidades, naciones y familia global, tenemos que mirar de frente a ese espejo que es nuestra vida y preguntarnos:

- ✧ ¿Cómo podemos resolver los problemas que acontecen en nuestras vidas si no somos capaces de ser honestos y reconocerlos?
- ✧ ¿Estamos dispuestos a aceptar los nuevos descubrimientos que revelan la verdad sobre nuestra relación con los demás y con el mundo?
- ✧ ¿Cómo podemos adaptarnos a un mundo que cambia aplicando los principios de la ciencia moderna y la nueva espiritualidad a la vida cotidiana?

En diciembre de 2012 tuve la oportunidad de hacer estas mismas preguntas a un curandero indígena que vive en la jungla de la península del Yucatán, en México. Una vez pudimos entendernos, tras haber superado las barreras del lenguaje y los matices de la traducción, las respuestas no tardaron en llegar. Comenzó desenrollando un tapiz, que tomó prestado de un vendedor local.

«¡Un hombre conforme a mi corazón!», pensé. Vi su tapiz como el equivalente selvático de las diapositivas de PowerPoint que utilizo para ilustrar mis ideas a mi audiencia por todo el mundo. La imagen del tejido de colores brillantes claramente mostraba el árbol de la vida de los mayas. Señalando con el dedo, el curandero destacó los trece niveles del cielo (el mundo superior) por encima del nivel del suelo, los nueve niveles del inframundo por debajo del nivel del suelo, y las ramas y las raíces de la ceiba, el árbol sagrado que conecta ambos mundos.

Si bien la idea de un mundo superior y de un inframundo (o varios de ellos) puede asemejarse a primera vista a la idea cristiana del cielo y el infierno, hay una diferencia importante. En la tradición maya, los niveles del inframundo no se conciben como lugares infernales reservados para las personas que han hecho algo malo, así como el cielo tampoco está reservado para la gente bondadosa que ha hecho cosas buenas en vida. Más bien el curandero describió ambos mundos, el del cielo y el del inframundo, como partes de una experiencia continua. Dijo que todos experimentamos el cielo y el inframundo como parte de nuestro gran viaje, que se basa en ciclos. El funcionamiento de los ciclos que se experimentan en todo el mundo y en todo lo que sucede en nuestras vidas es algo que no puede mostrarse en una simple imagen. No puede representarse. Debido a que abarca todo lo que en sí existe, va más allá de cualquier descripción. La gente maya del Yucatán llama a esta fuerza que lo abarca todo *Hunab Ku*.

Este conocimiento constituye la base de la respuesta del curandero a mi pregunta. Me explicó que la clave de la sabiduría de sus ancestros y de su conocimiento del cambio es que no separan lo que son ellos del mundo, algo que nosotros sí estamos haciendo en la actualidad. No separan una experiencia de otra. No separan el arte de la ciencia o la espiritualidad de la vida cotidiana. Desde el movimiento de las estrellas hasta los ciclos del clima y de la vida, nuestros ancestros mayas veían todos los aspectos de la existencia como parte de una mezcla, como distintas facetas de una misma experiencia. Debido a esta concepción del mundo, fueron capaces de obtener una visión de gran alcance sobre los tiempos y los cambios determinados por los ciclos de la naturaleza.

Escuché con atención lo que este amigo me contó. Se ha dicho que los acontecimientos de la historia se repiten. Puede ser que el conocimiento y la sabiduría del pasado se repitan, mostrándose en el tiempo una y otra vez, apareciendo en nuestras vidas precisamente cuando es necesario. Este tipo de sabiduría holística, que describe las interrelaciones constantes que tienen lugar en nuestras vidas, reaparece ahora como la conclusión a la que llega la ciencia más avanzada de la actualidad. Tanto la ciencia como la sabiduría holística nos recuerdan que formamos parte de todo lo que vemos. Esto quiere decir que también somos parte de las soluciones. La clave está en que tenemos que cambiar nuestra perspectiva antes de poder reconocer nuestra conexión.

El premio Nobel de Física Niels Bohr tal vez lo expresó mejor cuando dijo: «Cada dificultad, por grande y profunda que sea, lleva en sí misma la solución. Para encontrarla, nos vemos forzados a pensar de un modo distinto». Es este tipo de pensamiento el que marca la diferencia entre reaccionar a nuestra época de extremos y experimentar la resiliencia que permite que estos hechos extremos devengan un camino para nuestra transformación.

Capítulo 2

NO HAY ESCASEZ DE SOLUCIONES: HAY UNA CRISIS DEL PENSAMIENTO

Cada dificultad, por grande y profunda que sea, lleva en sí misma la solución. Para encontrarla, nos vemos forzados a pensar de un modo distinto.

NIELS BOHR (1885-1962), premio Nobel de Física

Se dice que los humanos somos animales de costumbres. El poeta del siglo XVIII Samuel Johnson tal vez lo resumió mejor cuando dijo: «Las cadenas de los hábitos son demasiado débiles para notarlas hasta que es demasiado tarde para romperlas».[1] Siendo honestos, hemos de reconocer que las palabras de Johnson son tan verdaderas hoy en día como lo fueron hace más de doscientos años. Somos animales de costumbres y es por eso por lo que nos parece tan difícil cambiar. A menudo es más fácil aferrarse a las formas de actuar del pasado que nos son conocidas —aun cuando estos hábitos ya no son buenos para nosotros— que hacer frente a las incertidumbres que lo «nuevo» pueda aportar a nuestras vidas.

Peter Drucker, cuya obra ha contribuido a la propuesta de un nuevo modelo para el mundo de los negocios, asegura:

«Todo el mundo ha aceptado que el cambio es ahora inevitable. Pero aún se sigue viendo este cambio como se ven la muerte o los impuestos: como algo no preferible, que hay que intentar posponer el mayor tiempo posible. *Pero en un período de agitación, como en el que estamos viviendo ahora, el cambio es la norma* [la cursiva es mía]».[2] Mi abuelo habría estado de acuerdo.

Antes de que mi abuelo muriera a los noventa y seis años, a menudo me hablaba durante horas sobre el mundo y cómo era este en su tiempo. Nació en el este de Europa a principios del siglo XX y siempre comenzaba sus historias contándome cómo era el mundo en sus días y lo diferente que es ahora. Aunque yo sabía que lo que me decía era totalmente cierto, a medida que compartía sus recuerdos conmigo empecé a entender mejor qué quería decir con ello. Mi abuelo me hablaba de un mundo que yo solo podía imaginar: un carruaje aún tenía preferencia de paso cuando se encontraba con los nuevos automóviles que se habían inventado, la mayoría de los hogares no tenían electricidad y los teléfonos eran poco frecuentes. Era un mundo donde no había redes de autopistas de esas que permiten conducir a gran velocidad y los aseos eran un lujo.

Mi abuelo siempre decía que el mundo dejó de tener sentido para él justo después de la Segunda Guerra Mundial. Fue en esa época cuando los grandes descubrimientos de la ciencia y los cambios en la vida cotidiana acontecieron tan rápidamente que la gente apenas pudo hacer frente a ellos. Cuando esos grandes avances de la tecnología produjeron importantes innovaciones, como los aviones de reacción, las radios de bolsillo, los lectores de códigos de barras y los

NO HAY ESCASEZ DE SOLUCIONES

faxes, el mundo empezó a parecer una locura a ojos de mi abuelo. Debido a que ya no podía relacionarse con los cambios que estaban sucediendo a su alrededor, se sentía excluido, como un extraño en su propio mundo. Mi abuelo nunca se concilió con la tecnología moderna. El cambio que tuvo lugar después de la Segunda Guerra Mundial fue para él una crisis que duró hasta el final de su vida.

Diseñados para el cambio

Hay un hilo común que une el mundo que mi abuelo conoció después de la guerra y el mundo en el que vivimos hoy en día. Ambos son el producto de un tipo de cambio que tiene lugar en un corto período de tiempo. Las personas de ambos mundos se vieron obligadas a modificar su manera de pensar y de vivir, y tuvieron que hacerlo sin haber sido preparadas para ello. Quizás lo más significativo sea decir que ninguno de estos mundos estaba destinado a durar para siempre. La tecnología de ambos fue diseñada para cambiar. Por ejemplo, el ahora impensable combustible de bajo coste de los *muscle cars* de la década de 1960 —algunos no alcanzaban más de cinco kilómetros por litro de gasolina— estaba destinado a dejar paso a motores más eficientes como los de la actualidad, que comúnmente permiten recorrer quince o veinte kilómetros por litro. Las cintas de ocho pistas portátiles de la década de 1970 estaban destinadas a dejar paso a las cintas de casete pequeñas, y luego a los CD que las siguieron, y finalmente a la energía pura de la electricidad 0-1 de la era digital de hoy en día.

En una escala mayor, la era eléctrica del siglo XIX de alambres y cables que aún conecta nuestros hogares, familias y naciones no deja de ser algo temporal. Nunca se planteó que durara en el siglo XXI. Cuando el inventor Nikola Tesla diseñó el sistema que permite que la corriente alterna viaje a largas distancias, lo hizo para que la gente del mundo tuviera acceso inmediato a las comodidades que la electricidad podía traer a sus hogares y negocios. Creó este sistema para que fuese usado de manera temporal mientras perfeccionaba otro sistema que transmitiera la energía de la misma manera que es transmitida una señal de televisión, sin cables engorrosos ni alambres. Por razones políticas y económicas, Tesla perdió su financiación y jamás pudo completar su sistema de electricidad sin cables. Uno de los mayores genios en electricidad de la época moderna, Nikola Tesla, murió en 1943 y su red de energía «temporal» se ha quedado con nosotros cien años más de lo que estaba previsto.

Estas formas de tecnología que nos son tan conocidas son ejemplos de maneras de pensar que no fueron creadas para ser el destino final de las soluciones intemporales. Más bien estaban destinadas a ser los puentes que nos acercarían a nuestro próximo destino. Es esta sutil, pero profunda, comprensión la que ha ayudado a muchas personas a sentirse algo mejor en relación con nuestro mundo ahora que parece que se está girando al revés. Como se ha descrito en el primer capítulo, el detonante de los cambios de hoy en día es el hecho de que las formas de pensar y vivir de antaño ya no son sostenibles. No se trata de decir que son formas erróneas o que han fallado; es solo que ya todo nos ha quedado pequeño. Estas formas ya no tienen cabida en nuestro mundo.

> Gran parte del mundo que hemos conocido
> estaba destinado a ser el puente que nos iba a
> llevar hacia una nueva forma de vida más que
> hacia un destino final inalterable y sin cambios.

El plan para la visión

El 25 de mayo de 1961, el presidente John F. Kennedy, en una sesión especial ante el Congreso de Estados Unidos, anunció algo que iba a cambiar para siempre el destino de ese país y el curso de la historia de la humanidad. Pronunció una frase que cambió el mundo: «Creo que esta nación debe comprometerse a alcanzar la meta, antes de que termine esta década, de poner un hombre en la Luna y hacer que regrese sano y salvo a la Tierra».[3] Con esta declaración, Kennedy puso en marcha el enorme esfuerzo de coordinación de tecnologías, empresas, investigación y financiación necesario para cumplir con este objetivo. Solo la construcción del canal de Panamá en tiempos de paz y el proyecto «ultrasecreto» Manhattan en tiempos de guerra se podrían comparar con la profundidad y el alcance del mandato de Kennedy de ir a la Luna.

En lo que es posiblemente una de las más impresionantes muestras de cooperación civil y militar jamás antes alcanzada, la visión de Kennedy se convirtió en una realidad. Sucedió exactamente como él había dicho, y en menos tiempo del que había imaginado. En los ocho años transcurridos entre el discurso de Kennedy y el primer paso de la humanidad en la Luna, se crearon los planes y estrategias necesarios, se construyeron los sistemas de propulsión, se subsanaron los errores y la cápsula espacial que transportaría la preciosa vida humana a la Luna pasó de la mesa de dibujo a la plataforma de lanzamiento. El 16 de julio de 1969, el enorme cohete *Saturno V*, de 117 metros de largo y un peso de 2,27 millones de kilos, desde la plataforma de lanzamiento de Cabo Kennedy, lanzó a tres hombres a la Luna. Cinco días más tarde, el astronauta Neil Armstrong anunció el alunizaje con las palabras ahora mundialmente conocidas: «Esto es un pequeño paso para el hombre, pero un gran paso para la humanidad».[4]

Cuando la gente habla acerca de esta asombrosa hazaña, dos de las primeras preguntas que suele hacerse es: «¿Cómo pudo haber sucedido con tanta rapidez? ¿Cómo se pudieron crear los materiales y desarrollar las matemáticas y los sistemas para que la misión fuera un éxito en tan solo diez años?». La respuesta a estas preguntas es la razón por la que estoy compartiendo esta historia. El éxito de la misión y el tiempo de realización fueron posibles debido a dos factores clave que se unieron de manera correcta.

En primer lugar, buena parte de la tecnología ya estaba en una fase de desarrollo muy avanzada. Si bien la integración de los sistemas y componentes es una tarea monumental, en gran parte ya existían las teorías, los materiales y las herramientas de comunicación. Es por ese motivo por el que el segundo factor fue realmente importante. Gran parte de la tecnología ya estaba disponible, pero nadie con un alto cargo ni con autoridad había puesto su atención en algo así. Cuando el líder de la nación más avanzada tecnológicamente de la Tierra proclamó tal noticia, sus palabras se transformaron en una tarea que debía cumplirse, que dio permiso a los científicos y a la administración del gobierno para ponerse en marcha. Dar un mandato de tal calibre abrió las puertas a la innovación y a los recursos para la exploración del espacio y mucho más. *En otras palabras, hizo del viaje a la Luna una prioridad.*

Nos encontramos en una situación similar en la actualidad. Solo que nuestra misión no consiste ahora en enviar seres humanos a la Luna, sino que tiene que ver con lo que está pasando aquí en la Tierra. Al igual que la tecnología para los viajes espaciales ya estaba disponible en la década de 1960, actualmente contamos con la tecnología y los medios para aliviar el sufrimiento humano que se ha convertido en el sello de identidad de nuestra época de extremos. Ya tenemos la capacidad de alimentar a cada hombre, mujer y niño que vive en el mundo.[5]

- ⬦ **HECHO:** La agricultura mundial produce un 17% más de calorías que hace treinta años, suficiente para generar al menos 2.720 calorías por persona y día.[6]
- ⬦ **HECHO:** La desnutrición y el hambre en el mundo no se deben a la escasez. Más bien son el resultado de la pobreza, los sistemas económicos nocivos, los conflictos y, en menor pero creciente medida, la sequía, las inundaciones y los patrones climáticos impredecibles que son resultado del cambio climático.[7]

Ya tenemos formas asequibles, limpias y sostenibles de energía que pueden ponerse a disposición de todas las familias que lo necesiten. Parece que el cambio global hacia el uso de una nueva energía está surgiendo gradualmente.

❖ **Hecho:** La primera etapa de la transición hacia el uso de nuevas energías en el mundo se está haciendo a través de la utilización de gas natural licuado (GNL), que es un 50% más limpio en la combustión y produce un 50% menos de CO_2 que el carbón y el petróleo convencionales, además de ser más asequible que estos. Si bien no es la solución definitiva para satisfacer nuestra creciente demanda de energía, muestra un cambio en el pensamiento y constituye un paso en la buena dirección.[8]

❖ **Hecho:** La tecnología que hace que otras formas de energía «alternativas» sean viables avanza con lentitud, pero mejora constantemente. Esto incluye la energía solar, la geotérmica y la eólica, que pueden complementar a escala local las fuentes de energía convencionales, y pueden además crear resiliencia local frente a posibles problemas energéticos de alcance regional.[9]

❖ **Hecho:** Las fuentes de energía que ahora nos parecen extrañas y algo exóticas se están incorporando poco a poco para reemplazar por completo a los combustibles fósiles y añadirse al conjunto de alternativas limpias y sostenibles que pueden cubrir las necesidades de una población creciente.

Ya sabemos cómo reducir la pobreza extrema del mundo, que ha sido fuente de escasez y sufrimiento.

❖ **Hecho:** El objetivo del milenio de las Naciones Unidas de reducir la pobreza más extrema del mundo

NO HAY ESCASEZ DE SOLUCIONES

(de aquellos que viven con menos de un euro al día) se está logrando poco a poco. El primer objetivo consistía en reducir a la mitad la proporción de la población mundial que se hallaba sumida en este nivel de pobreza entre 1990 y 2015. Pues bien, dicho objetivo se alcanzó en 2010, cinco años antes de lo programado. Esto nos demuestra que un cambio verdadero es factible y, al mismo tiempo, sienta las bases para un impulso mayor, haciendo que se ponga más empeño en la tarea.[10]

Es evidente que si se están produciendo hechos como estos existen los elementos necesarios para obtener grandes soluciones. Al escribir todo esto, me doy cuenta de que lo que hace falta es un tipo de visión como la del presidente Kennedy en 1961; un cambio en el pensamiento que haga que estos objetivos se conviertan en prioridades.

La clave para el despertar de nuestros sueños es hacer del objeto de nuestra visión una prioridad en nuestras vidas.

NO HAY ESCASEZ DE SOLUCIONES

Los ejemplos anteriores nos demuestran que se puede conseguir un cambio significativo y que no tienen que pasar demasiadas generaciones para que dicho cambio se materialice en nuestras vidas. Por ejemplo, la ONU contó con los recursos y la motivación para lograr una reducción significativa de la pobreza en el mundo en menos de quince años.

Pero aunque sabemos que ese cambio es posible, hasta ahora nadie lo ha convertido en una prioridad para que se movilicen todos los recursos que tenemos a nuestra disposición e implementar cambios similares a escala planetaria. En el caso de que se llegase a hacer una declaración tan visionaria, las soluciones existentes podrían terminar rápidamente con el sufrimiento de muchas familias y comunidades. A falta de tal declaración, nos encontramos ante una situación en la que las soluciones que podrían traer esperanza permanecen ocultas como el sol en un día lluvioso.

No es inusual que una gran parte de mi audiencia empiece a quejarse en cuanto les digo que los grandes problemas del mundo ya están resueltos; es decir, los problemas que la tecnología puede resolver. Así como la tecnología para nuestra exitosa misión a la Luna ya existía cuando Kennedy pronunció su discurso, las soluciones a los grandes problemas de nuestras vidas, como el cambio social, la creación de comunidades y ciudades sostenibles, y más cosas, ya existen.

Hay un gran número de líderes visionarios y grandes pensadores que han creado organizaciones y escrito excelentes libros para demostrar lo que es posible en nuestras vidas. Hablar de todo ello está mucho más allá del alcance de este volumen; por esta razón he elegido algunos ejemplos de diferentes ámbitos que ilustran la cantidad de esfuerzo que ya se ha dirigido hacia el cambio del que estoy hablando. No necesitamos reinventar la rueda cuando se trata de saber por dónde empezar. Otras personas ya se han encargado de ello, e incluso algunas han dedicado toda su vida a hacer todo el «trabajo sucio» necesario para que ahora nosotros no tengamos que hacerlo.

Aunque no estoy sugiriendo que los planes que se presentan a continuación sean los únicos existentes en sus respectivos ámbitos, me gustaría que vieras la profundidad y la calidad de las soluciones que están disponibles para nosotros: los planes que se han formulado y la aplicación que se ha diseñado.

El balón está en juego.

Ahora la pregunta es: ¿a qué estamos esperando?

EL PLAN B

El analista medioambiental Lester R. Brown, exdirector del Instituto Worldwatch, ha sido una de las voces líderes en el esfuerzo por educar y movilizar a la opinión pública hacia un cambio sostenible en la forma en que pensamos y vivimos. Brown afirma que «estamos yendo a la carrera, encontrándonos en un punto crucial entre la naturaleza y nuestros sistemas políticos».[11] En un audaz intento de reducir el sufrimiento de nuestra colapsada civilización, Brown publicó una serie de libros concebidos para ilustrar lo mal que estaban las cosas, y lo peor que podrían ir. Los libros tienen el mismo título con diferentes subtítulos, con el fin de enfatizar la temática de cada uno de ellos [solo la versión en inglés].

El primero de la serie, *Salvar el planeta. Plan B: ecología para un mundo en peligro* (Paidós Ibérica, 2004), describe lo que se pueden considerar como alarmas (banderas rojas) en las estadísticas que comenzaron a decirnos que tenemos problemas. Su tercer libro, *Edificando una sociedad perdurable* (F.C.E., 1987), refleja la importancia de las peligrosas tendencias de desarrollo excesivo que hay en el mundo. Desde la publicación de su primer libro sobre un «plan B», muchos

83

de los factores de los que nos estaba advirtiendo ya son una realidad hoy en día.

Por ejemplo, Brown advirtió sobre cómo los momentos críticos de la naturaleza —como el momento en que la población de una especie empieza a decrecer— determina el punto de no retorno para ese sistema en particular. Describió cómo un elevado número de sistemas ecológicos relacionados en la Tierra se están acercando al punto de no retorno en la actualidad.

Una de las cosas que más me gustan de la serie de libros de Brown es que contienen pasos reales de acción que podríamos poner en práctica de inmediato para enfrentarnos con los problemas actuales. Algunos ejemplos son:

- ✧ Diseñar ciudades en las que se apoye a las personas y la manera en la que viven, en vez de apoyar tanto a las grandes empresas.
- ✧ Implementar ciertos factores que pueden hacer que crezca inmediatamente la eficiencia energética de nuestras casas, oficinas, grandes edificios y transportes públicos.
- ✧ Crear un sistema económico basado en un uso cíclico de los materiales en vez de desecharlos tras un solo uso, como ocurre en el modelo lineal que domina hoy en día.
- ✧ Implementar un cambio en el gasto público (de Estados Unidos) que incluya la reasignación de una parte del presupuesto militar para la construcción de nuevos edificios con infraestructuras más sostenibles.

La serie de libros *Plan B* de Brown transmiten algo realmente aleccionador y necesario. Transmiten esperanza en cuanto a poner en marcha planes de acción, y también remarcan los problemas existentes. Sin lugar a dudas, la obra de Brown está ejerciendo un profundo impacto en la forma en que pensamos acerca de nuestro mundo. Para muchas organizaciones, organismos y personas, la serie de libros *Plan B* se ha convertido en una biblia para identificar posibles soluciones.

«CAMBIO SOCIAL 2.0»

De la misma manera que Lester Brown identificó los temas más importantes que se deben tratar y ofreció soluciones viables para el gran panorama del cambio global, David Gershon ha hecho lo mismo con las instituciones que impulsan estos cambios y, en sí, con las propias sociedades. Gershon es un reconocido autor de un gran número de libros destinados a que la gente tome mayor conciencia acerca de determinados temas. Uno de sus títulos es *Low Carbon Diet* («Una dieta baja en carbono») (Empowerment Institute, 2006), con el que ganó en 2007 un premio de publicación independiente. En *Social Change 2.0* («Cambio Social 2.0») (High Point/Chelsea Green, 2009), hizo una labor magistral fruto de su trabajo como asesor de las Naciones Unidas y de la Casa Blanca durante la presidencia de Clinton.

A partir de estas experiencias personales, Gershon ha sido capaz de identificar las razones por las que tantos intentos por resolver los problemas sociales, que van desde cuestiones urbanas hasta globales, han acabado en un callejón sin salida. Esto se ha debido a que las soluciones se han basado en ideas que se ha demostrado que son equivocadas. Desde su perspectiva de la teoría de sistemas, Gershon describe a continuación cómo las crisis sociales que vemos hoy en día son señales que nos alertan de que «estamos llamados a reinventar no solo nuestro mundo, sino también el proceso por el cual logramos esta reinvención».[12]

Una de las muchas razones por las que me sentí atraído por el libro de Gershon fue que, al igual que Brown, ofrece a sus lectores alternativas reales respecto a los modelos tradicionales de cambio social. Son métodos cuya eficacia ha sido comprobada a lo largo del tiempo, que se dirigen a las necesidades de las sociedades actuales y a la transformación que estas están experimentando. Gershon comparte ejemplos de lo que él ha aprendido de una manera que podría convertirse en un modelo para crear un cambio positivo en casi cualquier ámbito social, desde una pequeña comunidad hasta toda una nación. Después de describir su trabajo como mediador entre los funcionarios locales y los miembros de la comunidad en una serie de grandes ciudades de Estados Unidos, comparte medidas significativas para aplicar, las cuales ha aprendido después de tener que enfrentarse a diversas situaciones. Los principios y pasos que propone seguir incluyen lo siguiente:

- ◈ Hacer cambios en las comunidades que sean relevantes para la vida de las personas.
- ◈ Organizar a los ciudadanos de tal manera que asuman mayor responsabilidad en temas como la salud, la seguridad y la conservación del lugar, entre otras cosas.

- ⬦ Capacitar a los funcionarios locales para que asuman y acepten mayor responsabilidad en cuanto a los cambios que están afectando a sus vecinos y familiares.
- ⬦ El diseño y la implementación de un enfoque multisistémico para el cambio comunitario.

No me sorprende ver que cuando algo es verdadero en nuestras vidas dicha verdad se repite y aparece en todas partes. Esto es especialmente cierto para el «cambio social 2.0». Muchas de las ideas de Gershon se superponen con el trabajo realizado por Brown, así como también existe una superposición con las comunidades futuristas imaginadas por Paolo Soleri, que están diseñadas para integrar la arquitectura sostenible con la ecología del terreno donde se edifica.

Arcología y Naves de Tierra

En 1970, algo increíble y hermoso comenzó a suceder en el desierto árido del norte de Phoenix, Arizona. Un arquitecto visionario empezó a construir una comunidad diferente a cualquier otro lugar en la Tierra. Estoy hablando de Paolo Soleri (1919-2013), y el tipo de entorno comunitario que previó es un ejemplo perfecto de la vivienda urbana que se necesita en nuestra época de extremos. Es perfecto, pues está diseñado para ayudar a un gran número de personas a adaptarse a los cambios que tienen lugar en nuestro mundo, tanto cambios naturales como los creados por el hombre. Soleri, que fue un estudiante del renombrado arquitecto Frank Lloyd Wright, denominó a su comunidad *Arcosanti*. La propia comunidad se describe a sí misma con las siguientes palabras: «Arcosanti es un laboratorio urbano centrado en el diseño innovador, la comunidad y la responsabilidad ambiental. Nuestro objetivo es buscar activamente alternativas a la expansión urbana sobre la base de la teoría del modelo de ciudad compacta de Paolo Soleri, llamada *arcología* (arquitectura + ecología)».[13]

A través de la combinación de la estética de otro mundo y los sólidos principios de la ingeniería, Soleri basa el diseño de Arcosanti en los elementos de la naturaleza y en trabajar en armonía con la tierra (en lugar de obligar a la tierra a trabajar de tal modo que podamos diseñar a nuestro antojo nuestros hogares, escuelas y oficinas). Lo que esto significa en la vida real, por ejemplo, es que si se construye una casa en un acantilado de rocas, parte de este se usaría como pared de la vivienda, en lugar de cortar la roca a fondo para acomodar las placas de yeso y madera contrachapada.

Una de las ideas fundamentales de la arcología es adaptarse a todo lo que la naturaleza ofrezca. En el caso de la comunidad de Soleri, uno de los elementos más importantes es la luz solar. El desierto de Arizona es conocido por su luz abundante y de alta calidad, que permite que se utilice todo tipo de tecnología de energía solar. Arcosanti fue diseñada para ser una comunidad autosuficiente y sostenible de cinco mil personas, cuyas necesidades energéticas se pretendía que fueran cubiertas a partir de variadas formas de energía solar. El módulo llamado Dos Soles de Arcología de la comunidad Arcosanti es un sistema de recogida, transmisión y consumo de la energía solar que incorpora tanto la energía solar activa como la pasiva. Un sistema masivo de invernaderos adosados acumulan el calor del sol, que se redirige a otros edificios para atender sus necesidades de calefacción y refrigeración. He tenido la oportunidad de ver de cerca algunas de las construcciones de Soleri, y recuerdo que en ese momento me pregunté por qué no éramos capaces de incorporar esas ideas en los hogares y ciudades del mundo entero, para empezar.

Otro diseño imaginativo para las comunidades autosostenibles también ha puesto sus raíces en el desierto del suroeste de Estados Unidos. Es una comunidad ubicada cerca de Taos (Nuevo México) desde la década de 1970, diseñada por el arquitecto Michael Reynolds. Reynolds quiso construir una comunidad que fuese totalmente «ajena a la red», que no requiriese conexiones con los servicios públicos de electricidad, alcantarillado o agua. La construcción se basó en el uso de materiales que normalmente son desechados, tales como latas de aluminio, botellas de vidrio y neumáticos de caucho para las paredes. Estas fueron cubiertas con estuco de yeso para formar estructuras muy orgánicas y de aspecto muy hermoso. A los hogares y oficinas que estaba construyendo les puso el nombre de *Naves de Tierra*, en parte porque él utilizó literalmente la tierra —la tierra del lugar— para su construcción.

Dio distintos usos a la tierra; a uno de ellos se le llamó *tierra apisonada*. Es exactamente lo que parece: el apilamiento y el apisonamiento de tierra contra cimientos especialmente preparados, y también para las paredes, por lo que los edificios, de hecho, quedan parcialmente enterrados. El efecto aislante y de amortiguamiento acústico de la tierra apisonada no tiene igual en la construcción tradicional. ¡Estos hogares y oficinas son muy cálidos y tranquilos!

Otro uso que le dio a la tierra fue comprimirla entre viejos neumáticos de goma para que estos formaran parte de las paredes, sobre todo en la cara norte, donde la luz solar no incide directamente. La densidad de la tierra apisonada hizo de cada neumático un ladrillo redondo perfecto, con un espacio de aire en el centro, lo que proporcionó un efecto aislante contra el calor y el frío extremos del desierto.

Las Naves de Tierra utilizan paredes de vidrio en la cara sur para que la luz solar del desierto irradie sobre el edificio y caliente el ladrillo de arcilla o los suelos de piedra durante el día. Después de que el Sol se ha puesto, por la noche, los ladrillos siguen irradiando calor de manera uniforme y efectiva en toda la vivienda. He estado en estas casas; la temperatura interior se sitúa en diciembre en torno a los 26 °C, y se mantiene hasta bien entrada la noche. Cada casa está equipada con un sistema autónomo para recoger el agua que se usa en el hogar; este sistema filtra y recicla el agua de los árboles, las flores y los huertos que se cultivan fuera, así como en el atrio del edificio.

Si esta clase de diseños se van a utilizar o no a gran escala es una pregunta que aún está por contestar. La razón por la que estoy compartiendo todo esto es porque estas comunidades, y otras que ya funcionan en otras partes del mundo, son los laboratorios de prueba que nos dan a conocer qué es posible cuando se trata de repensar nuestras comunidades y ciudades por completo.

A la hora de volver a construir después de los devastadores efectos del cambio climático —como los provocados por el tornado EF5 que arrasó la ciudad de Moore (Oklahoma) en mayo de 2013 o el huracán Sandy, de categoría 3, que destruyó comunidades enteras en la costa este de Estados Unidos en octubre de 2012–, los principios de sostenibilidad demostrados por estas comunidades visionarias pueden proporcionarnos los modelos más emblemáticos para las ciudades del futuro.

Cambio global

Todo el mundo aprende de manera diferente. Precisamente por esta razón, muchos maestros importantes han escrito libros muy buenos sobre nuestra época de extremos. Si bien la perspectiva de algunos de estos libros está orientada hacia el panorama general y muestra cómo los cambios en nuestras vidas se traducen en cambios en nuestro mundo, otros reconocen esta clase de relaciones centrándose más en la integración del cambio en nuestra vida personal y espiritual. Edmund J. Bourne ha escrito uno de estos libros, *Global Shift: How a New Worldview Is Transforming Humanity* (Cambio global: cómo una nueva visión del mundo puede transformar a la humanidad) (New Harbinger, 2008). Hay varios elementos que me atrajeron de él y que lo convirtieron en uno de mis favoritos.

El elemento del libro de Bourne que más me gustó es cómo integra la ciencia de vanguardia con las tradiciones indígenas, la espiritualidad y las realidades de la vida cotidiana tratando de concebir un cuadro nuevo de este mundo que está emergiendo. En lugar de pedirnos que aceptemos un único punto de vista, pinta un retrato del mundo real donde la gente trata de buscar una nueva visión de este que le dé sentido, y, lo más importante, que funcione.

Dedica todo un capítulo a las acciones que podemos llevar a cabo por un mundo nuevo. Encontré este capítulo muy rico en ideas y recursos que podrían ayudarnos a abrazar la idea que aparece en el mismo título del libro. Entre las sugerencias que ya me esperaba encontrar en una obra como esta, como por ejemplo cambios en nuestros estilos de vida, la conservación del medio ambiente y organizaciones benéficas comunitarias, Bourne identifica además lo que podemos hacer en nuestra vida económica que refleje los cambios que están teniendo lugar en nuestra realidad actual. Estas sugerencias incluyen:

- Formas socialmente responsables para invertir nuestro dinero.
- Formas innovadoras para invertir en nuestras comunidades.
- Formas más conscientes de invertir en los mercados financieros del mundo.

Aunque no es probable que pongamos en práctica todos los cambios que sugiere Bourne de una sola vez, al final del libro habremos alcanzado una sólida base para entender la magnitud del cambio que se está desplegando en nuestras vidas; también dispondremos de un amplio abanico de ideas para emprender transformaciones reales que podrían hacer que nuestra experiencia del cambio sea algo más suave.

Está claro que la respuesta ante las decisiones críticas que tenemos que tomar no se encuentra en una única fuente de información o en una sola idea. Por el contrario, hay muchas soluciones diferentes para abordar todo aquello a lo que nos tenemos que enfrentar, las cuales están apareciendo al mismo tiempo. Bourne resume esto muy bien: «Ninguno de nosotros puede resolver los inmensos problemas de la Tierra mientras sus habitantes se enfrenten a ellos solos».[14]

Mi intención a la hora de compartir algunas de las reflexiones de Bourne, y las de los otros autores mencionados, es mostrar que las ideas ya existen y que todo está en marcha para avanzar y saber manejar este cambio global. Como escribe Bourne: «Cada uno de nosotros, al participar en algunas acciones sencillas para ayudar al medio ambiente y a las personas desfavorecidas, puede llevar a cabo una contribución e influir potencialmente en personas conocidas para que lleven a cabo el mismo tipo de acciones».[15]

He conocido a personas que piensan que nuestra época de extremos es un momento de urgencia alarmante. Una vez que se reconocen los hechos extremos, la reacción de estas personas es la de actuar lo antes posible. ¡Ahora! Si bien es una reacción natural querer hacer algo tan pronto como se conoce el contexto de los grandes cambios, mi sensación es que estamos viviendo una época a la que me gusta llamar zona de *urgencia elegante*. Es *elegante* en el sentido de que todavía tenemos tiempo para acometer lo que se necesita para evitar los puntos cruciales del cambio climático y del pico del petróleo y de la deuda, así como las terribles consecuencias que muchos de los expertos predicen.

Hay *urgencia* en el sentido de que hay que responder ahora. Sabemos lo que tenemos que hacer, los cambios que debemos emprender en nuestro mundo y los que hemos de poner en práctica en nuestras vidas. Ahora es el momento perfecto para empezar y adaptarnos a los cambios e innovar.

Ya tenemos soluciones para los grandes problemas del mundo, como los que atañen a la alimentación, a la energía y a la economía sostenible. Nuestro problema es una crisis del pensamiento.

¿QUÉ SE NECESITA?

Está claro, a partir de los estudios, informes y mensajes de las organizaciones y de los autores presentados anteriormente, que ya disponemos de una base para aplicar soluciones globales, que pueden hacer que el mundo sea mejor y la vida más fácil. También está claro que tenemos la capacidad de poner en práctica todas esas soluciones ahora. Así que las preguntas son obvias: ¿dónde están estas soluciones hoy en día? ¿Por qué no las estamos aplicando ahora? ¿Qué se necesita antes de ponerlas en práctica?

La respuesta a nuestras preguntas se encuentra en la visión del presidente Kennedy de ir a la Luna. *Antes* de que la idea de ir a la Luna se convirtiera en una realidad, *antes* de que se diseñara la tecnología necesaria, *antes* de poder calcular las trayectorias de lanzamiento desde la plataforma, *antes* de que los trajes espaciales se pudieran diseñar o las bebidas para el desayuno pudieran llevarse en envases adaptados a las condiciones del espacio, *antes* de que cualquiera de estas cosas sucediera, algo tenía que ocurrir primero. Ese «algo» es lo que nos falta en nuestras vidas hoy en día. Es un cambio en nuestro pensamiento.

He de decir que la mayor crisis de nuestra época de extremos, más allá de la crisis de la deuda, la energía y los alimentos, es una crisis del pensamiento. Es un cambio en nuestra manera de pensar lo que haría posible que viéramos las soluciones que salvarían vidas como una prioridad y lo que nos motivaría a implementar estas soluciones en el mundo. El pensamiento que se necesita debe provenir de un profundo deseo de contribuir, más que de la sensación de escasez que hace que no soltemos lo que tenemos. Haría que cooperáramos más los unos con los otros, en lugar de competir.

Esta clase de pensamiento es ahora compatible con los nuevos descubrimientos de la ciencia de nuestro tiempo. Así que para responder a la pregunta de qué haría falta para traer las soluciones que de hecho ya existen a nuestras vidas, vamos a comenzar por el principio: ¿de dónde proviene el pensamiento que nos ha llevado a vivir una de las mayores crisis de los últimos cinco mil años de la historia de la humanidad? La respuesta puede que te sorprenda.

REPENSAR LOS FALSOS SUPUESTOS DE LA CIENCIA

Hay una historia enterrada profundamente en nuestra cultura que juega un papel muy importante en nuestras vidas. Es la historia de la que nunca se habla: quiénes somos, de dónde venimos y cómo parece que las cosas funcionan en nuestro mundo. No estoy diciendo que sea necesario que pensemos sistemáticamente en esta historia, o que tengamos que ser conscientes de ella todo el tiempo. No es una historia que compartamos mientras desayunamos cada mañana con nuestras familias o que contemplemos mientras nos ocupamos de nuestras rutinas diarias para prepararnos para el resto del día. Para muchos de nosotros es una historia que está tan profundamente implícita en nuestra forma de pensar y de actuar que aceptamos sus consecuencias automáticamente y sin pensárnoslo dos veces. A pesar de que permanezca enterrada, sigue estando presente en nosotros, guiando nuestras decisiones y afectando a la forma en la que actuamos cada día ante nuestros seres queridos, compañeros de trabajo, familiares, amigos y el resto del mundo.

Es una historia de separación.

Desde el nacimiento de la ciencia moderna, hace casi trescientos años, nos han hecho creer que somos poco más que motas de polvo en el universo y meros seres biológicos en el esquema general de la vida. Nos han metido en la cabeza que estamos separados de nosotros mismos y de los demás. Nos han enseñado que somos esencialmente impotentes cuando se trata de la curación de nuestro cuerpo o de nuestra capacidad de influir en la paz de nuestras comunidades y mucho más allá.

Nuestra historia de separación incluye la creencia de Charles Darwin de que la vida es una competición y de que hay que luchar por las cosas buenas que nos llegan. De niños, a muchos de nosotros nos condicionaron para pensar de este modo, pues crecimos en un clima de competencia implacable. Dicha creencia hace que veamos el mundo como algo limitado, finito y por lo que tenemos que luchar para conseguir nuestra porción del pastel. Si no lo hacemos, perdemos para siempre. Esta es la base de la cosmovisión de escasez o de carencia, y la razón por la que percibimos la necesidad de competencia violenta entre las personas y las naciones. Tal vez no sea una coincidencia que durante el tiempo en que hemos mantenido esta visión del mundo nos hayamos tenido que enfrentar a las mayores crisis, que han incluido guerras, sufrimiento y enfermedades como nunca antes se han visto en la historia.

No es de extrañar que a menudo nos sintamos impotentes para ayudarnos a nosotros mismos o a nuestros seres queridos ante las grandes crisis de la vida. Tampoco es de extrañar que a menudo nos sintamos impotentes cuando vemos que nuestro mundo cambia con tanta rapidez; un mundo que incluso algunos se atreven a decir que está cayendo a pedazos. A simple vista, parece que no hay ninguna razón para pensar de manera diferente a como lo hacíamos antaño, para preguntarnos si tenemos más control sobre nosotros mismos o para encontrar cómo actuar una vez alcanzada esta nueva visión del mundo. Después de todo, ni nuestros libros de texto ni nuestras formas tradicionales de comportarnos nos permiten ir más allá. Es decir, no encontramos nada hasta que volvemos a analizar ciertos descubrimientos de los últimos años del siglo XX. Aunque las investigaciones que rompen con los paradigmas anteriores se han publicado en las principales revistas científicas, a menudo los textos están escritos con un complicado vocabulario científico, que hace que el poder del mensaje quede oculto para una persona que no esté acostumbrada a leer textos especializados. La persona media, no versada en el lenguaje científico y técnico, no siente el impacto de los nuevos descubrimientos, porque se la ha dejado de lado.

Los últimos descubrimientos en los campos de la biología, la física, la arqueología y la genética están obligando a los científicos a reescribir la historia de lo que somos y de cómo encajamos en el mundo. En biología, por ejemplo, la publicación de más de cuatrocientos estudios que demuestran que la naturaleza se basa en un modelo de cooperación en vez de hacerlo en la idea darwiniana de «la supervivencia del más fuerte» ha puesto al revés las bases de la ciencia evolutiva. A la luz de este descubrimiento, algunos supuestos clave del pasado —ahora reconocidos como falsos supuestos de la ciencia— ya no pueden enseñarse como hechos. A continuación se incluyen algunos ejemplos:

- ◇ FALSO SUPUESTO 1: La naturaleza se basa en la supervivencia del más fuerte.[16]
- ◇ FALSO SUPUESTO 2: Los sucesos aleatorios de la evolución explican los orígenes de la humanidad.[17]
- ◇ FALSO SUPUESTO 3: Nuestra conciencia está al margen de nuestro mundo físico.[18]
- ◇ FALSO SUPUESTO 4: El espacio entre las cosas está vacío.[19]
- ◇ FALSO SUPUESTO 5: La primera civilización avanzada data de entre cinco mil y cinco mil quinientos años atrás.[20]

Si ya es interesante que conozcamos tales descubrimientos en algún que otro momento de nuestras vidas, lo es aún más en esta época de extremos, porque la forma en la que resolvemos nuestros problemas se basa en cómo nos vemos a nosotros mismos en relación con el mundo en el que vivimos. Cuando pensamos en nuestra vida cotidiana —la manera en la que cuidamos de nosotros mismos y de nuestras familias— en cuanto a cómo resolvemos nuestros problemas y en cuanto a las elecciones que hacemos, es fácil ver que gran parte de lo que aceptamos como conocimiento común tiene sus raíces en creencias fundamentales basadas en falsas suposiciones.

En lugar de seguir los trescientos años de la imaginería científica que nos ha retratado como seres insignificantes que surgieron a través de una serie de milagrosas «casualidades» biológicas y que sobrevivieron durante cinco mil años de civilización como víctimas impotentes y separadas del mundo, la nueva ciencia sugiere algo radicalmente diferente. A finales de la década de 1990 y a principios de la siguiente, distintos estudios científicos revisados por pares revelaron los siguientes hechos:

- ✧ **Hecho 1:** La primera civilización avanzada apareció por lo menos el doble de tiempo antes de lo que había estimado la cronología convencional.[21]
- ✧ **Hecho 2:** La naturaleza se basa en la cooperación y la ayuda mutua; no en la competición por la supervivencia.[22]
- ✧ **Hecho 3:** La vida humana muestra signos inequívocos de diseño.[23]
- ✧ **Hecho 4:** Nuestras emociones influyen directamente en lo que sucede en el mar de energía en el que estamos inmersos.[24]
- ✧ **Hecho 5:** El universo, nuestro mundo y nuestros cuerpos están hechos de un campo de energía compartido —una matriz— que hace de la unión de ello un todo posible.[25]

Albert Einstein aseguró una vez que «la locura» es hacer lo mismo una y otra vez y esperar resultados diferentes. Tenía mucha razón. Tiene poco sentido que tratemos de resolver los desafíos a los que nos vemos obligados a enfrentarnos en esta época de extremos a través de los ojos de las mismas creencias que nos llevaron a la crisis. Aun a sabiendas de que esas creencias son falsas, y de que no tienen ningún sentido, se sigue queriendo actuar del mismo modo.

Para hacer frente a los desafíos de nuestra época de extremos, tenemos que estar dispuestos a pensar de forma diferente sobre nosotros mismos respecto a como lo hicimos en los últimos tres siglos. Y para ello debemos cruzar algunos de los límites tradicionales que han evitado que se intercambie conocimiento entre las distintas áreas científicas. Cuando lo hagamos, algo maravilloso va a suceder.

LA CADENA DEL CONOCIMIENTO QUE SE ROMPE

Hay una cadena de conocimiento que une nuestro mundo moderno con el pasado. Cada vez que la cadena se rompe, perdemos el acceso a una valiosa información sobre el mundo y sobre nosotros mismos. Sabemos que esta cadena se ha roto por lo menos dos veces en nuestra historia: una, con la quema de la gran biblioteca de Alejandría durante la conquista romana de Egipto, y otra, con las ediciones de la Biblia por parte de la jerarquía católica del siglo IV. Como científico, siempre he creído que cuanto más cerca podamos tener las enseñanzas originales que existieron *antes* de que se perdiera este conocimiento más claramente entenderemos lo que nuestros antepasados conocieron en su época y que podríamos aplicar hoy en día.

Durante la mayor parte de mi vida adulta, he buscado en los lugares más remotos del mundo moderno para encontrar las fuentes de la antigua sabiduría indígena. Mi búsqueda me ha llevado a visitar algunos de los lugares más increíbles que quedan en la Tierra. Desde los magníficos monasterios de la meseta del Tíbet y los humildes monasterios de las montañas de Egipto y del sur de Perú hasta el mar Muerto, donde se conservan algunos de los textos más antiguos, he prestado atención a todas las historias y las he analizado. Por muy diferentes que sean las tradiciones que he estudiado, hay temas comunes que hacen que se forme un tejido colectivo respecto a nuestro pasado. Estos temas se reflejan en la sabiduría compartida por el anciano maya que conocí en la selva del Yucatán, en México, en otoño de 2012. En resumen, él me describió cómo eran nuestros ancestros:

- ✧ No vivían desconectados del mundo que les rodeaba.
- ✧ No separaban el arte de la ciencia o de la vida cotidiana.
- ✧ No disociaban el presente del pasado.

Si bien esta sabiduría no es ciertamente científica, los temas que trata han sido confirmados de hecho por el mejor conocimiento científico de nuestro tiempo. A la luz de estas confirmaciones, la pregunta que me viene a la mente una y otra vez es: si nuestros antepasados tenían un conocimiento profundo de la Tierra y de nuestra relación con ella, y si la ciencia moderna ha tenido que esperar hasta el día de hoy para ser capaz de validar esta relación, ¿qué otras cosas sabían nuestros ancestros que hemos olvidado?

LA PREGUNTA QUE SE HALLA EN LA RAÍZ DE CADA ELECCIÓN

Todos nos guiamos en nuestras vidas por una sola pregunta. Para algunas personas la pregunta es inconsciente, mientras que para otras no lo es. En cualquier caso, nuestra respuesta a esta pregunta es clave para entender todas las decisiones que hemos tomado en nuestra vida o que tomaremos de ahora en adelante. Nuestra respuesta es la base de todas y cada una de las elecciones que hemos llevado a cabo, y sirve para entender cómo nos hemos enfrentado a todos los retos que se nos han cruzado en el camino. La pregunta es tan simple que muchas personas no le prestan la suficiente importancia y la desconectan del significado de sus vidas. Como individuos, la pregunta que tiene tal poder es sencillamente esta: ¿quién soy? Y dado que hoy en día hay muchos de nosotros en el mundo que estamos tomando grandes decisiones, la pregunta también se convierte en: ¿quiénes somos?

Hace más de cinco mil años, los antiguos indígenas del mundo respondieron a esta pregunta de una manera que les funcionó. Su visión global les dio razones para vivir en armonía con la Tierra, en vez de tratar de dominarla. También les dio razones para trabajar juntos en comunidad y formar consejos regionales para compartir los recursos del planeta, en lugar de intentar poseerlos.

Con el nacimiento del método científico, en la época de Isaac Newton, esa visión empezó a cambiar. Desde entonces, durante más de tres siglos, la ciencia ha tratado de demostrar empíricamente lo que las tradiciones indígenas de nuestro pasado ya sabían intuitivamente. Durante este período, la idea de separación y la necesidad de competencia se han vuelto algo tan profundamente arraigado a nuestra visión del mundo que a veces no nos damos cuenta del papel tan importante que todo ello juega en nuestras vidas. No obstante, es el pensamiento del pasado el que nos ha llevado a la crisis actual a la que debemos enfrentarnos.

Para responder la pregunta de quiénes somos, primero debemos abordar otras seis preguntas fundamentales con respecto a nuestra relación con nosotros mismos y con el mundo. Cada civilización, sociedad, organización religiosa y miembro de los grupos de distintas tradiciones espirituales deberían responder estas preguntas con el fin de satisfacer las necesidades de quienes participan en la organización o siguen las enseñanzas del grupo, ya que abordan las cuestiones más fundamentales de la existencia.

La figura 2.1 ilustra cómo estas ideas encajan unas con otras, formando una pirámide de pensamiento. Las preguntas que se plantean tienen sentido intuitivamente y forman una jerarquía de relaciones cada vez más compleja. Comenzando con la más fundamental de todas, por la base de la pirámide, hasta la cúspide, las preguntas son las siguientes:

1. ¿De dónde viene la vida?
2. ¿De dónde viene la vida humana?
3. ¿Cuál es nuestra relación con nuestro cuerpo?
4. ¿Cuál es nuestra relación con el mundo?
5. ¿Cuál es nuestra relación con nuestro pasado?
6. ¿Cómo podemos resolver nuestros problemas? (Esta es la última pregunta, porque el modo en que la respondamos depende de una u otra manera de las preguntas anteriores).

En el lado izquierdo de la pirámide vemos las falsas suposiciones de la ciencia. Estos seis supuestos concentran en

La pirámide del pensamiento

Pensamientos basados en las falsas suposiciones de la ciencia

Pensamientos basados en los nuevos descubrimientos de la ciencia

6. Puntos cruciales de crisis

5. Historia de la civilización

4. Nuestra relación con el mundo

3. Nuestra relación con nuestro cuerpo

2. El origen de la vida humana

1. El origen de la vida

6. Resolución de problemas a través de la competencia, la lucha y el conflicto

5. Lineal: tendencia unidireccional

4. Separación e independencia

3. Separación y debilidad

2. Resultados como consecuencia de procesos aleatorios

1. Procesos aleatorios/ casualidad

6. Resolución de problemas a través de la cooperación, el entendimiento y la ayuda mutua

5. Cíclico: las condiciones y las crisis se repiten

4. Conexión e interdependencia

3. Conexión y unión

2. Extraña combinación de sistemas diseñados

1. Proceso directo de diseño

Figura 2.1. Una ilustración de la pirámide del pensamiento. La forma en la que respondemos a las seis preguntas fundamentales que se muestra verticalmente en la pirámide constituye la lente a través de la cual nos vemos a nosotros mismos en el mundo y cómo pensamos sobre la vida. Las suposiciones que son falsas, que figuran a la izquierda de la imagen, se basan en los trescientos años de la ciencia y sus supuestos de separación. A la derecha están las nuevas hipótesis basadas en la mejor ciencia de hoy en día, que revelan un mundo de unidad y cuál es nuestro papel en él. Son los principios de esta lente los que determinan cómo vamos a resolver los problemas en nuestras vidas, familias y comunidades, e incluso entre las naciones. Fuente: *La verdad profunda* (Editorial Sirio, 2012).

resumen todo un tipo de pensamientos que son los que han formado la base de nuestra historia en el mundo moderno. Son estas mismas creencias de separación y competencia las que han estado en desacuerdo con los descubrimientos de vanguardia que comenzaron a aparecer a finales del siglo XX. Con la aceptación de estas creencias, ahora obsoletas, tienen perfecto sentido las ideas de Darwin acerca de la competición.

El problema es que los nuevos datos ya no apoyan las viejas ideas.

La manera en la que pensamos sobre
nosotros mismos y sobre nuestra implicación
con el mundo crea la lente a través de la
cual resolvemos nuestros problemas.

Pensamientos peligrosos

A menudo los participantes en mis seminarios me preguntan por qué es importante saber que los supuestos del pasado están equivocados. Las ideas de Charles Darwin ofrecen un claro ejemplo. Son ideas que fueron introducidas por primera vez a mediados del siglo XIX, y ahora estamos en el siglo XXI. Sinceramente, ¿por qué es importante todo esto? Estas preguntas de las que hablo y que debemos hacernos son muy significativas, y a mucha gente le sorprenden las respuestas. Muchos de los falsos supuestos de la ciencia tuvieron un gran impacto en nuestro mundo precisamente porque se introdujeron en el momento en que lo hicieron. Debido a que muchos de estos falsos supuestos fueron introducidos a finales del siglo XIX y principios del XX, precisamente cuando se asentaron las bases de nuestro estilo de vida moderno, no es de extrañar que estos principios se reflejen aún hoy en día en nuestro mundo. Durante este tiempo, las propuestas que presentó la ciencia, tales como las creencias de que no hay un campo de energía que conecte el mundo (todo está separado) y de que la naturaleza se basa en la competencia y la supervivencia del más fuerte, fueron rápidamente aceptadas y aplicadas al pensamiento de la guerra, la economía y la forma en la que resolvemos nuestros problemas.

A veces de una manera sutil, y otras veces no tan sutilmente, estas falsas creencias todavía persisten hoy en día. Por ejemplo, los estudios de los expertos, como los del arqueólogo Lawrence H. Keeley, de la Universidad de Illinois, autor del libro *War Before Civilization* (Oxford University Press, 1977), contribuyen a la aceptación de la guerra como una expresión normal del comportamiento humano. Basándose en su exploración científica de nuestro pasado y en su interpretación de lo que ha encontrado, la opinión de Keeley es que la guerra es un estado natural que forma parte de la vida humana: «La guerra es algo así como el comercio o el intercambio —asegura—. Es algo que todos los seres humanos practican».[26] Este tipo de pensamiento que concibe la competencia, la lucha y «la supervivencia del más fuerte» como elementos naturales se refleja en las estructuras administrativas de los grandes sistemas que están en crisis. Los sistemas económicos del mundo, los modelos de negocios de muchas empresas modernas o la forma en la que gestionamos las necesidades vitales de alimento y energía son ejemplos de las consecuencias que tiene dicha concepción del mundo, y reflejan una forma obsoleta de pensar.

Estas falsas creencias están también presentes en nuestra vida de formas tan sutiles que casi ni las percibimos. Algunos de los acontecimientos más atroces del siglo XX fueron justificados por la idea de la supervivencia del más fuerte. La idea está implícita en todas las formas de genocidio, y directamente enunciada en algunos casos. Está vinculada a las observaciones de Darwin de la naturaleza, a cómo queda retratada en sus escritos y a cómo ello fue interpretado por otros. Esta manera de pensar se refleja en algunos escritos filosóficos, como el infame *Libro rojo* (titulado oficialmente *Citas del presidente Mao Tse-Tsung*) y en *Mi lucha*, el libro en que Adolf Hitler reflejó su visión del mundo. Ambos libros fueron utilizados para justificar las brutales matanzas que acabaron con la vida de más de cuarenta millones de personas en el siglo pasado.

EL MODELO DE LA NATURALEZA: LA COOPERACIÓN

En el discurso inaugural del Simposio sobre Aspectos Humanitarios de Desarrollo Regional de 1993, celebrado en Birobidzhan (Rusia), el copresidente, Ronald Logan, ofreció un nuevo contexto a los participantes para que estos vieran los nuevos descubrimientos sobre la cooperación de la naturaleza como modelos para crear sociedades de éxito. Logan citó el trabajo de Alfie Kohn, autor de *No Contest* (Houghton Mifflin, 1992), y describió lo que revelaba la investigación de Kohn en cuanto a si una cierta cantidad de competencia era beneficiosa para los grupos. Después de revisar más de cuatrocientos estudios que documentan la cooperación y la competencia, Kohn concluye: «La cantidad ideal de competencia [...] en cualquier entorno, ya sean las aulas, el trabajo, la familia o la pista de juego, es ninguna. [...] [La competencia] es siempre destructiva».[27]

Un gran número de experimentos avalan las pruebas que afirman que el modelo natural se basa en la unión, la cooperación y la supervivencia, entre los insectos y el resto de los animales. La naturaleza nos ofrece, sin lugar a dudas, grandes lecciones; entre ellas, que la cooperación y la unidad son ventajosas para los seres vivos. Estas estrategias, ya probadas a lo largo del tiempo por parte del mundo que nos rodea, pueden conducirnos, en última instancia, a que desarrollemos un nuevo proyecto para nuestra propia supervivencia. Para aplicar una estrategia de cooperación, sin embargo, hay un factor adicional que debe tenerse en cuenta, que en el mundo animal no aparece. Como individuos y como especie, en general los seres humanos necesitamos saber «hacia dónde vamos» y lo que podemos esperar cuando lleguemos a nuestro destino, antes de que iniciemos algún cambio en nuestras vidas. Tenemos que saber que el resultado que vamos a obtener merece la pena, y tenemos que esperarlo con ilusión.

Está claro que no sabemos todo lo que hay que saber acerca de cómo funciona el universo y nuestro papel en él. Aunque los estudios futuros nos darán, sin lugar a dudas, un mayor conocimiento, a veces es mejor tomar decisiones basadas en lo que sabemos en este momento —con el fin de que podamos vivir lo suficiente para tener la posibilidad de afinar dichas decisiones.

¿LLEGAREMOS A ACEPTAR LO QUE LA CIENCIA HA REVELADO?

Una voz poderosa dentro de la comunidad científica, la de Sir Martin Rees, profesor de astrofísica en la Universidad de Cambridge, nos alerta de que «solo tenemos un 50% de posibilidades de que nuestra civilización sobreviva hasta finales del siglo XXI».[28] Aunque siempre hemos tenido que lidiar con desastres naturales, debemos empezar a tener en cuenta una nueva clase de amenaza a la que Rees llama «la provocada por el hombre».

Estudios emergentes, tales como los reportados en la edición de septiembre de 2005 de *Scientific American* titulada «Crossroads to the Planet Earth» («Encrucijadas para el planeta Tierra») con el eco de las advertencias de Rees, nos dicen: «Los próximos cincuenta años serán decisivos para determinar si la raza humana –que está entrando ahora en un período único en la historia– puede asegurar el mejor resultado posible para sí misma».[29] La buena noticia, que no se cansan de repetir los expertos, es que «si quienes han de tomar las decisiones disponen del marco [de referencia] adecuado, el futuro de la humanidad se asegurará por medio de miles de decisiones mundanas».[30] Es en los detalles de la vida cotidiana «donde se hacen los mayores avances».[31]

Sin lugar a dudas, a cada uno de nosotros se nos pedirá que tomemos un sinnúmero de decisiones en un futuro próximo. Sin embargo, no puedo dejar de pensar en algo que es muy profundo, aunque simple a la vez, y es que tendremos que aceptar lo que la nueva ciencia ha demostrado que es verdad en cuanto a lo que somos y en cuanto a cuál es nuestro papel en el mundo. Si somos capaces de aceptarlo, en vez de empeñarnos en negar estas evidencias, todo cambiará. A partir de este cambio, podremos comenzar de nuevo.

Mientras que para algunas personas las posibilidades que insinúan los nuevos descubrimientos constituyen una manera refrescante de ver el mundo, para otras suponen una gran sacudida que remueve los cimientos de la tradición que data de antaño. A veces es más fácil apoyarse en los falsos supuestos de la ciencia obsoleta que permitir que nueva información se incorpore a nosotros haciendo que cambie el modo en el que entendemos las cosas. Cuando nos negamos al cambio, vivimos en la ilusión de una mentira. Nos mentimos a nosotros mismos acerca de lo que somos y de las posibilidades que nos depara la vida. Y mentimos a quienes confían y dependen de nosotros para que les enseñemos las últimas y más grandes verdades acerca del mundo.

Cuando comparto esta ironía con el público en directo, a menudo resuenan en su respuesta las palabras del autor de ciencia ficción Tad Williams, quien escribió: «Decimos mentiras cuando tenemos miedo [...], miedo de lo que no sabemos, miedo de lo que otros piensan, miedo de lo que se encuentra fuera de nosotros. Pero cada vez que decimos una mentira, lo que tememos se hace más fuerte».[32]

Cuando los descubrimientos de hoy en día nos dicen que las enseñanzas del pasado ya no son ciertas, es hora de que nos lo tomemos en serio. ¿Acaso hemos de seguir las enseñanzas de los falsos principios y sufrir las consecuencias de haber creído en conceptos erróneos? Si lo hacemos, tendremos que responder a preguntas mucho más profundas: ¿de qué tenemos miedo? ¿Qué es lo que tiene el conocimiento de las grandes verdades sobre lo que somos, sobre nuestros orígenes, sobre nuestra relación con los demás y con la Tierra que nos parece tan amenazador para nuestra vida?

Entender esto puede ser un gran desafío en esta época. Nos obliga a responder a preguntas que a algunas personas les incomodan y que a otras les parecen una amenaza: ¿podemos enfrentarnos a la verdad que nosotros mismos nos hemos propuesto descubrir? ¿Tenemos el suficiente coraje para aceptar lo que la ciencia de vanguardia pone de manifiesto sobre lo que somos en el universo y sobre cómo encajamos en el mundo? Si la respuesta a estos interrogantes es un sí, también tenemos que aceptar la responsabilidad que conlleva saber que podemos cambiar el mundo si primero cambiamos nosotros.

Nuestra predisposición a aceptar las verdades más profundas de la vida es clave para saber si nuestros hijos van a sobrevivir y si van a tener la oportunidad de explorar las próximas verdades que les va a brindar la vida.

El hecho de no querer hablar sobre los nuevos descubrimientos científicos en los medios de comunicación, las aulas y los libros de texto nos mantiene atrapados en el pensamiento que nos ha llevado a vivir una de las mayores crisis de la historia.

EL CATALIZADOR: CADA VEZ HAY MÁS GENTE

Es evidente que el mayor catalizador para el cambio en nuestro mundo es la gran cantidad de personas que ahora comparten la Tierra, y la forma en que estas tratan de satisfacer sus necesidades diarias. En 1968, el biólogo Paul Ehrlich y su esposa, Anne Ehrlich, dieron a conocer su evaluación sobre lo que puede llegar a suceder con un número de personas que no deja de crecer, el cual se suma al total de nuestra familia global. Tres frases al principio de su poderoso libro *The Population Bomb* («La bomba demográfica») (Sierra Club / Ballantine, 1968) lo dicen todo: «La batalla para alimentar a toda la humanidad ha terminado. En la década de 1970, cientos de millones de personas morirán de hambre a pesar de que ahora se trate de emprender cualquier medida de choque. A estas alturas nada puede evitar que se dé un aumento sustancial de la tasa de mortalidad».[33]

Ambos autores han declarado que el propósito de su libro fue, primero, que la gente tomara conciencia de los problemas derivados de la creciente población en el mundo y, segundo, alertar sobre el sufrimiento que iba a ser inevitable si las tendencias y las demandas de crecimiento continuaban como hasta ese momento. A pesar de que el libro fue criticado por sus alarmantes predicciones de sufrimiento humano y hambruna masiva, los autores creen que alcanzó en realidad el objetivo que se plantearon antes de escribirlo: «Se alertó a la gente sobre la importancia de las cuestiones ambientales e hizo que cada vez más personas se interesaran sobre el futuro de la humanidad», afirmaron recientemente en retrospectiva.[34] En su siguiente investigación *The Population Bomb Revisited* («La bomba demográfica revisada»), respondieron a las críticas diciendo: «Tal vez el mayor error de *La bomba demográfica* fue que era demasiado optimista sobre el futuro».[35]

Además de los ciclos naturales de cambio sobre los que no tenemos ningún control, sin duda el factor más importante que nos ha conducido a experimentar esta época de extremos es el tema que describieron los Ehrlich en 1968: el crecimiento de la población mundial. La muerte y el sufrimiento épico que predijeron se han cumplido, pero no en el estrecho período que ellos situaron en las décadas de 1970 y 1980, sino en un lapso de más de cuatro décadas. El gran número de personas que viven hoy en día en nuestro planeta, la enorme cantidad de recursos que se necesitan para satisfacer a todas y cada una de estas personas y su deseo de integrarse en el estilo de vida de alto consumo energético popularizado por la cultura occidental están perpetuando un bucle auto-sostenido de condiciones que agravan las dificultades extre-mas de nuestra época. Vemos un ejemplo de todo ello en el crecimiento desenfrenado de la población en países como China y la India, que en conjunto representan el 38% de la población mundial, lo cual va paralelo a su creciente deman-da de energía.

En estos países emergentes cada vez hay más gente que disfruta de nuevos niveles de prosperidad debido a la glo-balización, el auge industrial y la oportunidad que tienen de acceder a puestos de trabajo mejor remunerados. Están si-guiendo el modelo occidental de desarrollo que tuvo éxito en un pasado. La gente de estos lugares aspira a tener los mismos lujos que las familias que disponen de varios coches. Cada vez se están acercando más al estilo de vida de las co-munidades que viven en la opulencia en la cultura occiden-tal desde el *boom* de después de la Segunda Guerra Mundial.

Son estas ideas de riqueza y la forma en que se expresan lo que crea la creciente espiral de un ciclo que requiere más energía para más casas, para más edificios de oficinas clima-tizadas, para más transporte público y automóviles particu-lares, lo que a su vez crea mayores oportunidades de riqueza para otras personas, y así sucesivamente. La gran cantidad de automóviles producidos a escala mundial nos da una idea de lo que significa esta demanda. En 2006, la industria del auto-móvil fabricaba unos cincuenta millones de vehículos nuevos al año. En un espacio de tan solo seis años, sin embargo, ese número aumentó a más de sesenta millones al año. En otras palabras: en tan solo seis años, diez millones más de vehículos nuevos al año —aproximadamente ciento sesenta y cinco mil por día— se sumaron a las carreteras.[36]

El problema es que la necesidad de energía de este fenómeno moderno se sigue cubriendo haciendo uso de los recursos energéticos del pasado. La gasolina sigue siendo la mejor forma de hacer funcionar nuestros vehículos. Aquí es donde el ciclo nos empuja hacia límites insostenibles. La gasolina proviene del petróleo. Y las implicaciones de la creciente demanda de petróleo son inmensas; van desde el aumento de las emisiones de efecto invernadero y de la contaminación, con sus efectos nocivos para la salud, hasta las repercusiones del alto precio de los carburantes en la economía mundial.

En la década de 1960 fueron las protestas medioambientales y en la década de 1970 las advertencias de los científicos. Hoy en día no es ningún secreto la preocupación respecto a que el aumento de la población mundial es el detonante de una mayor demanda de unos recursos que son cada vez más escasos. Tal vez sea porque llevamos demasiado tiempo escuchando estas advertencias sin que se nos den soluciones por lo que nos sentimos abrumados con tan solo pensar en ello.

LA PRIMERA ESPIRAL QUE SE RETROALIMENTA: MÁS PERSONAS = MÁS ENERGÍA = MÁS PERSONAS...

Las estadísticas de la población mundial nos informan de que el número de personas que viven en la Tierra se mantuvo estable en unos quinientos millones durante casi once mil quinientos años. Cuando nos fijamos en la forma en que este número ha crecido en un período relativamente corto después de que se haya mantenido estable durante tanto tiempo, nos hemos de preguntar: ¿por qué? ¿Qué pudo haber impulsado que la cantidad total de población aumentara con tanta rapidez? Varios factores juegan un papel importante, incluyendo el calentamiento del clima después de la última glaciación y el descubrimiento de la agricultura para sostener a las comunidades. Sin embargo, hay un factor que destaca por encima de todos los demás. Ese factor es el vínculo innegable entre la gente, la energía y los alimentos.

La cuestión es: ¿qué viene primero? ¿Fue el aumento de población en la Tierra lo que provocó la búsqueda de más alimentos y una fuente de combustible que pudiera satisfacer las necesidades energéticas de las personas? ¿O fue el descubrimiento de una fuente de energía abundante y eficiente lo que condujo a la capacidad de poder cultivar más alimentos, y con ello se produjo un aumento de la población? La respuesta depende de a quién preguntemos o de lo que investiguemos. No hay ninguna evidencia que apoye más una opción que otra.

La relación dinámica que se establece entre la energía y la gente está muy bien resumida por el ecologista canadiense Paul Chefurka: «Es evidente a simple vista que los alimentos, el petróleo y la población están estrechamente relacionados».[37] Al describir las perspectivas que son posibles, dice: «Si fueras economista, dirías que cada vez que crece el número de personas se pueden cultivar más alimentos, y encontrar más petróleo para satisfacer nuestras necesidades de crecimiento. Por el contrario, si fueras ecologista dirías que el aumento de los suministros de petróleo y de los alimentos permite que nuestra población crezca. O se podría decir que todo ello tiene lugar en un circuito de retroalimentación compleja».[38]

Independientemente de que lleguemos a una u otra conclusión respecto a lo que ha impulsado el crecimiento de la población y de la energía, lo cierto es que el descubrimiento de fuentes de energía baratas y accesibles está directamente relacionado con el aumento de la población humana en la historia del mundo. La primera vez que se duplicó el número de población mundial fue en 1804, y coincidió precisamente con el auge del carbón como fuente de energía global.

El carbón era tan abundante y su coste era tan bajo en Europa y América del Norte en el siglo XIX que se convirtió rápidamente en el combustible más utilizado para la calefacción de los hogares, así como para su uso en la industria. Aunque sin duda se utilizaba ya desde mediados del siglo XVIII, los métodos de extracción y los ferrocarriles necesarios para obtener el carbón y llevarlo donde fuese necesario aún estaban en proceso de desarrollo en esa época. Fue a mediados o finales del siglo XIX, y en la primera mitad del XX, que el carbón se convirtió en la primera fuente de energía. Hacia el final de la Segunda Guerra Mundial, sin embargo, el uso de otros combustibles fósiles, como el petróleo y sus derivados, pasó a constituir una opción segura, eficiente y barata. Aunque esto dio lugar a una disminución en el uso del carbón como fuente de energía, continuó creciendo la relación entre las personas y la energía.

Hoy en día, nos encontramos en una encrucijada similar a la del carbón y el petróleo que tuvo lugar en el siglo pasado. Esta encrucijada se desencadena por la disminución de las reservas de crudo barato y por la aparición de las nuevas

Producción mundial de petróleo versus población mundial

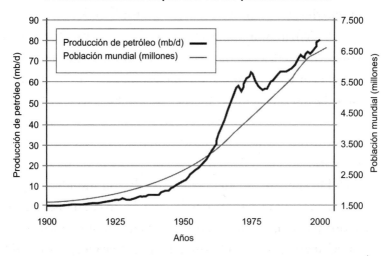

Figura 2.2. El crecimiento de la población mundial está estrechamente ligado a la disponibilidad de energía barata. Esto se ve claramente en la relación de paralelismos que se dan entre el incremento de la producción de petróleo en el mundo a comienzos del siglo pasado y el espectacular aumento de la población, precisamente en el mismo tiempo. Fuente: Agencia Internacional de la Energía.

formas de energía que están llenando el vacío. Esto incluye un mayor aprovechamiento de las formas renovables de energía, así como la explotación de increíbles reservas de gas natural que están haciendo que la ecuación de la energía del mundo se invierta. La clave aquí está en que el uso de energías baratas y de fácil acceso guarda una estrecha correlación con el aumento de la población.

El uso de la energía barata permitió a nuestros antepasados destinar más tiempo a actividades de ocio, ya que no tenían que poner tanta atención a las cuestiones de mera supervivencia. Y fue esta mejora del nivel de vida lo que condujo directamente a la explosión demográfica. Para poner en perspectiva este crecimiento, entre 1926, el año en el que nació la reina Isabel II de Inglaterra, y 2013, la población creció desde los dos mil hasta los siete mil millones. Se prevé que el matrimonio entre el hombre y la energía barata que comenzó hace doscientos años continúe hasta que lleguemos a una cantidad de población que estará entre los ocho mil y los diez mil quinientos millones de habitantes en 2050.[39]

LA SEGUNDA ESPIRAL QUE SE RETROALIMENTA: MÁS PERSONAS = MÁS ALIMENTOS = MÁS PERSONAS...

De la misma manera que la población mundial está relacionada con el suministro de energía, los alimentos necesarios para sustentar a nuestra familia global también están directamente relacionados con la energía. Cuando pensamos en la forma en la que se produce nuestra comida hoy en día, intuitivamente podemos entender esta relación. A medida que la población del mundo ha ido aumentando, la demanda de alimentos también ha ido creciendo. Con el desarrollo de maquinaria agrícola impulsado por el petróleo barato del siglo XX, los granjeros pudieron producir más alimentos para mantener a un mayor número de personas en períodos de tiempo más cortos.

Como niño que crecí en el medio oeste de Estados Unidos, recuerdo claramente las señales de circulación a lo largo de la interestatal 70, una parte de la red de carreteras emergente del país, que nos informaban de que estábamos cruzando la frontera entre los distintos estados. Durante nuestros paseos frecuentes entre Missouri y Kansas, además de las placas de colores que nos avisaban de que estábamos cruzando la frontera estatal había un cartel que mostraba orgullosamente cómo la agricultura de esa zona había contribuido al crecimiento de todo nuestro país. La información que contenía ese cartel se actualizaba cada año para reflejar las condiciones cambiantes del clima y la disponibilidad de agua. Se convirtió en un juego familiar adivinar lo que los números decían antes de llegar al cartel; el ganador compraba un refresco para toda la familia en la próxima parada de descanso.

A principios de la década de 1960, el cartel decía: «Un granjero de Kansas alimenta a 26 personas». En 2010, el mismo cartel decía: «Un granjero de Kansas alimenta a 155 personas». Lo que aparece en la figura 2.3 es una información correspondiente a la Organización de las Naciones Unidas para la Alimentación y la Agricultura (FAO). Nos confirma lo que ha pasado en Kansas pero a escala mundial. La capacidad del mundo para producir una mayor cantidad de alimentos con un número menor de personas trabajando en ello es una tendencia que parece que se ha asentado bien. Es también la fuente de lo que para algunas personas parece un conflicto en la información.

Por un lado, los datos nos dicen que tenemos suficiente comida para alimentar a todas las bocas del planeta. Por otro lado, constantemente se solicita ayuda para alimentar a la inmensa masa de personas hambrientas y desnutridas, que no gozan de una base diaria de alimentos, que hay en distintos países del mundo. *Es evidente que el problema no está en la cantidad de alimento disponible, sino en conseguir que el ya existente se reparta entre las personas que lo necesitan.* El término que se utiliza y que enmarca este dilema es «inseguridad alimentaria». Se han creado muchas organizaciones con el objetivo de poner fin a este problema.

En 2012 la FAO lanzó su informe anual, en el que identificó el estado del mundo y el progreso logrado en cuanto a una mayor seguridad alimentaria. Entre 2010 y 2012, el informe estimaba que alrededor del 12,5% de la población mundial (una de cada ocho personas) está crónicamente desnutrida.[40] La mayoría de las personas identificadas en este estudio vivían en países en vías de desarrollo. La conclusión del informe es similar a la que tú o yo podríamos llegar, incluso sin la ayuda de estadísticas: los niveles de desnutrición en el mundo de hoy son «inaceptablemente elevados».[41]

Mientras que el número de personas alimentadas por nuestro granjero de Kansas ha aumentado aproximadamente en un 496% desde la década de 1960, ¡el coste de los

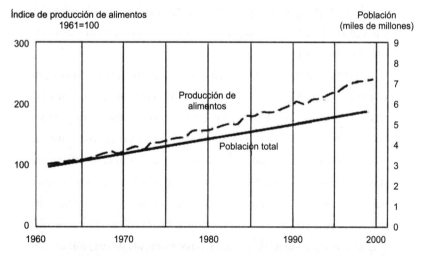

Población mundial y producción de alimentos

Figura 2.3. Existe una relación directa entre el aumento de la población mundial y la necesidad de más comida para alimentar a nuestra familia global. Esta relación se muestra claramente en el gráfico y también ilustra el hecho de que la escasez de alimentos no se debe a problemas de producción. Fuente: Organización de las Naciones Unidas para la Agricultura y la Alimentación (FAO).

alimentos producidos se ha incrementado en porcentajes de *miles* por ciento! Por ejemplo, en 1960 el coste medio de seis espigas de trigo era de unos dieciocho céntimos de euro [al cambio]. En 2011, el precio de las mismas seis espigas de trigo era de 2,2 euros. El incremento fue del 1.100% en tan solo cincuenta y un años. Del mismo modo, el coste de la patata en 1960 era de veintiocho céntimos el kilo. En 2011, ese precio había aumentado a 3,62 euros el kilo –un incremento también superior al mil por cien–. Incluso teniendo en cuenta los ajustes debidos a la inflación, tal aumento en los costos de los alimentos es asombroso.

Uno de los factores que más contribuyen a las alzas de los precios proviene de los costes de la energía necesaria para producir los alimentos. Cuando pensamos en ello, vemos que tiene sentido. Se requiere una gran cantidad de energía para producir nuestros alimentos. Se necesita combustible para conducir los tractores con los que arar, preparar y sembrar la tierra. Mientras los cultivos crecen se necesita combustible para generar la electricidad necesaria para bombear el agua desde el pozo hasta los sistemas de riego para mantener con vida las plantas. Se necesita combustible para hacer funcionar los tractores y las enormes máquinas que se utilizan para cosechar la fruta y los vegetales. Se necesita combustible para hacer funcionar las cintas transportadoras que mueven, clasifican y separan los productos para el mercado; y, por supuesto, se necesita combustible para los vehículos que llevan esos productos a nuestros mercados locales.

Si bien los avances en la tecnología han ayudado a que la maquinaria agrícola sea más eficiente, las mejoras son relativas. Un tractor fabricado en 1980, por ejemplo, consumía

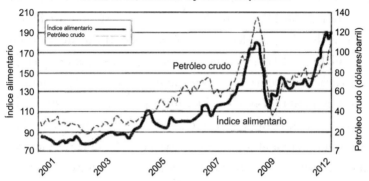

Figura 2.4. Como las reservas mundiales de petróleo barato siguen disminuyendo, el uso de combustibles más caros utilizados para el cultivo agrícola se refleja en el coste de los alimentos que se suministran en el mundo. El gráfico muestra claramente esta relación. Las implicaciones del uso de combustibles más baratos u otras alternativas son obvias. En ausencia de tales medidas, el aumento del coste de los combustibles pone efectivamente la disponibilidad de alimentos fuera del alcance de quienes más lo necesitan. Fuente: Agencia Internacional de la Energía.

un promedio de un litro de gasolina por cada 6,12 kilómetros. En el año 2000 la mejora era mínima: 7,01 kilómetros por litro. Debido a que se necesita mucha energía para producir nuestros alimentos, no es de extrañar que a medida que nos acercamos al fin del petróleo barato los alimentos baratos también desaparezcan. En la figura 2.4 se ve claramente esta relación, que resulta alarmante para algunos. Las implicaciones de todo ello son enormes.

A medida que el creciente número de personas del mundo demanda mayores cantidades de alimentos y el coste de la energía para producir dichos alimentos aumenta, el coste de los alimentos básicos, como el arroz y el maíz, se está elevando tanto que empiezan a no estar al alcance de gran parte de la población más pobre del mundo.

Es evidente que la relación entre la población, los alimentos y la energía es un tema complejo. También se ve claramente que es difícil separar una de las facetas de esta relación de las demás. Cuando se habla de la búsqueda de soluciones eficaces para los problemas relacionados, como los que hemos explorado en este capítulo, una de las claves es ir directamente al denominador común que une todos los problemas. En nuestra época de extremos es fácil reducir la lista de posibilidades a un único factor sobre el que descansan los demás: nuestra forma de pensar. La crisis del pensamiento que impregna nuestras vidas se basa en una reticencia a aceptar los descubrimientos revelados por la ciencia de vanguardia de hoy en día, como el papel de la cooperación en la naturaleza, y lo que estos descubrimientos implican en nuestras vidas.

Para transformar nuestra época de extremos,
antes debemos tener el coraje de querer
sanar nuestra crisis del pensamiento.

Cuando las crisis convergentes descritas por los expertos y los medios se ven a través de una visión del mundo basada en los falsos supuestos identificados anteriormente en este capítulo, muchos creen que estamos en un curso que va en una sola dirección, la colisión, de tal manera que es inevitable obtener un resultado de decadencia y destrucción. Mientras que los científicos y los comentaristas de los medios de comunicación son excelentes para predecir estos resultados —los puntos cruciales en cuestiones como el cénit del petróleo y de la deuda—, lo que muchos de estos expertos no tienen en cuenta es que no es necesario que estos puntos cruciales se manifiesten en nuestras vidas.

Antes de cada punto crucial de no retorno, la naturaleza nos da la oportunidad de convertir la crisis en una transformación. Este hecho es una buena noticia, que hace que el título de este libro, *El punto crucial*, adquiera sentido.

EL PUNTO CRUCIAL: LA RESPUESTA DE LA NATURALEZA ANTE LOS HECHOS EXTREMOS DE LA VIDA

Si no cambias de dirección,
probablemente termines donde empezaste.

Atribuido a LAO TZU (604-531 a. de C.),
filósofo chino

En 2008, Tom Stoppard, un reconocido dramaturgo británico de origen checo, se empezó a sentir abrumado por todo lo que estaba sucediendo en el mundo. Sucesos extremos e impactantes que están teniendo lugar en esta época en la que vivimos dejaron a Stoppard confundido, y eso dio lugar a que viviera una crisis que él mismo diagnosticó como «bloqueo del escritor». Durante una entrevista para Reuters, el creador de obras clásicas como *La costa de la Utopía* y *Rosencrantz y Guildenstem han muerto* confesó que se vio sobrecogido por los extremos globales y eso hizo que se sintiera confundido sobre el camino que debía seguir en su trabajo.

«En la actualidad, gran parte de los temas importantes que acontecen en nuestras vidas se han puesto en un primer plano; que adquiera más protagonismo uno u otro depende de las lentes con las que miremos», explicó Stoppard con franqueza en la entrevista.[1] «¿Debo hablar del calentamiento global, de Irak o de Afganistán, o dejar de escribir?», se preguntaba.[2] Finalmente venció su bloqueo y empezó a escribir obras mucho más innovadoras, como *El lado oscuro*, que se creó para celebrar el cuadragésimo aniversario del enigmático álbum de Pink Floyd *The Dark Side of the Moon* («El lado oscuro de la Luna»).

Stoppard no es el único que se siente agobiado. Comparto su historia como ejemplo de lo que muchas personas están sintiendo hoy en día. La gente está aturdida porque se están produciendo a la vez distintos sucesos de gran magnitud. Hablando con los participantes en las conferencias que doy por todo el mundo, la gente ha compartido conmigo un sentimiento similar de impotencia y desesperanza, así como el temor por la rapidez con la que están cambiando el mundo y nuestras vidas.

Sin duda, es fácil sentirse abrumado por la magnitud del cambio que está teniendo lugar en el mundo. También nos es difícil entender que cualquier cosa que hagamos como individuos, por pequeña que sea, posiblemente pueda marcar una diferencia. Aunque no dudo que es posible que una sola persona produzca grandes cambios en el mundo en un sentido positivo, también sé que a menudo se tarda toda una vida en lograrlo, o incluso el sacrificio de esa misma vida. Desde la Madre Teresa de Calcuta hasta Mahatma Gandhi, pasando por Nelson Mandela y John Lennon, hemos sido testigos de ejemplos conmovedores de una persona que se convierte en el punto de atención a escala mundial y que puede abrir una puerta de posibilidades, visión e imaginación para otros. Sin embargo, lo que puede no ser tan obvio es lo que hicieron estas personas antes de convertirse en potentes faros que nos brindaron infinitas posibilidades. Antes de que su mensaje resplandeciera por todo el mundo, primero tuvieron que ser honestas consigo mismas acerca de sus sueños y las decisiones que iban a tomar para hacerlos realidad.

LA VELOCIDAD DEL CAMBIO

Ya sea que estemos sintiendo el impacto del calentamiento global en algo tan cotidiano como nuestra factura de la compra semanal o la carga de la deuda global en la pérdida de puestos de trabajo en nuestra comunidad, es bueno ser honestos con nosotros mismos sobre lo que es y lo que no es realista aplicar en nuestras vidas. La gente me dice constantemente que quiere cambiar el mundo. La pregunta es: ¿cómo? Siendo realistas, ¿qué podemos hacer como individuos ante tantos frentes abiertos? ¿Cómo podemos convertir nuestra época de extremos en una época de transformación? Y ¿cómo podemos compartir nuestra transformación personal con nuestra comunidad y nuestros seres queridos?

Aquí es donde entra en juego el ser honestos con nosotros mismos.

Hay dos hechos que querría que tuvieras en cuenta:

- ✧ **HECHO 1:** Honestamente, es probable que el mundo no vaya a cambiar en el tiempo que tardes en leer este libro.

- ✧ **HECHO 2:** Honestamente, la forma en la que respondes ante el mundo definitivamente puede cambiar en el tiempo que tardes en leer este libro.

Hay algo adicional que hace que los hechos 1 y 2 sean posibles. Es un hecho basado en la ciencia de la naturaleza y en cómo esta se adapta al cambio.

✧ **HECHO 3:** La naturaleza siempre deja espacio para nuevas posibilidades y cambios positivos.

Cuando se trata de este tercer hecho, nuestra época de extremos no es una excepción. Algunos medios de comunicación y expertos ven las crisis que convergen en el mundo como un camino que nos conduce inevitablemente hacia una decadencia y destrucción irreversibles. Mientras que científicos y comentaristas no dejan de hablar sobre estos cambios, la mayoría de los expertos no están prestando atención a lo positivo de esta época, que justifica el título de este libro. En cualquier crisis siempre llega un momento en el que se nos conduce hacia un cambio positivo, cuando nuestro vivir se transforma en un sentimiento de prosperidad y dicha. En nuestras vidas este momento se llama *punto crucial*. En nuestro mundo, ¡este momento es ahora!

En otras palabras, aunque parezca que estamos camino de la colisión por los efectos del cambio climático, el agotamiento del petróleo y la deuda extrema, como sugieren las Naciones Unidas y otras organizaciones, estas y otras crisis pueden evitarse si decidimos actuar ahora. La pregunta es: ¿vamos a aceptar los puntos cruciales que nos conducen hacia una transformación en nuestra manera de pensar y de vivir? Los hechos sugieren que estamos a punto de averiguarlo.

Hay un momento en el que toda crisis se
convierte en una transformación: cuando la
simple supervivencia puede convertirse en
prosperidad. Este momento es un punto crucial.

LOS PUNTOS CRUCIALES: ELEMENTOS DE UN GRAN CAMBIO

Hay momentos en la vida en que las cosas que parecen pequeñas e insignificantes pueden marcar una diferencia y dar lugar a grandes cambios. Una olla de la cocina de casa en la que se está hirviendo agua es un ejemplo perfecto. Es cierto que todos hemos visto hervir agua, pero puede que no nos hayamos dado cuenta de cómo fue el proceso realmente. En este caso, probablemente nos hayamos perdido uno de los agentes de cambio más importantes de la naturaleza y que afecta a nuestras vidas. Así es como funciona:

Cuando ponemos la olla sobre el fogón, el agua no hierve al instante. Por el contrario, tiene lugar un proceso. Lo que sucede en un primer momento es casi imperceptible; incluso creemos que no está ocurriendo nada, por lo que esperamos y observamos. Grado a grado, el agua se calienta. Nuestro termómetro marca 90 °C, luego 95 °C, y finalmente 100 °C. Exactamente a 100 °C, algo extraordinario empieza a ocurrir. Mientras que el agua se ve más o menos igual a como se veía en el momento en el que encendimos el fogón, está sucediendo algo a un nivel muy sutil. Si nos fijamos bien, veremos cómo se forman algunas burbujas pequeñas en el interior de la olla. *Vemos un gran cambio con tan solo unos grados de más.* De repente, las burbujas aparecen en la olla por todas partes y el agua entra en un completo caos. Ahora el agua está realmente hirviendo y podemos empezar a cocinar la pasta o el arroz, preparar el té o hacer lo que sea que nos llevó a hervir el agua.

La clave aquí es que una pequeña diferencia fue suficiente para que el agua alcanzara el punto de ebullición. A pesar de que al principio teníamos una temperatura baja del agua, la temperatura fue ascendiendo progresivamente, hasta que al final, en un momento concreto, hubo un cambio y el agua empezó a hervir. Este último momento en el que comienza a hervir el agua es la razón por la que estoy describiendo este proceso. Se llama el *punto crucial*, y lo cambia todo.

Mientras que el término *punto crucial* [también conocido como *punto de inflexión*] ha estado largamente presente en el campo de las matemáticas y otros círculos, de repente irrumpió en nuestro vocabulario de uso común en el año 2000, tras la publicación del libro de Malcolm Gladwell *La clave del éxito* (Taurus, 2007). El libro de Gladwell es una potente exploración de lo que provoca el cambio en la sociedad y de cómo todo ello puede hacer que nuestra vida cotidiana finalmente cambie. Gladwell define un punto crucial como el «momento de la masa crítica, el umbral, el punto de ebullición».[3]

Un pequeño cambio puede hacer que la
balanza se incline hacia el otro lado.

Los puntos cruciales se utilizan a menudo para describir el punto de no retorno en el que las condiciones cambiantes llegan a un lugar o a un momento en el que ya no apoyan el statu quo. Es en este punto en el que el estado original ya no existe, y aparece algo nuevo. Esto es precisamente lo que ocurrió en nuestro ejemplo del agua hirviendo. A 100 °C, las moléculas del agua comenzaron a comportarse de una manera distinta, que reflejaba las nuevas condiciones.

Para el propósito de este libro, un punto crucial puede considerarse la culminación de las condiciones que dan lugar a un punto de no retorno. Y cuando hablamos de un punto de no retorno, por lo general no lo hacemos en el buen sentido.

LOS PUNTOS CRUCIALES: LA RESPUESTA DE LA NATURALEZA ANTE LOS EXTREMOS DE LA VIDA

Vemos puntos cruciales en todo nuestro entorno. En los medios de comunicación se usan para describir las condiciones que van desde durante cuánto tiempo las economías del mundo van a poder sostenerse con la actual deuda extrema hasta la cantidad de personas que en Estados Unidos pueden quedarse sin trabajo antes de que los impuestos que ejecuta la nación se conviertan en algo insostenible, o hasta qué punto la situación en Israel e Irán puede deteriorarse antes de que la guerra se haga inevitable. Sin embargo, en general el uso más común del término en los últimos años se aplica en relación con el cambio climático y lo que significa para nosotros.

¿Cuánto puede aumentar el calentamiento global antes de alcanzar el punto crucial en el que la Tierra ya no pueda sostener la vida? ¿Hasta dónde pueden subir los precios de los alimentos y la energía antes de que los hogares medios ya no puedan pagarlos? Si bien vamos a discutir estos puntos cruciales con mayor detalle más adelante, voy a referirme ahora a la idea misma de los puntos cruciales y a lo positivo que conllevan.

Como mencioné anteriormente, antes de que llegue un punto crucial de no retorno la naturaleza permite un cambio que conduce hacia un nuevo resultado. El lugar donde aparece el cambio es el punto crucial. La existencia de puntos cruciales y el conocimiento que se tiene de ellos en realidad es distinto a lo que se nos ha hecho creer en cuanto a nosotros y el mundo. En las condiciones reales de la vida cotidiana, esto significa que *siempre* hay una manera de salir de una situación difícil, *siempre* hay una oportunidad para cambiar y empezar a andar por un nuevo camino que nos conduzca hacia un nuevo resultado.

Si bien este hecho sería atractivo en cualquier momento de nuestras vidas, es vital reconocerlo hoy en día, especialmente cuando nos quieren hacer creer que nuestro futuro es aterrador y que deberemos afrontar puntos cruciales en cuanto a nuestro trabajo, nuestros alimentos y nuestra energía.

Independientemente de cuánto creamos que hemos dominado las fuerzas de la naturaleza o que nos hemos aislado a nosotros mismos de los elementos, el hecho es que somos parte del mundo natural. Siempre lo hemos sido y siempre lo seremos, y hoy en día no es diferente. Para ver cuán profundamente vinculados estamos con la naturaleza no necesitamos más que ver cómo los ciclos lunares influyen en los ciclos menstruales de las mujeres, o cómo el ciclo del día y la noche influye en nuestro ciclo del sueño, o cómo la falta de luz natural incide sobre la depresión y el suicidio en lugares donde es escasa.

Incluso en un mundo de oficinas y apartamentos a gran altura, donde es común que las personas pasen días sin pisar el suelo o sin sentir los rayos del sol acariciando su piel, está claro que nos hallamos profundamente inmersos en los ritmos de la naturaleza. Y es que estamos tan conectados con la naturaleza que las matemáticas con las que esta se rige son también *nuestras matemáticas*.

Esta es una buena noticia, porque cuando nos encontramos dirigiéndonos hacia un punto crucial no deseado, la naturaleza nos ofrece una manera de establecer un nuevo curso con un nuevo resultado. En matemáticas, al cambio que propicia la naturaleza en nosotros se le suele llamar *punto crucial*. En la vida cotidiana, estamos en contacto directo con puntos cruciales. Para nosotros constituyen algo conocido, aunque no seamos del todo conscientes de ello. Los puntos cruciales nos permiten alejarnos de lo que es generalmente un resultado no deseado.

UN PUNTO CRUCIAL DE ESPERANZA

Todos hemos visto ejemplos de puntos cruciales en nuestras vidas o en las de nuestros amigos y familiares. Pueden ocurrir espontáneamente o pueden crearse de forma intencionada. Es muy posible que hayamos experimentado ambos tipos sin reconocer lo que estábamos viviendo. Entonces, ¿cómo sabemos cuándo aparece un punto crucial?

Un ejemplo conocido de un punto crucial sería cuando operan a un amigo o a un miembro de la familia para corregir algo que daña su cuerpo y el resultado es exitoso. Si se trata de la extracción de un tumor que amenaza la vida o de la reparación de un órgano vital, cuando suceden estas cosas se dice comúnmente que la cirugía le ha dado a nuestro ser querido una «segunda oportunidad» o una «nueva oportunidad en la vida». En otras palabras, en lugar de seguir el curso de deterioro que nos estaba conduciendo hacia un punto crucial de no retorno —el fallo del cuerpo—, es el punto crucial de este procedimiento el que nos ofrece una nueva oportunidad en la vida.

Fui testigo de un punto crucial cuando en el año 2000 mi madre decidió someterse a una operación porque tenía un tumor canceroso en el pulmón. Al parecer, de niña había contraído tuberculosis (TB) sin ella saberlo. Nunca se le diagnosticó, y su cuerpo se sanó por sí solo sin ninguna intervención médica. Los médicos dijeron que una cicatriz creada por una herida de TB puede volverse cancerosa si una persona vive lo suficiente para que el tejido se calcifique. Al parecer, esto es lo que le había sucedido a mi madre.

Aunque mi madre y yo hemos mantenido muchas conversaciones acerca de la capacidad increíble de nuestro cuerpo para sanar, además de que ella ha asistido a bastantes de mis seminarios para ver la evidencia de la curación espontánea, tenía muy claro cómo quería lidiar con su propia enfermedad. En la última conversación que mantuve con ella por teléfono antes de la operación, se limitó a decir:

—Sé que esas curaciones son posibles, pero no son para mí. Solo quiero que esta cosa [el tumor] desaparezca —escuché fuerte y claro. Apoyé la elección de mi madre y la ayudé a encontrar las mejores instalaciones y los mejores médicos.

Estuvimos evaluando todos los hospitales y centros universitarios de medicina. Mi madre tuvo la oportunidad de entrevistarse en persona con los posibles cirujanos que la iban a intervenir. Ella hacía todas las preguntas necesarias para conocer bien a los doctores, y yo escuchaba atentamente todo lo que le decían aquellas mentes tan brillantes expertas en cirugía del pulmón. Al final de cada conversación, yo siempre añadía una pregunta adicional. Una vez expuestas las preocupaciones de mi madre sobre la operación, le estrechaba la mano al cirujano y, mirándole a los ojos, le preguntaba:

—¿Qué papel cree que juega Dios o lo que llamamos una Fuerza Superior en todo esto?

Con tan solo una excepción, mi pregunta solía poner fin a ese apretón de manos. Uno a uno, los cirujanos se daban la vuelta y entraban de nuevo en su consulta.

Fue en nuestra última entrevista con el último médico de nuestra lista en un hospital universitario de Albuquerque (Nuevo México) que el cirujano no se marchó. De hecho, cuando escuchó mi pregunta agarró mi mano con firmeza y soltó una gran carcajada que me dejó sorprendido. Con un brillo en los ojos, miró directamente a los míos y, con un acento europeo cuya procedencia no pude identificar con exactitud, respondió a mi pregunta con otra pregunta:

—¿Quién cree Ud. que hace que estas manos funcionen milagrosamente en el quirófano? —me dijo mientras levantaba las manos para mostrármelas. Soltó otra carcajada, abrazó a mi madre, se dio media vuelta y se marchó de la consulta.

Miré a mi madre y exclamé:

—¡Creo que acabas de encontrar a tu médico!

La operación de mi madre fue todo un éxito. Ha estado libre de cáncer desde entonces. Se ha de tener en cuenta que hizo todos los cambios necesarios en su vida para que fuera así. Estoy compartiendo esta historia como ejemplo de cómo una elección en la vida puede llegar a convertirse en el punto crucial que nos conduzca hacia algo positivo. Mi madre, una vez supo con absoluta certeza que estaba libre de los tejidos que amenazaban su vida, reconoció el punto crucial y decidió hacer un cambio en su rutina diaria en cuanto a dieta y deporte; también optó por modificar la forma en la que pensaba y, en sí, en la que vivía. De cualquier modo, inicialmente fue su decisión de hacer algo que era compatible con su sistema de creencias —operarse— lo que fue la clave que hizo posible este otro tipo de cambios.

Los puntos cruciales de carácter personal deberán ajustarse a nuestra propia visión del mundo.

LA REGLA DE LA NATURALEZA: ¡SÉ SIMPLE!

La naturaleza se basa en la simplicidad. Solo se vuelve compleja cuando nosotros la hacemos compleja. Los principios de la vida y de nuestro mundo pueden ser descritos con ideas simples y palabras sencillas. Precisamente porque la naturaleza es simple, con el uso de las matemáticas más básicas se pueden llegar a describir las relaciones naturales más complejas. Un patrón fractal es un ejemplo perfecto que me sirve para describir lo que quiero decir.

En la década de 1970, Benoit Mendelbrot, un profesor de matemáticas de la Universidad de Yale, desarrolló una nueva geometría, que presentó de una manera muy sencilla para que pudiéramos entender los patrones de la naturaleza que hacen que el mundo, y todo, sea posible. A esta nueva forma de ver el mundo le puso el nombre de *geometría fractal*, o simplemente *fractales*. Antes del descubrimiento de Mendelbrot, los científicos utilizaban otro tipo de geometría para describir el mundo: la geometría euclidiana.

Antiguamente se pensaba que la naturaleza era tan compleja que era imposible describirla con el uso de números simples. Por esta razón, la mayoría de nosotros hemos crecido aprendiendo una forma de geometría que tan solo se aproxima a los patrones de la naturaleza. Es la geometría que utiliza líneas perfectas, cuadrados perfectos, círculos perfectos y curvas perfectas. Por eso nuestros primeros dibujos de árboles como jóvenes artistas parecían más bien piruletas clavadas en un palo y no verdaderos árboles.

El problema es que la naturaleza no utiliza líneas o curvas perfectas para crear montañas, nubes y árboles. En su lugar, emplea fragmentos —una imperfecta línea en zigzag aquí y una curva más allá—, que en su conjunto forman esas montañas, esas nubes y esos árboles. Estos fragmentos imperfectos son patrones fractales. La clave es que en un fractal cada fragmento, por pequeño que sea, se parece al patrón mayor al que se asemeja. El término que describe los patrones de repetición se denomina *autosimilitud*.

Como la naturaleza está hecha de patrones de autosimilitud, estos aparecen en distintas escalas, desde una tomografía computarizada de los vasos sanguíneos que suministran sangre a las arterias del cuerpo hasta una imagen de satélite de los afluentes que desembocan en el río Amazonas. Es por la misma razón por la que la energía de un electrón orbitando alrededor de un núcleo se parece tanto a un planeta que orbita alrededor del Sol. La naturaleza se forma con estos patrones simples de autosimilitud, que aparecen una y otra vez a distintas escalas y magnitudes.

Con la simplicidad de la naturaleza en mente, cuando Mendelbrot programó su sencilla fórmula en un ordenador el resultado fue impresionante. Al ver todo lo que hay en la naturaleza como pequeños fragmentos que, a su vez, se parecían a otros fragmentos menores, las imágenes que se obtuvieron hicieron mucho más que aproximarnos a la naturaleza. ¡Los fragmentos eran exactamente como la naturaleza! Y eso es lo que precisamente la nueva geometría de Mendelbrot nos muestra acerca del mundo. La naturaleza se construye a través de patrones simples.

Figura 3.1. En la década de 1970, Benoit Mendelbrot utilizó su ordenador para producir las primeras imágenes fractales. Tanto la hoja de helecho de la izquierda como el paisaje de la derecha se han diseñado por ordenador. En ambos casos, se ha utilizado una fórmula sencilla ($z = z^2 + c$). Fuente: de domino público.

Con todo lo que se ha dicho, no es de extrañar que la geometría nos muestre tan claramente la idea de un punto crucial. En la figura 3.2 vemos el ejemplo de un punto crucial. Se muestra cómo una línea que se mueve en una dirección cambia de forma, para luego moverse hacia una nueva dirección. Si seguimos la línea que aparece en la ilustración desde la parte superior hasta la parte inferior, primero desciende brevemente, después se nivela y finalmente comienza un nuevo trazo hacia abajo.

El punto donde la línea cambia su forma representa el lugar en el mundo real que en sí es el tema de este libro: el punto crucial. Si vemos que el cambio es posible para esa línea, hemos de saber que también es posible para nosotros. Nuestras vidas se fundamentan en las mismas leyes de

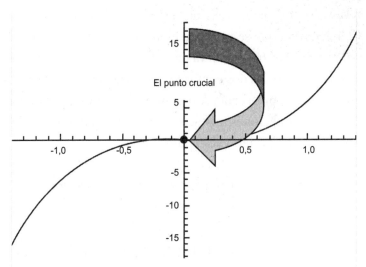

Figura 3.2. Un ejemplo de punto crucial en la naturaleza. En el momento en el que la energía se mueve en una dirección determinada para obtener un resultado, puede cambiar hacia una nueva dirección y dar lugar a un nuevo resultado. Debido a que somos parte de la naturaleza, estos mismos puntos cruciales también están disponibles para nosotros.

la naturaleza. El gráfico de la figura 3.2 nos muestra exactamente cómo sucede. Si bien el cambio en él aparece como una simple transformación en una línea, en nuestras vidas el cambio se produce en un punto crucial que puede marcar la diferencia entre el éxito y el fracaso, la abundancia y la carencia, e incluso entre la vida y la muerte.

Una manera sencilla de pensar en el punto crucial es considerar la forma que tienen las curvas en sí mismas. Si el gráfico bidimensional se convirtiera mágicamente en tridimensional, la curva se parecería a una taza, donde veríamos desde la parte superior derecha el punto crucial. La curva tiene una forma cóncava. En otras palabras, se podría retener el agua si esta estuviera disponible. Desde el punto crucial hacia abajo, en la parte inferior izquierda del gráfico, la línea cambia de forma, como si un vaso se hubiera puesto al revés. Esta forma convexa no sería capaz de retener el agua. El lugar en el que se produce el cambio es el punto crucial —el punto en el que la curva pasa de cóncava a convexa—. Es este lugar entre las dos curvas lo que la ciencia confirma hoy en día como punto crucial, o punto de inflexión, y lo que las diferentes tradiciones místicas nos han dicho durante siglos: ¡existe mucho poder en ese punto intermedio!

La simplicidad de la naturaleza nos demuestra que los puntos cruciales también son simples.

EL MISTERIO DEL ESPACIO INTERMEDIO

En muchas tradiciones indígenas se cree que el espacio misterioso que existe entre las cosas es un espacio que tiene el poder de originar nuevas posibilidades. En la cultura indígena de América del Norte, por ejemplo, se piensa que el espacio que existe entre el día y la noche abre las puertas hacia nuevos caminos y nuevos resultados en nuestras vidas. Cuando pensamos en lo que representa el tiempo de transición entre el día y la noche, vemos un claro paralelismo entre las tradiciones indígenas y el poder del punto crucial.

Dos veces al día, sucede algo extraordinario con respecto a la posición de la Tierra en el espacio y el efecto que esto tiene sobre nosotros. Cuando se pone el Sol y anochece, aparece brevemente una puerta que nos da la posibilidad de entrar en un espacio de tiempo misterioso. Aunque el Sol ya no es visible, el cielo aún está claro. Es un momento en el que aún no es de noche, pero tampoco de día. Es este espacio entre el día y la noche lo que nuestros antepasados llamaban *la grieta entre los mundos*. La grieta entre los mundos aparece de nuevo en la madrugada, cuando el cielo ya no es tan oscuro como de noche, pero tampoco tan claro como de día.

Desde los antiguos egipcios y chamanes peruanos hasta los curanderos del desierto del suroeste de Estados Unidos, la cuestión relativa a los puntos cruciales es siempre la misma. Dos veces al día, la naturaleza nos ofrece un momento en el que nuestras oraciones pueden tener tanta fuerza como para crear un cambio en nuestras vidas. En el lenguaje de su tiempo, nuestros antepasados compartieron el poder de lo que la naturaleza nos muestra en la figura 3.2. Los puntos cruciales son la forma natural en la que se da el cambio.

La belleza de saber que existen los puntos cruciales reside en el hecho de que estos contienen para nosotros la oportunidad de cambiar *antes* de que experimentemos algo que no queremos en nuestras vidas.

Puntos cruciales: a veces intencionados, a veces espontáneos

La naturaleza reconoce dos tipos de puntos cruciales. Proceden de distintas fuentes y se muestran de forma diferente en nuestras vidas. Como se mencionó anteriormente, un punto crucial puede ser espontáneo, así como lo es el breve espacio de tiempo entre el día y la noche descrito hace un momento, mientras que otros puntos son intencionados. En otras palabras, es posible crear un punto crucial cuando lo necesitamos. Esta es una muy buena noticia, ya que significa que podemos crear nuestros propios puntos cruciales en nuestras vidas y en nuestro mundo. Podemos crearlos para el bien de nuestra salud, finanzas, relaciones y carrera profesional. Los podemos crear con frecuencia o muy de vez en cuando. Cada vez que lo hacemos, conseguimos nuevos mecanismos de seguridad, que nos permiten evitar el dolor, la angustia, la destrucción y el sufrimiento que a menudo aparecen como resultado de no haber reconocido una de esas ventanas que nos ofrece la naturaleza hacia nuevas posibilidades.

Ahora que sabemos lo que son los puntos cruciales, la mejor manera de entender cómo funcionan es con ejemplos de la vida real. La rápida pérdida de peso de Bill, un hombre que alcanzaba más de ciento cincuenta kilos hasta no hace mucho, ilustra a la perfección lo que quiero decir.

Un punto crucial intencionado

Por desgracia, la historia de Bill y su sobrepeso es una historia que se repite demasiado a menudo en la actualidad. Bill no estaba contento con su peso, y había intentado reducirlo con dietas populares sin mucho éxito. Nada de lo que hacía parecía funcionar. Su esposa, quien también sufría de sobrepeso, encontró un programa de pérdida de peso con el que estaba teniendo bastante éxito. Cuando Bill se dio cuenta de que a él no le funcionaba esa dieta, la diferencia en sus estilos de vida convirtió su relación en una lucha, que finalmente terminó en divorcio. No nos ha de sorprender que la combinación de haber fallado en su intento de bajar de peso junto con la ruptura de su matrimonio diera lugar a un resultado predecible. Bill se sentía desesperado, perdido y deprimido: «Empecé a odiarme a mí mismo por lo que era, y empecé a darme cuenta de que podía ilusionarme por muchas cosas».[4]

Bill volvió a establecer contacto con un grupo de apoyo en el que había participado anteriormente. Al igual que en el ejemplo del agua hirviendo que aparece al principio de este capítulo, los cambios en su vida y en su peso aparecieron lentamente. Al ver cómo los kilos desaparecían, poco a poco al principio y luego más rápidamente, aumentó la intensidad de sus entrenamientos. En siete meses, Bill perdió más de cuarenta y cinco kilos y redujo en diez tallas el tamaño de sus pantalones. ¡Se sentía realmente bien! Estaba más sano de lo que jamás había estado, y tras su éxito personal en la transformación de su cuerpo decidió convertirse en párroco de su iglesia para poder ayudar a otros.

Fue durante este mismo período de transformación cuando Bill sufrió un accidente de tráfico. Antes de que alguien pudiera socorrerle, se encontró atrapado en su coche con múltiples lesiones, que incluían varias costillas y un hombro rotos y daños en la cara. Después de ser rescatado, permaneció en un estado crítico durante tres días y luego fue hospitalizado durante tres semanas más durante su recuperación. Fue su fuerza de voluntad, su perseverancia y la mejora de su condición física lo que permitió que su cuerpo se recuperara con éxito.

Los médicos y paramédicos estuvieron de acuerdo en una cosa: si Bill hubiera sufrido el accidente antes de su cambio en su estilo de vida, el peso de su cuerpo contra el coche habría reducido sus posibilidades de sobrevivir y ser rescatado. Lo importante de esta historia es que fue *la elección de Bill de hacer algo* respecto a su peso lo que generó intencionadamente un punto crucial en su vida. Como él tomó la decisión de adelgazar cuarenta y cinco kilos, podemos decir que el punto crucial de Bill fue intencionado.

> Podemos crear un punto crucial
> con tan solo una elección.

Un punto crucial espontáneo

En 1928, un científico escocés que trabajaba con cultivos de bacterias en un laboratorio se dio cuenta de que algo inusual había sucedido mientras estaba de vacaciones. Durante el tiempo que había estado fuera, algunos de los cultivos habían cambiado de manera inesperada. Justo antes de salir, había dejado preparadas algunas muestras que contenían bacterias en placas de Petri para liberar parte de la carga de trabajo a su compañero. Cuando regresó, se percató de que el moho había crecido en algunas de esas placas. Si bien el aspecto del moho no era tan inusual, la forma en la que las bacterias estaban reaccionando al moho es lo que le llamó la atención. La película delgada que estas bacterias suelen crear a medida que se extienden sobre una superficie había desaparecido en los lugares donde el moho estaba presente.

En otras palabras, el moho había matado a las bacterias.

El nombre de este científico es Alexander Fleming, y el moho que había «contaminado» sus placas de Petri y matado sus bacterias contenía el poderoso antibiótico de la penicilina. La penicilina fue el primer descubrimiento de un medicamento de este tipo, ya que solo mataba las bacterias nocivas en el cuerpo del ser humano, sin afectar a las bacterias beneficiosas o al cuerpo en sí.

En el acto, la penicilina se convirtió en el medicamento elegido para tratar un gran número de enfermedades, desde los injertos de piel que son susceptibles a las infecciones por estafilococos hasta las enfermedades de transmisión sexual y las infecciones causadas por miles de animales e insectos. Pese a lo buena que fue esta «droga milagrosa» en su tiempo, se encontró con ciertas limitaciones en la forma en la que se podía utilizar y en su efectividad. Pero no pasó mucho tiempo antes de que se desarrollaran formas más potentes de penicilina que permitieron superar las limitaciones. Muchas de las nuevas formas de uso de este medicamento se siguen utilizando hoy en día. Ello incluye la ampicilina, la amoxicilina y la dicloxacilina.

El descubrimiento de Fleming es un ejemplo perfecto de un punto crucial espontáneo. Es espontáneo porque no se propuso crear intencionadamente el antibiótico antes de irse de vacaciones. Ocurrió de forma inesperada. Fue su voluntad de aceptar y acoger lo que había presenciado, sin embargo, lo que hizo que el punto crucial fuera posible.

Por el contrario, si hubiese ignorado el moho, limpiado las placas de Petri y continuado como de costumbre con sus experimentos, estaríamos viviendo en un mundo muy diferente hoy en día. Afortunadamente para todos, no fue así, y Fleming abrazó un punto crucial para sí mismo y para las innumerables personas en todo el mundo que se han beneficiado de su descubrimiento.

Tenemos la capacidad de abrazar todos aquellos puntos cruciales que aparecen en nuestra vida.

Pese a que los ejemplos que se han mostrado respecto a los puntos cruciales pueden parecer distintos, ambos describen los acontecimientos que han hecho que la vida de dos personas cambiara significativamente. En el caso de Bill, el punto crucial en cuanto a su pérdida de peso fue creado intencionadamente como resultado de una elección que hizo. Para Alexander Fleming, el punto crucial fue algo espontáneo. Notó algo inusual en su experimento, y reconoció el significado y el valor de lo que acababa de presenciar.

Estos dos ejemplos muestran las formas en las que los puntos cruciales tienden a aparecer en nuestras vidas. Si bien no hay nada inusual en el hecho de que existan, el poder reside en lo que decidimos hacer cuando estos puntos o momentos cruciales aparecen. Los dos factores que pueden dar sentido a un punto crucial son:

⋄ Tener la sabiduría necesaria para reconocer cuándo uno de estos puntos o momentos cruciales aparece.

✧ Tener la fuerza para aceptar y abrazar lo que nos muestra.

Ahora que sabemos *cómo* los puntos cruciales aparecen en nuestras vidas, la pregunta es: ¿*de dónde* vienen?

¿DE DÓNDE VIENEN LOS PUNTOS CRUCIALES?

El origen de un punto crucial solo se encuentra en un lugar: está en nosotros, y el significado que le damos hace de ello una experiencia directa y personal. La clave aquí es entender que forma parte de nuestra propia experiencia. No es algo que la gente aprenda viendo su programa de televisión favorito, o algo que nuestras comunidades religiosas nos digan que deberíamos estar haciendo, o algo que venga impuesto por nuestras familias porque así ha sido siempre. Un punto crucial solo puede llegar a ser real para nosotros cuando somos nosotros mismos los que vivimos la experiencia. Es el resultado de algo que nos conmueve tan profundamente que sentimos que debemos cambiar nuestras creencias para que coincidan con nuestras experiencias.

Estos puntos cruciales comúnmente llegan a nosotros de una manera, o por la combinación de dos. Son las siguientes:

✧ Un descubrimiento cambia la forma en la que pensamos y creemos.
✧ Un evento capaz de alterar un paradigma cambia nuestra visión del mundo.

Es precisamente a través de este tipo de experiencias como los grandes maestros a menudo ayudan a sus estudiantes a cruzar la brecha entre sus creencias limitantes y las infinitas posibilidades de su propio poder. Lo hacen al mostrarles algo directamente o planteándoles una experiencia que altere su paradigma. De cualquier manera, el estudiante debe entonces incorporar la lección en su propio pensamiento y creencias.

El maestro espiritual del Himalaya Jetsun Milarepa, un yogui del siglo XI, llevó a sus estudiantes a un estado de conciencia que les permitió mover las manos a través de la pared de roca sólida que formaba las paredes de las cuevas que eran sus «aulas». Al hacerlo, los estudiantes descubrieron por sí mismos que no estaban limitados por las paredes de la cueva, sino por sus creencias respecto a esas paredes. He tenido la oportunidad de estar en esas cuevas y experimentar personalmente su poder durante mis peregrinaciones a la meseta tibetana. He puesto mis manos en las huellas que el maestro dejó en las paredes. Incluso hoy en día los restos de esta milagrosa manifestación siguen teniendo un increíble poder sobre aquellos que visitan la cueva. En tiempos más recientes, algo similar se ha utilizado para aleccionar a los estudiantes de artes marciales sobre sus propias creencias.

Todos hemos visto las milagrosas manifestaciones de los expertos en artes marciales consistentes en romper una pila de bloques de hormigón con un solo golpe de su mano. Si bien este tipo de demostración es sin duda espectacular y sorprendente, lo que no es a menudo evidente para los espectadores es que la hazaña no obedece tanto a la fuerza bruta y la voluntad de romper el bloque como a la fe y el poder de concentración de estas personas.

Por experiencia personal, puedo decir que el secreto para romper los bloques de hormigón o las pilas de madera que se utilizan está en el lugar en el que el estudiante pone su atención. El que practica artes marciales está capacitado para identificar un punto en el espacio que se halla solo ligeramente por debajo de la parte inferior del bloque más bajo. Este punto es la clave de toda la manifestación. El practicante no está pensando en lo difícil que será golpear el bloque o en su grosor. De hecho, no está pensando en nada más que en el punto inferior del bloque que le sirve como referencia.

Lo interesante de este ejercicio es que, por un instante, los pensamientos, sentimientos, emociones y creencias del que practica artes marciales se alinean en su cuerpo, su mente y su alma, y él se centra en un solo punto en el espacio y en el tiempo, el punto que se encuentra justo por debajo del bloque. Ese es el punto de encuentro en el espacio donde la mano completará el movimiento. En ese momento toda la atención está puesta en ese punto, y en nada más.

Esta demostración de control con los bloques de hormigón cumple con los criterios antes descritos respecto a los dos tipos de puntos cruciales: el acto en sí es todo un evento que altera un paradigma, porque cambia la forma en que la persona se siente en su relación con el mundo; y el hecho de haber logrado tal hazaña se convierte en todo un descubrimiento que proporciona la evidencia práctica de que esto es posible. Ambos criterios dan lugar a la necesidad de cambiar la forma de pensar.

UN MISMO VERANO, DOS PUNTOS CRUCIALES DE ALCANCE GLOBAL

Todos hemos experimentado puntos cruciales en nuestras vidas, aunque algunos sean más memorables que otros.

En verano de 1969 experimenté dos puntos cruciales que cambiaron mi vida, ¡y los dos ocurrieron con menos de un mes de diferencia el uno del otro! Como tenía vacaciones en la escuela, ese verano trabajé en un rancho al sur de Missouri. La temperatura era de casi 37 °C, y a ello se le añadía un porcentaje de humedad de casi el 100%, algo típico en esa época del año en esa región, y estaba convencido de que realizar cualquier actividad al aire libre iba a suponer toda una tortura. Y así ocurrió, pues me pasé todo el día cargando fardos de heno atados con alambres en la parte trasera de un camión que avanzaba muy despacio. Yo caminaba lentamente al lado del camión. Mi trabajo consistía en levantar del suelo cada fardo de veintisiete kilos y lanzarlo a la parte trasera del camión justo cuando pasaba, y mis compañeros y yo repetíamos la secuencia una y otra vez. Esto se prolongó durante varios días. Por la noche no solo tenía ganas de cenar, quitarme de encima el polvo y encontrar alivio respecto a los insectos, la humedad y el calor, sino que también me gustaba encender el televisor y ver las noticias para conectarme con el resto del mundo.

Punto crucial 1: Llegamos a la Luna

Había una pequeña pantalla de televisión en blanco y negro en el comedor, donde todas las personas del rancho se reunían a la hora de comer. El televisor estaba en una esquina de la habitación, y el volumen era generalmente tan bajo que solo podíamos adivinar lo que decía la gente que aparecía como imágenes granuladas. Una noche, sin embargo, esto cambió. Como todo estaba en silencio porque acabábamos de pronunciar las palabras de oración para la cena, pudimos oír perfectamente lo que salía del televisor: «Es un pequeño paso para el hombre, pero un gran paso para toda la humanidad», dijo la voz.[5]

Mientras escuchaba lo que decían en la televisión, pude sentir los impulsos de dos realidades muy distintas que resonaban por todo mi cuerpo: por un lado, un mundo en el que todo permanecía separado; por otro lado, otro mundo donde la separación desaparecía, aunque solo fuera brevemente. Las palabras las había pronunciado Neil Armstrong, y su voz procedía de la escalera de una frágil nave espacial aparcada en la superficie de otro mundo. A través del espacio lanzó un mensaje que llegó al mundo gracias a las cadenas de televisión de toda la Tierra, y a mí gracias al televisor que tenía delante.

El primer ser humano había puesto un pie en la Luna, y a través de una grabación estaba reviviendo el momento en el que sucedió. Este fue el momento en el que la visión colectiva de la humanidad cambió y se abrió un nuevo mundo de esperanza e infinitas posibilidades a las futuras generaciones. Este hecho a mí también me cambió. Cambió mi forma de sentir el mundo, y cambió mi forma de sentir a las personas que viven en el mundo.

Para mí ese día la humanidad se convirtió en una familia mundial que va mucho más allá de los americanos, los europeos, los asiáticos y los africanos. En ese momento nos convertimos en seres humanos que logramos algo que jamás se había conseguido, y que se creía que solo iba a ser un sueño y no una realidad. Ese fue un punto crucial para mí y aún lo recuerdo vívidamente a día de hoy.

Punto crucial 2: Tres días de paz

Justo cuando pensaba que ya no podría recuperar ese estado de asombro que había experimentado a raíz de la llegada del hombre a la Luna, sucedió lo impensable: los canales de televisión que habían estado retransmitiendo las imágenes de Neil Armstrong en la Luna tan solo unas semanas antes, estaban ahora narrando otra historia que todo el mundo estaba también presenciando. Me acerqué al televisor y subí el volumen, porque estaba claro que la noticia estaba llamando la atención de los otros trabajadores que estaban sentados conmigo a la mesa. Fue un giro del destino que no podía haber estado mejor coreografiado, porque la televisión mostraba a más de quinientos mil jóvenes que estaban conviviendo en paz en el Festival de Música de Woodstock, en Nueva York. ¡Aquello estaba ocurriendo en el mismo verano en que tuvo lugar el alunizaje! «¿Cuáles son las posibilidades de que tenga lugar esta coincidencia?», me dije a mí mismo, reflexionando sobre esa ironía.

El poder y la sincronía de lo que estaba viendo en la televisión eran, a la vez, surrealistas y profundamente conmovedores. En las noticias decían cómo un total de cincuenta mil personas, que eran las previstas para ese festival, se habían convertido en medio millón. El recinto no podía albergar a tanta gente de forma segura. Entonces, los organizadores hicieron lo único que podían hacer: anunciaron que el festival iba a ser un evento gratuito y, a continuación, pusieron todo su empeño para proveer de alimento, agua y servicios médicos y sanitarios al público, que estaba empapado por la lluvia y que había convertido la carretera que cruza todo el Estado de Nueva York en un aparcamiento improvisado.

Aunque se sabía desde hacía tiempo que el alunizaje y la congregación de tal multitud de personas en un evento eran hechos posibles, la incógnita era saber cómo iban a suceder esos eventos. El hecho de que Woodstock resultó ser el festival más grande, a la vez que tranquilo, de la historia, constituyó un momento que se puede considerar de cambio de paradigma, porque alteró la mente de muchas personas en el mundo. Con tantos jóvenes reunidos en un área tan pequeña y con tan poca vigilancia, con el telón de fondo de las emociones acaloradas debido a la Guerra de Vietnam, la creencia generalizada era que al final todo acabaría siendo un caos y convirtiéndose en algo verdaderamente peligroso. Pero lo que sucedió ese fin de semana mostró a los estadounidenses que sus temores no tenían fundamento. A lo largo de tres días (que al final se convirtieron en cuatro) de música, amor, desnudez, sexo, drogas, lluvia y barro, la realidad del festival devino el tema de toda una generación: la paz y el amor.

El hecho de que fuéramos capaces de ir a la Luna, y luego regresar a la Tierra, alteró de forma segura el paradigma de que las personas solo tenían como destino nuestro mundo. El hecho de que este evento ocurriera en el mismo verano que lo de Woodstock es una circunstancia notable que las generaciones futuras estudiarán y admirarán. En el lapso de unas pocas semanas nos demostramos a nosotros mismos que teníamos la tecnología para visitar otros mundos y la sabiduría para vivir en paz, en este caso sin la necesidad de aplicar ninguna ley o control por parte de alguna autoridad superior.

Aunque ambos eventos fueron muy diferentes, ambos demostraron ser potentes puntos cruciales en mi vida, así como en las vidas de muchas otras personas. En mi caso, ambos escenarios cambiaron mi vida porque me di cuenta de que desafiaban los pensamientos, las ideas y las creencias que habían estado en vigor antes de que estos eventos ocurrieran. Ambos escenarios me enseñaron lo que era posible.

———

Si bien los ejemplos anteriores muestran la forma en la que los puntos cruciales pueden aparecer en nuestras vidas, ya sea intencionada o espontáneamente, mediante ejemplos adicionales tal vez podamos forjarnos una idea más precisa de cuándo han tenido lugar dichos puntos cruciales en el pasado y lo poderosos que pueden ser. En la figura 3.3 he identificado algunos puntos cruciales clave que me vienen a la mente como ejemplos.

Se trate un punto crucial espontáneo o intencionado, la clave para aprovecharlo al máximo es entender que una vez que se da se nos abre las puertas a posibilidades y resultados completamente nuevos. A la luz de la clase y la cantidad de crisis a las que nos enfrentamos hoy en día, probablemente nuestra capacidad para reconocer estos puntos cruciales críticos, o para crearlos cuando sea necesario, se convertirá en la clave para transformar nuestras vidas.

¿QUÉ SUCEDE DESPUÉS DE EXPERIMENTAR UN PUNTO CRUCIAL?

La clave para desatar el poder de un punto crucial es abrazar las posibilidades que trae reconocer su existencia. La ilustración de la figura 3.4 da una idea de lo que quiero

EL PUNTO CRUCIAL: LA RESPUESTA DE LA NATURALEZA

Dos tipos de puntos cruciales

Categoría	Ejemplos
SUCESO QUE ALTERA EL PARADIGMA	• La elección de Barack Obama como primer presidente negro de Estados Unidos. • El ataque terrorista del 7 de diciembre de 1941, y al cabo de sesenta años, el ataque del 11 de septiembre de 2011. • La exitosa misión de enviar al primer hombre a la Luna. • El hecho de que el cambio climático está alterando la forma de vida de la especie humana en la Tierra.
DESCUBRIMIENTO O REVELACIÓN	• El descubrimiento de que el ADN lleva la información sobre los códigos genéticos. • El descubrimiento de una forma de generar electricidad y llevarla a nuestros hogares, escuelas y lugares de trabajo. • El descubrimiento de vacunas que casi han erradicado enfermedades que amenazan la vida humana. Ejemplos: la tuberculosis o la polio. • El descubrimiento de que la naturaleza se basa en un modelo de cooperación y ayuda mutua, y no en la competencia propia del darwinismo.

Figura 3.3. Ejemplos de los dos tipos de puntos cruciales. En ambos ejemplos, como un evento que cambia la vida o como un descubrimiento que cambia la forma de pensar y actuar, nos encontramos frente a hechos que debemos dar por supuestos como abrazarlos intencionadamente. Una vez que conocemos la existencia de estos hechos, es nuestra elección lo que determina hacia dónde nos conducirá nuestro punto crucial.

decir. Está dividida en dos áreas marcadamente diferenciadas, el «antiguo paradigma» y el «nuevo paradigma». Con una flecha se señala el lugar donde termina un área y empieza la otra, que es el punto crucial. Debido a que este punto crucial representa una interrupción del flujo actual de los acontecimientos, es lo que sucede después de la ruptura lo que abre el camino hacia un nuevo resultado.

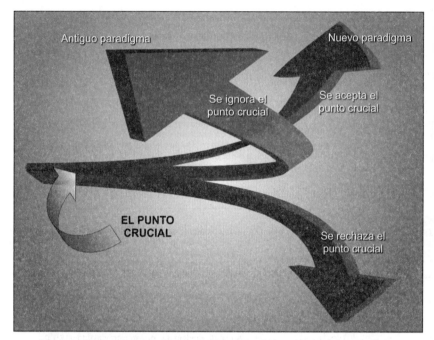

Figura 3.4. Es lo que sucede después de un punto crucial lo que cuenta la historia. En este ejemplo, el punto crucial, señalado por la flecha de color claro que hay a la izquierda, se convierte en la fuente de tres posibilidades muy diferentes: aceptación, rechazo o ignorancia. La posibilidad que se señala en la parte superior derecha es la aceptación (abrazar el punto crucial y lo que este nos revela). La posibilidad que se señala en la parte inferior derecha es la del rechazo del punto crucial y el intento de aferrarse a la idea de una realidad que ya no existe. La tercera posibilidad, es ignorar el punto crucial, que apunta hacia el pasado y se representa con una flecha en el centro. Fuente: Dreamstime ©MIK3812345.

Un punto crucial, tres opciones. Cada una de ellas conduce hacia un lugar distinto. Cada camino crea su propio escenario y nos conduce hacia un resultado totalmente diferente. Cada uno de estos tres escenarios se puede resumir de la siguiente manera:

RUTA 1. RECONOCEMOS EL PUNTO CRUCIAL Y LO ACEPTAMOS.
En este escenario, la nueva información que se recibe se convierte en el estímulo que nos impulsa a pensar y

actuar de una manera diferente. Le da a la mente una razón que justifica nuestra necesidad de abrirnos ante la posibilidad de un gran cambio en nuestras vidas. Nuestra voluntad de aceptar lo que los hechos nos demuestran desencadena una nueva forma de pensar. En el ejemplo anterior de Bill y su intención de crear salud en su vida, la crisis emocional que experimentó fue lo que le condujo hacia un punto crucial. En sus propias palabras, Bill dijo que se sentía desesperado, perdido y deprimido. «Empecé a odiarme a mí mismo», afirmó. Cuando sintió la profundidad de su crisis, el punto crucial apareció.

La esperanza que albergó en él fue el punto de partida para la manifestación de otra posibilidad. Una vez más en sus propias palabras: «Empecé a darme cuenta de que podía vivir de un modo distinto».[6] Su comprensión de este hecho fue su punto crucial. En vez de negar sus sentimientos de desesperanza, rendirse y llegar a una conclusión destructiva, abrazó la posibilidad del cambio. La elección de Bill representa un ejemplo de escoger el camino de la ruta 1 en un punto crucial.

RUTA 2. RECHAZAMOS EL PUNTO CRUCIAL. Quienes rechazan la información revelada por los nuevos descubrimientos se encuentran en la ruta 2. Como desdeñan lo que los descubrimientos revelan, creen que es posible pensar y vivir de la manera en que lo hicieron en el pasado y seguir con las mismas tareas de siempre. El problema de esta idea es que las condiciones han cambiado, ya sea en el mundo o en sus cuerpos. Y debido a este cambio, es imposible mantener el statu quo. Su elección les coloca en contradicción con la realidad del mundo. En el caso de Bill, por ejemplo, si no hubiera querido perder peso habría tenido problemas de salud adicionales, y en última instancia podía haberle costado la vida.

RUTA 3. IGNORAMOS LA POTENCIALIDAD DEL PUNTO CRUCIAL. A veces nos cuesta reconocer que se está ignorando un punto crucial de cambio, especialmente en relación con nuestras familias y seres queridos. Esto se debe a que los que optan por este camino a menudo creen que están haciendo lo mejor para sí mismos, incluso cuando la nueva información que reciben les indica que no es compatible con sus creencias. Un ejemplo perfecto de esta situación sería la información contradictoria con respecto al papel de las grasas de los alimentos en nuestra dieta —ahora la opinión ha cambiado ciento ochenta grados en relación con lo que se creía en el pasado.

Hubo un tiempo no hace mucho en el que se empezó a demonizar las grasas en nuestra dieta por ser la causa de una serie de problemas de salud, como la obesidad y la diabetes. Con este pensamiento tan radical y extremo en mente, algunas personas decidieron eliminar por completo las grasas de su dieta diaria, lo que hizo que dejaran de comer cocos, aguacates y mantequilla, e incluso aceite de oliva. En su convencimiento de que su elección iba a hacer que vivieran más tiempo y con más salud, siguieron con tanta rigidez su nuevo régimen dietético que bien podría haber rivalizado con un entrenamiento militar. Lo sé de primera mano porque personas cercanas a mí, en mi familia y en el trabajo, siguieron esta clase de dietas y trataron de convencer a los demás para que hicieran lo mismo.

Los problemas aparecieron cuando los estudios de seguimiento mostraron que la ausencia de grasas en nuestra dieta contribuye a que aparezcan problemas de salud como el cáncer, la depresión y un sistema inmunitario débil. Métodos de análisis más sofisticados demostraron que las recomendaciones que nos hicieron en el pasado le niegan al cuerpo los nutrientes necesarios que ahora se denominan «grasas saludables». Un ejemplo de estas grasas buenas es el omega-3, que se ha vinculado a la reducción de la inflamación y a la disminución del riesgo de enfermedades cardíacas y del cáncer.[7]

Es justo decir que las personas que han experimentado todo esto se encuentran con un conflicto entre lo que creyeron que era verdad en un pasado y la nueva información que les llega ahora. A veces, «la desconexión» entre la realidad y la creencia es tan grande que la gente simplemente no puede encontrar cómo incorporar los descubrimientos a su manera actual de pensar. Mi experiencia con las personas que están lidiando con este conflicto es que no se trata tanto de que rechazan la nueva información como de que sencillamente la ignoran. En sus costumbres familiares o en las creencias que comparten con su comunidad espiritual y religiosa, simplemente no hay espacio para lo que revelan los nuevos descubrimientos.

Este lugar entre la aceptación de los nuevos hallazgos y su rechazo es algo a lo que se ha llamado *zona de disonancia*. La disonancia cognitiva, un término acuñado por el psicólogo Leon Festinger en 1956, se define como el «malestar que se experimenta al sostener simultáneamente dos o más ideas, creencias, valores o reacciones emocionales que están en conflicto».[8]

En la figura 3.4 vimos esta zona de disonancia como el lugar entre la aceptación y el rechazo del punto crucial. Es en este punto de disonancia en el que alguien se enfrenta al propio poder de sus creencias. En realidad no hay nada que nos impida movernos por entre esta polaridad de aceptación y rechazo.

La elección que hacemos en el momento en que presenciamos un punto crucial determina lo que va a significar en nuestras vidas.

Si bien con un gráfico hemos podido entender fácilmente cómo se crea un punto crucial, ahora nos toca enfrentarnos a la siguiente pregunta: ¿cómo se producen estos puntos cruciales en el mundo real? Una vez más, un ejemplo es la mejor manera de responder a esta pregunta. Así que vamos a empezar con la historia de un hombre que creó un punto crucial, una vez hubo entendido lo que era más importante para él en su vida. Al hacerlo, descubrió un punto crucial personal y se dio cuenta de la nueva vida que le esperaba.

UN VERDADERO PUNTO CRUCIAL EN EL MUNDO

Ken Kuhne sabía que era un hombre de éxito. Se lo había demostrado a sí mismo y al mundo a través de su vida, familia y negocio. Como propietario y operador de Biomes Construction, una empresa dedicada a la construcción de viviendas no tóxicas y respetuosas con el medio ambiente, creía que su negocio era perfecto para las comunidades con gran conciencia ecológica que hay en el alto desierto de Nuevo México.

Sin embargo, en la primavera de 2008 las cosas cambiaron. Para Ken era obvio que el mundo se estaba transformando de manera significativa y que todo ello iba a afectar al sector inmobiliario y a su propio negocio. Incluso antes de la crisis devastadora de la economía que se desencadenó en octubre de ese mismo año, ya se preguntaba cómo podía responder de manera positiva a las situaciones de conflicto que estaban haciendo que los mercados más frágiles del mundo se tuvieran que abrochar el cinturón. Ken afirma que una noche se despertó pensando sobre lo que era realmente importante para él, y básicamente era la comida. Supo que tenía que ayudar a las personas a crearse su propio suministro de alimentos.[9]

Ken tuvo una visión muy clara. La pregunta era: ¿cómo iba a poder materializarla? Su respuesta fue sencilla y fruto de la intuición. Fue en ese momento cuando sacó lo mejor de sí como constructor y combinó sus habilidades con las necesidades actuales del mundo. En el pasado había construido casas para la gente, pero eso no era lo que el mundo necesitaba ahora. Así que Ken comenzó a edificar un hogar diferente. En vez de construir un lugar para que la gente viviera en él, comenzó a crear viviendas para que las plantas vivieran en ellas.

Ken diseñó y construyó unos jardines modulares con lechos elevados para las plantas que proporcionasen a las personas una manera única, sostenible y asequible de poder cultivar sus propios alimentos. Ese jardín o pequeña huerta, que cuenta con su propio sistema de riego y está protegido de las condiciones climáticas adversas, es parte de una historia de éxito que continúa hasta nuestros días.

Puedo compartir la historia de Ken de primera mano porque soy su vecino. He sabido de su trabajo durante años, y mi esposa y yo somos los orgullosos propietarios de dos de sus módulos. Tanto él como yo hemos visto en el pasado cómo nuestra comunidad vivía tiempos difíciles por distintas razones. Por ejemplo, la sequía de la década de 1990 fue la peor jamás vista hasta la actualidad. Ahora es la influencia del cambio climático, junto con la situación actual de la economía mundial, lo que está teniendo un efecto similar.

La historia de Ken es un ejemplo de la experiencia de un punto crucial personal e intencionado. Fue su voluntad de contribuir en lo que sus amigos, familiares y vecinos necesitaban, en lugar de seguir haciendo lo que tradicionalmente había hecho, lo que hizo que su punto crucial tuviera éxito. Es a partir de historias como la de Ken como podemos aprender a utilizar directamente las ideas que proceden del ámbito de la teoría y aplicarlas a nuestras vidas.

Cambiar la pregunta

En el capítulo 2 hemos visto la pirámide del pensamiento que determina cómo nos vemos a nosotros mismos en nuestras vidas y en el mundo. También identificamos los nuevos descubrimientos que muestran que el pensamiento del pasado es incompleto y, en algunos casos, erróneo. Todos los descubrimientos que se indicaron en el capítulo 2 (ver la figura 2.1) ayudaron a cambiar la manera que teníamos de responder a la pregunta «¿quién soy yo?», pero fueron dos de estos descubrimientos los que contribuyeron directamente a nuestro cambio de pensamiento y a la forma en que podemos crear nuestros propios puntos cruciales.

❖ El universo, nuestro mundo y nuestros cuerpos están hechos de un campo compartido de energía que hace que la unidad conocida como *entrelazamiento* sea posible.

❖ La naturaleza se basa en la cooperación y la ayuda mutua para la supervivencia, y no en la idea de Darwin de «la supervivencia del más fuerte».

Estos descubrimientos científicos, y otros, nos dan razones más que suficientes para cambiar la manera en la que pensamos sobre nosotros mismos. Según la vieja manera de pensar, la pregunta que nos hemos hecho para tomar decisiones y resolver nuestros problemas siempre ha sido: ¿qué puedo obtener del mundo que ya existe?

Hoy en día, en el contexto de los nuevos descubrimientos y de nuestra época de hechos extremos, tiene sentido cambiar la pregunta. Lo que deberíamos plantearnos ahora es: ¿qué puedo ofrecer a este nuevo mundo que emerge? ¿Qué puedo compartir? ¿Cómo puedo contribuir?

El ejemplo de Ken ilustra muy bien cómo nuestra respuesta a estas preguntas lo puede cambiar todo. La forma en que respondemos a «¿qué puedo ofrecer a este nuevo mundo que emerge?» es la clave para el desarrollo de nuevos trabajos y carreras profesionales, nuevas relaciones con otras personas y, quizás lo más importante, una nueva relación con nosotros mismos. Nuestra respuesta cambia las razones que hacen que nos relacionemos con la vida tal como lo hacemos, y cambia la manera en la que pensamos sobre nosotros mismos en relación con el mundo, así como la manera en la que vemos nuestro propio valor en este mismo mundo.

Para ser claros, esta poderosa pregunta no se basa en nuestras calificaciones mundanas. No nos pide que respondamos a lo que creemos que somos capaces de hacer o qué es lo que estamos autorizados a hacer. No nos está pidiendo lo que nuestra especialidad académica o profesión nos exige que hagamos, ni tampoco la cantidad de dinero que necesitamos. Más bien nos está pidiendo que llevemos a cabo una autoevaluación. Y en esta época de extremos tiene sentido que la hagamos.

Sabemos que el mundo está cambiando drásticamente, y por eso tiene sentido que nuestro papel en este mundo también cambie. «¿Qué puedo ofrecer a este nuevo mundo que emerge?» es una pregunta que debemos responder con sinceridad y que nos da la oportunidad de reconocer las distintas realidades de este mundo cambiante.

Si todavía no lo has hecho, este es un buen momento para que experimentes en primera persona lo que Ken sintió cuando se planteó esta pregunta. Si bien hay muchas variaciones en cuanto a cómo llevar a cabo una autoevaluación en nuestras vidas, las siguientes directrices ofrecen una guía sencilla que te puede servir de base para empezar.

1. **Pregúntate a ti mismo cómo ha cambiado tu mundo.**
   - ✧ Identifica las actividades o acciones rutinarias que te eran familiares en el pasado pero que ya no tienen cabida para ti en la actualidad.
   - ✧ Identifica las nuevas actividades rutinarias que han sustituido a las que antes hacías.
   - ✧ Identifica las nuevas responsabilidades a las que tienes que hacer frente en tu vida.

- ✧ Identifica las relaciones que ya no parecen «encajar» en tu vida.

2. **Pregúntate a ti mismo lo que es importante para ti en este momento.**

   - ✧ ¿Qué es lo que te falta en tu vida?
   - ✧ ¿Qué es lo que les falta a tus amigos, familiares y compañeros de trabajo en sus vidas?
   - ✧ ¿Qué necesidades tienes ahora en tu vida y en tu mundo que hace diez años no tenías?

3. **Pregúntate a ti mismo qué puedes ofrecer.**

   - ✧ ¿Cómo se pueden utilizar tus conocimientos, habilidades y pasiones para satisfacer las necesidades de hoy en día?

Te invito a que dediques a estas preguntas el tiempo y la atención que se merecen. Escribe las respuestas en una hoja de papel y guárdala en un lugar seguro, fuera del alcance de los demás. Pasados unos días, echa un vistazo a las respuestas y actualízalas. No es raro descubrir que respuestas totalmente nuevas parecen surgir, procedentes de ninguna parte, después de que hayas dejado de pensar en las preguntas durante un tiempo.

No hay respuestas correctas o incorrectas a estas tres preguntas. El modo en que se responde no forma parte de una prueba o de una agenda oculta. Son preguntas honestas y directas, y son la clave para poner una gran dosis de energía a los grandes cambios que queremos iniciar en nuestras vidas, tal como Ken Kuhne hizo en su caso.

Los nuevos descubrimientos nos orientan para
que cambiemos de dirección en nuestras vidas.
Pasamos de preguntarnos «¿qué puedo obtener del
mundo que ya existe?» a «¿qué puedo ofrecer en
este nuevo mundo que emerge ante nosotros?».

¿CÓMO PODEMOS SABER CUÁNDO ES EL MOMENTO DE INICIAR UN CAMBIO?

Una vez que sabemos lo fácil que es crear y aceptar los puntos cruciales, la pregunta es: ¿cómo podemos saber cuándo es el momento para uno de ellos? Me he hecho esta pregunta repetidamente. Además de las muchas veces que he tenido que responder de diversas maneras a esta pregunta para ayudar a otras personas, también he tenido que responderla para mí. Y pese a ser una buena pregunta, no siempre es fácil de responder. La razón es, por lo general, que la pregunta se refiere a las relaciones. Ya sea que estemos evaluando la relación con nuestro trabajo, con nuestra familia o con nuestra pareja sentimental, o con un sistema de creencias que ha estado definiendo durante mucho tiempo quiénes somos, la necesidad de un cambio casi siempre está ligada a las relaciones más íntimas de nuestra vida.

Los detalles que se narran en la siguiente historia pueden ayudarnos a entender la clave para tomar grandes decisiones en nuestras vidas y saber cuándo es ventajoso o necesario un punto crucial. He cambiado el nombre de mi amigo para mantener su privacidad.

Cuando trabajé como ingeniero aeroespacial durante los años de la Guerra Fría en la década de 1980, pude conocer de primera mano los efectos del estrés en el trabajo y ver cómo afectaba a mis compañeros, sus familias y sus relaciones. Nuestro trabajo no se limitaba a una jornada laboral de nueve de la mañana a cinco de la tarde. A menudo trabajábamos sin descanso durante días, o incluso semanas, viajando de aquí para allá instalando algún programa de *software* en los equipos de las Fuerzas Aéreas.

En los sitios adonde íbamos a hacer una instalación informática era habitual que nos encontrásemos con camas preparadas para que pudiéramos dormir, mantas y cantidades interminables de café y comida para nosotros. Cuando hice la primera instalación informática, descubrí por qué: una vez que nuestras credenciales se autorizaban y quedábamos encerrados en una especie de bóveda, nadie podía salir hasta que el *software* estuviese instalado, depurado y entrara en funcionamiento. A veces, el trabajo se finalizaba en unas horas. En otras ocasiones, tardábamos semanas. En tales condiciones, es fácil imaginar el estrés que todo esto genera en los trabajadores y en sus familias.

Fue durante una de estas instalaciones informáticas cuando un compañero de trabajo descubrió que su mujer ya no podía soportar más sus largas ausencias y la falta de comunicación entre ellos. Una noche en la que cenamos juntos, Gary (no es su nombre real) me confesó que la relación más importante para él en su vida, su matrimonio, estaba atravesando una mala racha. Rápidamente la conversación reveló que las dificultades que estaban atravesando su mujer y él no se debían solamente a sus largas jornadas de trabajo. Esto fue el catalizador que empujó al matrimonio a tener que enfrentarse a problemas más profundos —una relación que estaba al borde del colapso.

Yo me encontraba al otro lado de la mesa, con un montón de cajas con comida para llevar y unas cuantas galletas de la fortuna que había coleccionado en días anteriores en los que había almorzado comida china. Gary me hizo la pregunta que esperaba que me hiciese, aun sabiendo que no tenía una respuesta para ella:

—¿Qué debo hacer?

Era una pregunta difícil para mí porque tanto él como su esposa eran buenos amigos míos. Él sabía que, independientemente de lo que yo había escuchado procedente de él en la conversación que habíamos mantenido, no existía una verdad absoluta ni un único punto de vista al respecto. Realmente, solo Gary y su esposa conocían todos los detalles para responder a esa pregunta. Solo ellos sabían lo que había pasado entre ellos, los matices de las conversaciones y las promesas que se habían hecho y que no habían cumplido, que fue lo que condujo a Gary a compartir sus preocupaciones conmigo. Le dije lo que me pareció más adecuado, pensando que eso pondría fin a nuestra conversación. Pero no fue así. Riendo por el mensaje escrito en una de las galletas de la fortuna que se negó a dejarme ver, Gary me miró y me preguntó algo ante lo que me sentí más cómodo:

—¿Qué harías si fueras yo? ¿Tratarías de resolver las cosas o pondrías fin al matrimonio?

—¡Vaya! –le dije–. ¡Eso no es una pregunta fácil! No puedo decirte lo que yo haría. No sabría qué responder hasta que me encontrara ante esa clase de decisión. Pero lo que sí puedo decirte es qué haría que tomara una decisión u otra. Pediría tener claridad y actuaría según lo que es verdadero para mí.

Yo sabía que mi respuesta no era la que Gary esperaba. Pero también sabía que tenía curiosidad. Después de todo, él era ingeniero. Su trabajo consistía en descubrir lo que se necesita para que las cosas funcionen. Supuse que su curiosidad también se extendía a su matrimonio.

—Bueno, supongo que tendré que conformarme con eso –dijo, sentado en su silla–. Entonces, ¿de qué va esto? ¿Cómo debo tomar la decisión?

Ahí sí que me sentí muy cómodo ofreciendo esa información. La razón era que estaba compartiendo con mi amigo las mismas preguntas que yo mismo me había planteado en todas aquellas situaciones de mi vida en las que había tenido que tomar alguna decisión importante. Hay tres preguntas que me han ayudado siempre que he necesitado claridad ante lo que estaba experimentando, para saber qué posibilidades tengo y reconocer cuáles son mis opciones en cualquier situación. Estas tres preguntas siempre me las hago y jamás fallan, y sirven tanto para responder a cuestiones relacionadas con el amor y el matrimonio como con los puestos de trabajo y la familia.

Las voy a describir a continuación porque creo que te pueden ser de utilidad cada vez que tengas que enfrentarte a grandes decisiones en tu vida, sobre todo cuando sientas que es el momento de un gran cambio. Es común que al responder a estas preguntas se sienta que se está viviendo un momento crucial en la vida. Experimentamos un punto crucial. Como ingeniero que soy, cogí un bolígrafo del bolsillo de la chaqueta y un trozo de papel. Escribí las preguntas y se las entregué a Gary. Anoté algunas instrucciones para que pudiera responder honestamente a ellas.

Saber cuándo es el momento de un cambio

1. ¿Soy feliz en esta relación?

- ❖ Aunque siempre hay excepciones, la mayoría de nuestras decisiones son acerca de una relación. No tiene por qué tratarse de una relación con otra persona. Puede ser con nosotros mismos, con un trabajo, una forma de vida, una dieta o incluso una costumbre.

- ❖ Una vez que esta pregunta se expresa con claridad, la respuesta aparece rápidamente en nuestra cabeza. Nuestro trabajo consiste en ser honestos con nosotros mismos y reconocer lo que se nos ha revelado.

2. ¿Es esta una relación sana?

- ❖ Esta pregunta, de hecho, puede ser la más sencilla, porque tú ya sabes la respuesta. Por ejemplo, ¿te estás medicando para controlar síntomas y enfermedades tales como la presión arterial alta, el colesterol, las erupciones cutáneas crónicas y un sistema inmunitario debilitado, cuando se sabe que todo esto está relacionado con emociones tales como la ira, la frustración, el resentimiento y las heridas no sanadas?[10]

- ❖ ¿Buscas constantemente algo que te divierta, como cantidades excesivas de alcohol, u otras cosas, para evitar enfrentarte a las personas o a los lugares donde ya no eres feliz?

3. ¿Es probable que las cosas mejoren?

- ❖ Esta pregunta es una de las más difíciles de responder. Y no se puede saber la respuesta si aún no has tratado de hacer cambios.

❖ ¿Has tenido un intercambio honesto y directo con tu jefe, compañero de trabajo, familiar, pareja o contigo mismo acerca de lo que no funciona para ti?

❖ ¿Has intentado aplicar en ti ideas que procedan de profesionales y terapeutas, asesores o algún *coach*?

Una vez que tengas la respuesta a estas tres preguntas, en el siguiente paso es donde empieza el verdadero trabajo. Si has contestado a dos de las tres preguntas con un «no», es probable que sea el momento de iniciar un cambio en tu vida. Aunque no estoy sugiriendo que esto sea lo único que se necesita para decidir sobre el futuro de tu matrimonio, o incluso sobre el destino de la especie humana, sí que creo que son herramientas muy valiosas para saber qué hacer cuando tenemos que tomar decisiones importantes en nuestras vidas.

Por ejemplo, ya he perdido la cuenta de las veces que me he preguntado ante una situación difícil si se trataba tan solo de un «bache» temporal de dificultades o si por el contrario me hallaba ante un problema (una situación, un trabajo, una relación, una dieta o un hábito) que me estaba conduciendo hacia un lugar al que no quería ir. Las tres preguntas de la lista anterior, «saber cuándo es el momento de un cambio», siempre me han ayudado a dar con la respuesta. Y son estas tres preguntas las que también ayudaron a Gary en la decisión que debía tomar.

En el caso de Gary, aunque optó por arreglar las cosas en su relación, mientras estaba lejos de casa instalando programas informáticos su mujer tomó una decisión diferente. Cuando regresó a casa, su mujer se había ido. Gary tuvo que hacer frente a una nueva situación, muy diferente de lo que había conocido hasta entonces.

Nota: Cuando nos decidimos a examinar nuestras relaciones a menudo es porque intuitivamente ya sabemos las respuestas. Cuanto más tardamos en tomar decisiones que nos afectan directamente, más se reduce nuestro abanico de posibilidades, y eso es debido a que otras personas toman las decisiones por nosotros.

Capítulo 4

CÓMO LLEGAR: PUNTOS CRUCIALES
DE RESILIENCIA PERSONAL

*La transformación personal puede y debe tener efectos globales.
La revolución que salvará al mundo es en última
instancia una revolución personal.*

MARIANNE WILLIAMSON,
guía espiritual, escritora y conferenciante

El 11 de septiembre de 2011, en el décimo aniversario de los ataques del 11-S, la revista *Times* dedicó una edición especial a honrar la forma en la que las familias y la nación afectadas por la tragedia habían sido capaces de seguir adelante con sus vidas. Su título lo dice todo: «Beyond 9/11: Portraits of Resilience» ('Más allá del 11-S: retratos de resiliencia'). Si alguna vez se cuestionó el papel que ha jugado la resiliencia en la recuperación de Estados Unidos, la primera frase de la edición especial de *Times* se encargó de destacarlo, afirmando que la resiliencia es una cuestión clave para la nación americana en este siglo.[1] A través de historias personales compartidas por igual por ciudadanos y líderes, la revista *Times* trató de «definir lo que significa enfrentarse a la adversidad y superarla».[2]

Si bien a menudo definimos la resiliencia como la capacidad de sobreponernos e ir más allá de las dificultades de la vida, ¿acaso no hay algo más que podamos decir al respecto? ¿Hay una forma de resiliencia que podamos cultivar a partir de un cuadro mental más amplio? ¿Es posible vivir a diario con un marco flexible en nuestra mente que nos permita suavizar el impacto del cambio tan drástico que estamos viviendo en nuestras vidas, en lugar de tan solo tratar de recuperarnos una vez los hechos han tenido lugar? La respuesta a estas preguntas es un sí rotundo. Y es la razón por la que he escrito este capítulo.

Crear resiliencia es una tendencia que va ganando terreno dentro de las comunidades de todo el mundo. Si elegimos la resiliencia para nosotros mismos, nuestras familias y nuestras comunidades, podemos crear puntos cruciales positivos en esta época de extremos en la que vivimos. Muchas personas han descubierto que crear cierta resiliencia personal no es solo una forma de minimizar las dificultades que pueden surgir con un cambio inesperado, sino que es también una forma efectiva de vivir mejor que tiene sentido a día de hoy.

Es posible para las personas, las familias y las comunidades crear puntos cruciales de resiliencia que minimicen el impacto de los cambios que estamos viviendo y que acorten el tiempo que se tarda en recuperarse cuando se viven momentos duros y de privación.

¿QUÉ SIGNIFICA LA RESILIENCIA?

La resiliencia significa una cosa para unos y otra distinta para otros. El significado varía según la cultura, la edad de las personas e incluso según la forma en que se utilice la palabra. Los requisitos para la resiliencia en las rutinas diarias de una pareja que acaba de empezar su vida en común, por ejemplo, son muy diferentes a los de una pareja que lleva cincuenta años de matrimonio. Para los adolescentes del mundo occidental, que dependen de sus padres para satisfacer sus necesidades diarias, la resiliencia es algo muy distinto a lo que significa en un ambiente tribal donde los jóvenes forman sus propias comunidades para cuidar de sí mismos y de otras personas de la misma edad. Los principios que crean resiliencia en un combate están pensados para cubrir ciertas necesidades, muy alejadas, por ejemplo, del plan que el Post Carbon Institute desarrolló para explorar alternativas más sostenibles tras la crisis del petróleo. Es evidente que la resiliencia es una cualidad que nos sirve en nuestras vidas para adaptarnos a circunstancias específicas.

Si bien gran parte de las investigaciones respecto a este tema giran en torno a las comunidades y las sociedades, el lugar donde comienza todo es en nosotros mismos. Nos encontramos en el centro. Todo está en nosotros. Como individuos y familias, los extremos de la vida nos fuerzan, y en algunos casos nos obligan, a pensar y vivir de manera diferente para satisfacer nuestras necesidades.

Así que vamos a empezar por el principio. ¿Qué se necesita para crear, desarrollar y mantener un estilo de vida donde la resiliencia tenga un papel protagonista? En otras palabras, ¿qué se necesita para vivir de una manera flexible?

En el mundo moderno, la resiliencia se utiliza a menudo para describir la capacidad de una persona para recuperarse de algo que ya ha sucedido, como un revés devastador o una pérdida traumática. «Esta pareja ha demostrado una tremenda resiliencia tras la pérdida de su hijo en la guerra» es una expresión que, por desgracia, se ha vuelto muy común hoy en día. «La resiliencia que mi amigo ha demostrado después de que su esposa le abandonara es una fuente de inspiración para todos nosotros» es otro ejemplo. En los últimos años se ha convertido en algo muy habitual escuchar la palabra *resiliencia* para describir una actitud de fortaleza mental y física experimentada por comunidades enteras, incluso naciones, mientras se recuperaban de la devastación causada por huracanes, tornados, terremotos y ataques terroristas.

Sin embargo, la resiliencia no se limita solo a experiencias humanas. Cuando se trata de un cambio dinámico, se puede aplicar a cualquier sistema, esté vivo o no. Durante un período de miles de años, los complejos sistemas de la selva amazónica, por ejemplo, desarrollaron la *resiliencia* necesaria para adaptarse a los cambios dinámicos que estaban teniendo lugar en la Tierra. Los programas informáticos de hoy en día son cada vez más *resilientes*: pueden detectar y corregir fallos en el *software* que les impiden hacer lo que estaban diseñados para hacer. Desde el sistema inmunitario, que nos mantiene sanos, y el sistema nervioso, que nos mantiene a salvo, hasta la forma de producir hormonas vitales y de generar nuevas células sanguíneas que nos mantienen vivos, nuestros cuerpos tienen múltiples e interconectados sistemas de los que dependemos, y cada uno cuenta con su propia forma de resiliencia.

Mientras que la Asociación Americana de Psicología define la resiliencia como «recuperarse de experiencias difíciles»,[3] el Centro de Resiliencia de Estocolmo la identifica como «la capacidad de un sistema para cambiar continuamente y adaptarse, aun permaneciendo dentro de los umbrales más críticos».[4] Es esta segunda definición la que mejor ejemplifica esta visión amplia que se debe tener sobre la resiliencia. Estoy hablando de una manera de vivir y de ser que nos da la flexibilidad necesaria para cambiar y adaptarnos a las nuevas condiciones, y que es la clave de la transformación en nuestra época de extremos.

Tan universal como parece el fenómeno de la resiliencia, es curioso que muchas culturas no tengan un solo término que refleje lo que significa. La única forma que tienen los hablantes de las lenguas de estas culturas para compartir la idea de la resiliencia es encadenar una serie de palabras en su lengua nativa. Por ejemplo, durante una gira por el centro de Europa, cuando traté de describir los principios que se convertirían en el núcleo central de este libro me di cuenta de cómo puede surgir tal disparidad entre las palabras en el mundo real.

Durante mi presentación, tenía a mi lado una intérprete que hacía una traducción consecutiva; es decir, tomaba notas de lo que yo decía y luego lo traducía a su idioma (a diferencia de una traducción simultánea, en que el intérprete se encuentra en otra parte de la sala hablando directamente a la audiencia, que recibe el mensaje a través de unos auriculares). De repente, la conversación llegó a un abrupto final cuando mi traductora se encontró en medio de una animada conversación no conmigo, sino con la audiencia.

Sorprendentemente, se estaba debatiendo la forma en la que acababa de traducir la palabra *resiliencia*.

Yo había asumido que habría un término equivalente para expresar esta idea en cualquier idioma, pero me di cuenta de que no es así. Así como los angloparlantes tienen que unir los vocablos *vida* y *fuerza* para aproximarse al significado de la palabra hindú *prana* [los hispanohablantes usan los vocablos *energía* y *vida* —*energía vital*— para expresar dicho concepto], no había una sola palabra que pudiera expresar el concepto de *resiliencia* en la lengua que estaba usando mi intérprete. Ese día también aprendí que antes de cualquier conferencia es conveniente reunirse con el traductor para limar los posibles desajustes entre las lenguas.

Si bien la idea de la resiliencia y su significado puede variar en función de la edad y del contexto cultural de las personas, la forma en la que se nos muestra en la vida parece coincidir. Podemos ser resilientes en cuanto a:

⋄ La forma en la que pensamos.
⋄ La forma en la que vivimos.

En una, o en la combinación de ambas expresiones, la vida se encarga de ponernos frente a situaciones en las que podemos aplicar la resiliencia. Desde la capacidad emocional para lidiar con el estrés que produce un gran cambio hasta la capacidad física de nuestro cuerpo para resistir a las enfermedades y la de nuestra mente para resolver los efectos psicológicos de un posible trauma o pérdida, está claro que hay muchas facetas de la resiliencia. También está claro que todo ello juega un papel importante en nuestra vida cotidiana. Para el propósito de este libro, me centraré en la resiliencia personal, que será explorada en este capítulo, y en la resiliencia colectiva, que se tratará en el próximo.

> Las ideas que tenemos respecto a la resiliencia se reflejan en nuestra forma de pensar y de vivir en el mundo.

RESILIENCIA PERSONAL

A pesar de que hace décadas que se está investigando y se están publicando artículos sobre ella, aún no existe ninguna teoría sólida sobre la *resiliencia*. Sin embargo, hay ciertos aspectos de esta capacidad que se han tratado de agrupar en categorías generales y que nos pueden servir de trampolín para nuestro propósito. Profesionales de distintos campos han tomado prestadas ideas de aquí y de allá en cuanto a los distintos tipos de resiliencia, y las han adaptado a las necesidades específicas de sus comunidades. Hoy en día encontramos la idea de resiliencia en distintos campos; tenemos desde la resiliencia física que se aplica en los deportes de resistencia hasta la psicológica, que se usa en los negocios o para enfrentarse a situaciones difíciles. El denominador común es el *trauma*, y no hemos de ir muy lejos para ver ejemplos de ello en nuestras vidas.

Los programas de televisión por cable que veinticuatro horas al día los siete días de la semana retransmiten noticias llenas de detalles espantosos sobre las guerras, advertencias sobre posibles amenazas en nuestros hogares y escuelas, incidentes sangrientos como el tiroteo entre vecinos y un aumento alarmante en el número de adolescentes que se suicidan por haber sido ridiculizados o intimidados, hacen que nuestra sociedad viva con un trauma permanente. Cada incidente traumático crea la necesidad de recuperarse de los daños que este ocasiona en nuestras vidas, comunidades y familias. Aunque nuestros traumas sociales provienen de distintas fuentes, lo que nos ayuda a sobreponernos a las experiencias, y después a encontrar la resiliencia necesaria para transformarnos a nosotros mismos, es muy similar.

Existen un gran número de recursos que nos pueden ayudar y guiar en este proceso. He encontrado especialmente útil la ayuda que ofrece la Academia Nacional de Asistencia a las Víctimas (NVAA, en sus siglas en inglés). Bajo los auspicios de la Oficina de Formación y Asistencia Técnica para las Víctimas de Delitos, la NVAA ha creado un programa federal diseñado para ayudar a los proveedores de servicios profesionales que atienden a personas traumatizadas por el crimen. Los programas de formación que han desarrollado ayudan a las víctimas a superar experiencias dolorosas a través de medidas concretas que generan habilidades de resiliencia.[5]

Una de las razones por las que me gusta tanto la NVAA es porque trata de atender un amplio abanico de necesidades físicas, emocionales y espirituales, desde la manera en la que nos enfrentamos a situaciones que nos generan estrés hasta cómo lidiar con otras personas en situaciones tensas. Un resumen representativo de los factores clave para la resiliencia que ha desarrollado la NVAA incluye:

- ✧ El conocimiento de uno mismo.
- ✧ Tener un sentimiento de esperanza.

✧ La capacidad de hacer frente a situaciones difíciles de una manera saludable.
✧ La creación de relaciones interpersonales fuertes.
✧ Encontrarle un sentido a nuestras vidas.

Vamos a explorar un poco más cada uno de estos factores para entender mejor por qué estas cinco características son tan importantes y para ver cómo encajan en nuestras vidas.

Una buena base para la resiliencia personal incluye características tales como el conocimiento de uno mismo, un sentimiento de esperanza, habilidades para afrontar las situaciones de un modo saludable, relaciones interpersonales fuertes y encontrarle sentido a la vida.

El conocimiento de uno mismo

En una de las cámaras del antiguo templo de Luxor en Egipto, a la que se denomina «El lugar sagrado de los santos», hay una inscripción que recuerda a los que pasan por sus puertas uno de los mayores secretos de nuestra existencia. La frase «Hombre, conócete a ti mismo» tiene mucho sentido, y más por lo que dice a continuación. El texto completo dice así: «Hombre, conócete a ti mismo, y conocerás a los dioses».

Estas palabras, que están presentes en muchos de los antiguos textos egipcios, son las mismas que se encuentran en la entrada del templo de Apolo en Delfos (Grecia), aunque aquí el texto se ha reducido a: «Conócete a ti mismo». Desde las tradiciones del antiguo Egipto y Grecia hasta muchas de las prácticas espirituales más conocidas en el mundo, casi unánimemente se cree que nuestra capacidad para enfrentarnos a los desafíos de la vida depende de lo bien que nos conozcamos a nosotros mismos. Aquí es donde los falsos supuestos del pasado (y los nuevos descubrimientos que nos dicen que son falsos) nos resultan especialmente útiles.

Durante casi tres siglos, la ciencia aceptada por todos nos ha ido repitiendo que estamos separados de nosotros mismos y de los demás, y que la vida se basa en la ley de la lucha y la competencia. Desde jovencitos hemos escuchado constantemente estas advertencias, hasta que hemos creído que realmente existe tal competencia en el mundo. Esta creencia, a menudo subconsciente, está en el centro de nuestras relaciones más difíciles, aquellas en las que aún está implícito el pensamiento de que debemos luchar para obtener el éxito. Aquí es donde los nuevos descubrimientos nos pueden ayudar a responder a la pregunta «¿quién soy yo?». También nos dan razones para cambiar nuestras creencias y nuestra manera de pensar.

Desde el descubrimiento del entrelazamiento o conexión cuántica que confirma lo profundamente que estamos conectados los unos con los otros y con el mundo hasta el hecho de que la cooperación y no la competencia es la regla bajo la que se rige la naturaleza, más todos los descubrimientos que podamos hacer por nosotros mismos, todo ello hará que estemos mejor equipados para hacer frente a los cambios que se dan en el mundo. Cuando se reemplazan los falsos supuestos de separación por las verdades más profundas que afirman que todos estamos conectados y que debemos cooperar los unos con los otros, nuestro autoconocimiento nos da las herramientas para que podamos pensar de manera más integral y actuar con mayor seguridad cuando se trata de tomar decisiones importantes en nuestras vidas.

Tener un sentimiento de esperanza

Cuando escuchamos historias conmovedoras e inspiradoras de personas que han sobrevivido a situaciones aparentemente muy difíciles, dos de las preguntas que se les suele hacer son: «¿Cómo lo hizo Ud.? ¿Qué hizo que siguiera adelante?». Vale la pena explorar la forma en la que se suele responder a estas dos preguntas, y así entender cómo se gestiona el impacto emocional asociado a dichas dificultades. Si bien podemos vivir situaciones traumáticas de lo más diversas, desde delitos hasta desastres naturales, casi todos los que sobreviven y se recuperan de una manera saludable aseguran que lo que les permitió seguir adelante fue su optimismo y esperanza.

Recuerdo haber visto por televisión imágenes de los rehenes de la embajada estadounidense en Irán en el año 1979, y el efecto que estas imágenes tuvieron en mí y en mis compañeros de trabajo. Al principio, pensamos lo que muchos pensaron; que aquella situación se resolvería en unos días. Pero las semanas de cautiverio se prolongaban, y fue entonces cuando se hizo evidente que el problema no se iba a solucionar en unos días, ni que se iba a aliviar la tensión que estaban sintiendo los prisioneros.

A pesar de ello, yo creo que nadie, ni yo, ni mis compañeros de trabajo, ni mi círculo de amigos, ni los líderes de los países involucrados, tenía idea de que lo que se conoce como «la crisis de los rehenes de Irán» duraría tanto como lo hizo: cuatrocientos cuarenta y cuatro días. Durante las entrevistas que siguieron a la liberación de los rehenes, comenzamos a hacernos una idea de lo que les había mantenido con vida durante el año y medio de calvario que habían vivido. Varios de los exrehenes afirmaron que lo que les mantuvo con vida fue su espiritualidad y el amor por sus familias; eso les dio esperanza, y fue clave para su supervivencia. En una entrevista en 2012, el coronel Tom Shaefer, uno de los cincuenta y dos rehenes estadounidenses, al retirarse de las Fuerzas Aéreas comentó: «Mi conclusión es que mi fe en Dios y en el poder de la oración fue lo que me ayudó a pasar por todo aquello».[6]

El 4 de diciembre de 1991 tuvo lugar otro hecho similar. Terry Anderson fue liberado tras siete años en cautividad como rehén de Hezbolá, un partido político del Líbano. Anderson, que era el jefe de la oficina de la Prensa Asociada de Beirut en el momento de su secuestro, en la actualidad tiene el dudoso honor de ser el cautivo político estadounidense que ha sido retenido durante más tiempo en Oriente Medio. Su terrible experiencia de soledad, miedo y resistencia duró un total de dos mil cuatrocientos cincuenta y cuatro días —casi siete años—. En una entrevista que concedió después de su liberación, Anderson atribuyó su fuerza y buena salud a su optimismo y sentimiento de esperanza. Siempre creyó que sus captores le perdonarían la vida. Ese fue el origen de su optimismo. En cuanto a su esperanza, esta se basó en la creencia de que algún día sería puesto en libertad, una vez las cosas se solucionaran. Se disciplinó para sobrellevar su cautiverio hora tras hora, y no día tras día. Es algo a lo que llamó mentalmente «hacer tiempo».[7]

La esperanza es algo más que una creencia infundada o el deseo de tiempos mejores. La esperanza es esencial para nuestro bienestar. «Quien tiene esperanza tiene todo lo necesario para que sus objetivos se hagan realidad algún día. Tiene voluntad, determinación y un conjunto de herramientas a su alcance que le servirán para conseguir sus metas», afirma el psicólogo Charles R. Snyder.[8] En 1991, el doctor Snyder y sus colegas desarrollaron un método científico para estudiar el papel a menudo infravalorado de la esperanza en nuestras vidas, conocido como «la teoría de la esperanza».

El psicólogo cognitivo Scott Barry Kaufman deja bien claro lo importante que es la esperanza cuando afirma: «Tener metas no es suficiente. La esperanza permite a las personas acercarse a los problemas con una mentalidad abierta y con un conjunto de estrategias para el éxito, lo que aumenta las posibilidades de que logren realmente sus objetivos».[9] La ciencia trata de entender lo que durante siglos la gente en situaciones desesperadas ha sabido de manera intuitiva. Un fuerte sentimiento de esperanza nos da lo que necesitamos para creer en un futuro mejor.

La capacidad de hacer frente a situaciones difíciles de una manera saludable

Desde finales de la década de 1970 hasta principios de la de 1990, estuve trabajando en distintos entornos científicos y tecnológicos, lo que coincidió con tres grandes crisis: la crisis energética de 1970, la crisis de las armas atómicas de la Guerra Fría y la crisis de la compatibilidad de datos entre plataformas informáticas. Fue durante este período de mi vida cuando tuve la oportunidad de ver de primera mano cómo las personas, a escala individual y colectiva, responden a la tensión creada por la responsabilidad de su trabajo. Desde los sistemas de combustión del programa del transbordador espacial de la NASA hasta la capacidad de los equipos médicos militares de comunicarse con la flota de barcos que lleva material médico y que está a cientos de kilómetros de distancia, en cada situación en la que me vi involucrado me di cuenta de que la gente dependía para vivir de los servicios y productos de las empresas a las que yo proveía.

En cada uno de los sectores para los que trabajé, escuché a mis compañeros decir que tenían problemas para hacer frente al estrés por todo lo que se les exigía. Es evidente que mucho más difícil de sobrellevar que el desarrollo de los sistemas que se habían contratado fue el estrés al que tuvimos que enfrentarnos cada día. En los proyectos que supervisé, una gran parte de mi responsabilidad era encontrar maneras de mantener a mi equipo de trabajo sano el tiempo suficiente para completar nuestras tareas.

La palabra que mi equipo de trabajo utilizó para describir su experiencia fue *abrumado*. Se sentían *abrumados* por la magnitud del proyecto, *abrumados* por la cantidad de trabajo que tenían que acometer y *abrumados* por sus propias dudas sobre su capacidad para cumplir con la tarea. Todos nos hemos sentido *abrumados* en algún momento de nuestras vidas, y no quiero dar la impresión de que hay algo malo en sentirse así. Si podemos aceptar que nos sentimos abrumados por una u otra razón, tenemos un indicador de que debemos prestar más atención a lo que está ocurriendo. La experiencia en sí puede considerarse un hecho positivo que conduce a un resultado saludable.

Sin embargo, mi equipo, pese a hacer lo que se le estaba exigiendo en su trabajo, al no verlo así, no estaba respondiendo a su experiencia de un modo saludable. Empecé a notar que enfermaban más a menudo y que se sentían deprimidos cuando estaban en la oficina. También vi cómo sus hábitos cambiaban; comían impulsivamente y fumaban cada vez más cigarrillos. De hecho, estos son algunos de los indicadores de respuesta poco saludables que la clínica Mayo, los Institutos Nacionales de Salud y otros han descrito en sus investigaciones sobre el control del estrés.

A continuación se presenta una lista con algunos de los síntomas que reflejan un estrés mal gestionado y que han sido estudiados por distintas disciplinas científicas. Los síntomas ya se explican por sí mismos. Es cierto que todos hemos experimentado alguna que otra vez en el pasado estos síntomas, pero el problema viene cuando varios de ellos se vuelven crónicos. Es entonces cuando el estrés se convierte en un problema grave.

Algunos síntomas poco saludables

- ✧ Problemas para conciliar el sueño, no dormir las horas necesarias o sentirse cansado durante el día.
- ✧ Dolor de cabeza, apretar los puños sin darnos cuenta, mordernos las uñas o tener rigidez en el cuello y en los hombros.
- ✧ Comer cuando no tenemos realmente hambre o seguir comiendo incluso cuando nos sentimos llenos.
- ✧ Sentirse deprimido, letárgico y emocionalmente entumecido.

- ✧ Sufrir un llanto incontrolado en momentos inesperados, sin razón aparente.
- ✧ Responder con ira y negatividad.
- ✧ El abuso de alcohol, tabaco y otras sustancias para que nos calmen.

Una de las cosas que tuvo éxito en mi equipo de trabajo fue hacer que cambiaran su punto de vista respecto a sí mismos y su aportación en el proyecto. Vieron que al dividir en partes más pequeñas sus tareas y responsabilidades tenían más tiempo para hacer todo lo que les exigía el proyecto, e incluso les sobraba tiempo. Así logré que su estrés se redujera.

No es de extrañar que esto que acabo de describir lo hayan recomendado algunas de las investigaciones que se han llevado a cabo sobre el control del estrés. Son hábitos saludables para gestionar el estrés. Lo que sigue es una lista con algunos ejemplos. Si te interesa saber con más detalle cómo se pueden implementar estos hábitos en tu vida diaria, puedes consultar la web de la clínica Mayo, de los Institutos Nacionales de Salud, del Instituto HeartMath y otros (ver la bibliografía al final de este libro).

Hábitos saludables para gestionar el estrés

Asegúrate de estar sano. A veces en situaciones de mucho estrés nuestro cuerpo se siente vulnerable, nuestras defensas bajan y enfermamos con mayor facilidad.

Repasa tus compromisos. Aprende a decir «NO» cuando tus responsabilidades te sobrepasen. Aprende a dividir tu trabajo en pequeñas tareas con metas claras. Delega trabajo en tus compañeros, familiares y amigos, de manera que los demás también se sientan útiles y participativos.

HAZ DEPORTE CON CIERTA REGULARIDAD. El concepto que se tiene del deporte está cambiando. Muchos estudios han demostrado que con tan solo diez o quince minutos diarios de movimiento constante (como yoga, ejercicios de resistencia o natación) se alivia al cuerpo de la circulación de las hormonas del estrés, sin desencadenar más hormonas del estrés ni tampoco el tipo de hormonas que almacenan grasa que son desencadenadas por los ejercicios de resistencia, de duración más prolongada, los cuales «engañan» al cuerpo haciéndole creer que se encuentra en una situación de supervivencia.

HAZ TUS TAREAS Y PREPÁRATE PARA ELLO. Cuando nos preparamos para el día que vamos a tener experimentamos menos estrés, porque sabemos cuáles van a ser nuestras tareas. Evita situaciones de estrés mediante la preparación de reuniones y viajes, programa mejor tu tiempo y ponte metas realistas.

HAZ DEL DORMIR UNA PRIORIDAD EN TU VIDA. Nuestro cuerpo siente mucho estrés cuando le faltan horas de sueño. Como con cualquier otra situación de estrés, cuando uno no duerme lo suficiente puede sentirse ansioso, engordar y experimentar episodios de llanto y rabia en momentos inesperados.

CONECTA CON LAS DEMÁS PERSONAS. Compartir nuestras frustraciones, ya sea con un profesional o simplemente con amigos, o ambas cosas, puede ayudarnos; se crea una caja de resonancia de la que pueden surgir ideas y soluciones. Además, damos a otras personas la oportunidad de ayudar, de manera que ellas también puedan sentirse bien.

APRENDE A LIBERAR EL ESTRÉS. Probablemente haya muchas maneras de liberar el estrés, tantas como personas hay que lo experimentan. A algunas les ayuda practicar yoga o meditación y hacerse masajes. A otras, pasear por la montaña, o hacer algo creativo como dibujar, pintar o tocar un instrumento. La clave aquí es experimentar, descubrir lo que a ti te funciona y, a continuación, hacer de ello una prioridad en tu vida.

LA AYUDA PROFESIONAL. Algunas personas pueden manejar por sí mismas el estrés. Otras se sienten mejor si reciben orientación profesional. Si tú eres de esta clase de personas, te recomiendo que escojas un asesor, profesional, terapeuta o entrenador que sea objetivo con el tratamiento para el control de la ansiedad y el estrés.

Es evidente que nuestra capacidad para controlar el estrés que nos producen los desafíos a los que nos enfrentamos es la clave para vivir una vida saludable y llena de felicidad. Si bien los retos que nos plantea la vida pueden provenir de distintas fuentes, las habilidades mencionadas anteriormente se pueden aplicar a cualquier situación estresante, ya que todo depende de nuestra capacidad para hacer frente a ello (o resiliencia).

Relaciones interpersonales fuertes

Siempre se ha dicho que todos necesitamos un amigo. Lo llamemos amistad o no, lo cierto es que la ciencia confirma que los seres humanos necesitamos el contacto con los demás en nuestras vidas, y que ese contacto nos hace mucho bien. Somos lo suficientemente creativos para encontrar maneras de cubrir nuestras necesidades. Cuando se trata de relaciones interpersonales, algunos se sienten más cómodos interactuando en grandes comunidades, clubes u organizaciones, mientras que otros prefieren los grupos reducidos para establecer relaciones íntimas con los demás. Algunas personas tratan de compaginar ambas cosas. De cualquier modo, comunicarse y relacionarse con los demás siempre es positivo. Lo agradece nuestra salud, así como nuestra capacidad para hacer frente a las situaciones de estrés.

En el ejemplo anterior de mis compañeros de trabajo, lo que les permitió liberarse de su estrés fueron las relaciones interpersonales que se crearon (en algunos casos verdaderas amistades), las cuales les proporcionaron el apoyo emocional necesario para lidiar con el estrés que sentían. A veces, con el simple acto de levantarnos de nuestro escritorio y caminar hacia uno de nuestros compañeros para pedirle que nos aporte alguna idea nueva liberamos grandes dosis de estrés. Nuestro compañero nos puede ayudar a encontrar la solución a un problema que parecía irresoluble.

Además de lo beneficioso que es tener relaciones personales fuertes en el trabajo, los estudios han demostrado que también lo es en el resto de los ámbitos. Es bueno para nuestro sistema inmunitario, nuestras habilidades de comunicación y nuestra autoestima, e incluso para aumentar nuestra longevidad. Aunque intuitivamente ya percibimos que se producen estos beneficios, los estudios científicos también se han encargado de demostrar objetivamente aquello que siempre hemos sentido en relación con la amistad, el amor y el bienestar.

En un informe de 2011 publicado por el Consejo para las Familias de la Columbia Británica, titulado *Healthy Relationships: Their Influence on Physical Health* («Relaciones saludables: su influencia en la salud física»), varias disciplinas científicas se unieron para ilustrar lo importantes que son las relaciones en nuestras vidas.[10] En resumen:

- Cuando las personas se relacionan con las demás se proporcionan entre ellas información, asesoramiento, servicios y nuevos contactos, lo que les permite descubrir nuevos servicios locales y sociales y saber cómo usarlos de un modo más efectivo.
- Las relaciones ofrecen a las personas un ambiente de cuidado y confort.
- Las relaciones proporcionan una identidad al grupo.
- Las relaciones actúan como amortiguadores del estrés.
- Las relaciones ofrecen un propósito para llevar un estilo de vida saludable.

Los estudios profesionales, tales como los citados con anterioridad, y los supervivientes de situaciones traumáticas que comparten directamente sus experiencias aseguran que las relaciones saludables y que funcionan ayudan a desarrollar un sentido más amplio y de mayor propósito en la vida. Cuando vivimos nuestra vida con un propósito en mente, parece que estamos más motivados a autoprotegernos de posibles enfermedades y lesiones.

Encontrarle un sentido a nuestras vidas

Uno de los factores que más contribuyen a nuestra resiliencia, pese a que es del que menos se habla, es el sentido que le damos a nuestra propia vida. Este es un punto en el que las líneas que se trazan entre la ciencia, la espiritualidad, la religión y el mundo real pueden ser un poco confusas. Como no hay una respuesta definitiva a la pregunta «¿qué significado tiene la vida?», cada uno de nosotros trata de entender a su manera el mundo que le rodea, cómo encaja en él y dónde pertenece.

Hay algunas personas que creen que hay que conocer las bases teóricas, incluyendo cómo se creó la vida, para encontrarle un sentido a nuestra existencia. El problema de este tipo de pensamiento reside en las formas de conocimiento en sí mismas; es decir, en la ciencia, la religión y la experiencia directa. En el mundo moderno en el que vivimos, muchas personas creen que estas disciplinas o saberes de la vida son excluyentes. En otras palabras, creemos que solo podemos elegir una manera de pensar para entender el mundo, como por ejemplo la ciencia o la religión. Sin embargo, si unimos las tres formas de conocimiento podemos encontrar un sentido mucho más significativo para nuestras vidas. La ciencia, por ejemplo, puede confirmar de forma objetiva los hechos que nuestras enseñanzas espirituales y experiencias directas intuitivamente afirman que son ciertos.

Tanto si encontramos las respuestas de un modo como de otro, el significado que le damos a cada momento de nuestras vidas, cada día, es lo que da sentido a todo lo demás. Solamente cuando sentimos que formamos parte de algo más grande que nosotros, cuando podemos identificar dónde encajamos y cuando sabemos cómo contribuir a «eso más grande», nuestra vida tiene sentido. En ausencia de tal significado, los acontecimientos de la vida, incluyendo nuestras relaciones familiares y sentimentales, trabajos, profesiones, alegrías, decepciones, fracasos y éxitos, aparecen como hechos aleatorios desconectados los unos de los otros. Como un amigo mío me dijo un día en que conversábamos sobre este tema: «Una vida sin sentido, ¿cómo se puede vivir?».

Eleanor Roosevelt expresó lo importante que es vivir nuestra vida con un propósito de la siguiente manera: «El propósito de la vida, a fin de cuentas, es vivirla; saborear las experiencias al máximo; llegar con entusiasmo y sin temor a nuevas y ricas experiencias».[11]

El sexto elemento de la resiliencia

Además de las cinco características de resiliencia personal que he identificado —el conocimiento de uno mismo, un sentimiento de esperanza, saber enfrentarnos a los retos, tener buenas relaciones interpersonales y encontrarle un sentido a nuestra vida—, hay un sexto elemento en la creación de la resiliencia que normalmente se excluye de las investigaciones. Curiosamente, este sexto elemento se encuentra en el centro de la mayoría de las tradiciones espirituales más antiguas y respetadas del mundo. También es la ventana al mundo interior de nuestra experiencia, que los científicos de vanguardia ahora consideran la nueva gran frontera en cuanto al cuidado de uno mismo. El sexto factor de resiliencia personal es el cambio que podemos crear en nuestras emociones para preparar nuestro cuerpo para los extremos de la vida de una manera saludable. Este tipo de resiliencia reside en el corazón.

Recuerdo con nitidez las clases de la biología del cuerpo humano en secundaria. Durante las décadas de 1960 y 1970, el cerebro se consideraba el órgano más importante del cuerpo. A menos que hayas tenido la oportunidad de asistir a una escuela con un programa muy progresista en ciencias, probablemente habrás aprendido con los mismos libros de texto que yo. Hoy en día, lamentablemente, se siguen enseñando los mismos principios. A no ser que tus hijos sean unos afortunados y estén aprendiendo con un sistema educativo de vanguardia, es posible que se les esté enseñando como a nosotros en el pasado. El problema es que los nuevos descubrimientos nos dicen que la antigua forma de pensar es incompleta.

Anteriormente, cuando los descubrimientos de la ciencia aún no habían revelado el papel que el corazón juega en nuestras vidas, era lógico pensar que el órgano más importante es el cerebro. En definitiva, parece controlarlo todo. El cerebro es el centro que regula el modo y el momento de la producción de más de mil trescientas reacciones bioquímicas; también controla la liberación de los elementos químicos en el cuerpo. El cerebro lo regula todo, desde cuándo nos despertamos y vamos a dormir hasta la velocidad y el límite del crecimiento de nuestro cuerpo, así como la fortaleza de nuestro sistema inmunitario y el funcionamiento de los cinco sentidos que nos conectan con el mundo. Aunque el cerebro es sin duda importante para nuestro funcionamiento —no podemos prescindir de él—, también sabemos que no actúa solo. Recibe las instrucciones de otro órgano del cuerpo, el mismo órgano que nuestros ancestros indígenas reconocieron como el más importante para la vida humana. *El principal órgano del cuerpo es el corazón.*

EL LENGUAJE DEL CORAZÓN

A cada momento, cada día, tiene lugar en nuestro interior una de las conversaciones más vitales en las que podamos vernos implicados. Es la silenciosa e interminable conversación, a menudo inconsciente, que se da entre el corazón y la mente a partir de señales basadas en las emociones. Esta conversación es una de las más importantes, porque la calidad de las emociones que el corazón envía al cerebro determina qué tipo de elementos químicos se liberarán en nuestro cuerpo. Cuando sentimos lo que se suelen llamar emociones negativas (tales como la ira, el odio, los celos o el rencor), el corazón envía una señal al cerebro que repercute en nuestros sentimientos. Estas emociones son irregulares y caóticas, y es esto lo que precisamente se envía al cerebro.

Si puedes imaginar los altibajos de la bolsa en una jornada salvaje y volátil, te harás una idea del tipo de señales que creamos en nuestro corazón cuando sentimos estas emociones. El cuerpo humano responde a ellas con estrés y pone en marcha unos mecanismos que nos ayudarán a responder adecuadamente.

El estrés procedente de las emociones negativas hace que aumenten los niveles de cortisol y adrenalina en nuestra sangre. Estas hormonas, a las que a menudo se las llama hormonas del estrés, nos preparan para una respuesta rápida y eficaz para enfrentarnos a lo que nos está generando estrés. Nuestra respuesta incluye redireccionar el suministro de sangre de los órganos más profundos de dentro de nuestro

Cambios en los ritmos cardíacos

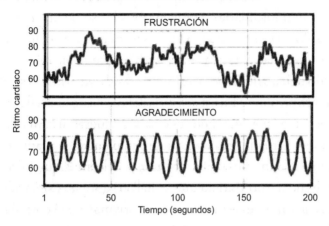

Figura 4.1. Una comparación de las señales del corazón y el cerebro según dos extremos emocionales: la emoción «negativa» de la frustración y la emoción «positiva» del agradecimiento. Fuente: Instituto HeartMath.

cuerpo a los lugares donde más se necesita en ese momento: los músculos y las extremidades que utilizamos para enfrentarnos al peligro y correr tan deprisa como nos sea posible para alejarnos de este. Esta es nuestra respuesta instintiva de lucha o huida.

A nuestros antepasados, por ejemplo, esta respuesta podía salvarles del ataque de un oso que estuviera merodeando por la cueva donde se refugiaban. Cuando sentían que la amenaza había desaparecido, sus emociones cambiaban y los niveles hormonales volvían a ser normales. La clave aquí radica en entender que la respuesta al estrés está diseñada para ser temporal y breve. Cuando se activa, generamos en nuestro cuerpo la química necesaria para responder con rapidez ante lo que nos amenaza. Todo es cuestión de supervivencia.

La buena noticia es que cuando nuestro cuerpo presenta estos niveles tan altos de sustancias químicas podemos convertirnos en sobrehumanos. Todos hemos escuchado historias extraordinarias. Por ejemplo, el caso de una mujer de tan solo cuarenta y cuatro kilos que levantó un coche que pesaba toneladas para rescatar a su hijo que había quedado atrapado debajo de él —y hacerlo sin considerar primero si tal hazaña era posible—. En este caso, la respuesta de lucha o huida se activó a favor del niño, que habría muerto si su madre no hubiera actuado. La fuerza sobrehumana de la madre es atribuible al aumento de las hormonas del estrés que hicieron que su cuerpo sintiera que se hallaba ante una situación de *vida o muerte* —sentimientos que se originan en el corazón.

La otra cara de esta buena noticia es que, si bien los beneficios pueden ser de gran ayuda durante un corto período de tiempo, el estrés que se libera cuando se producen estas sustancias químicas hace que se reste fuerza a otras funciones importantes de nuestro cuerpo. La liberación de sustancias químicas vitales que apoyan las funciones de crecimiento, inmunidad y antienvejecimiento se reducen drásticamente en estos momentos de lucha o huida. En otras palabras, en situaciones de estrés el cuerpo solo puede centrarse en una u otra función: está en modo lucha / huida o en modo curación / crecimiento.[12] Está claro que nunca fuimos creados para vivir en un estado de estrés constante como forma de vida. Sin embargo, esto es lo que muchos de nosotros experimentamos hoy en día.

En nuestro mundo moderno de sobrecarga de información, citas rápidas y un café tras otro, la sensación que a veces tenemos es que la vida se está «acelerando», y es inevitable que nuestro cuerpo experimente un estado constante de estrés. Las personas que no encuentran modo alguno de liberarse de este estrés viven en un estado permanente de lucha o huida, con todas las consecuencias que ello conlleva. Si echamos un vistazo rápido por una oficina o una clase, o incluso si prestamos atención a los miembros de nuestra familia durante una comida un domingo cualquiera, podremos confirmar lo que los datos sugieren. No es sorprendente que las personas con más altos niveles de estrés sean las que tienen peor salud.

El aumento en las estadísticas de los Estados Unidos de las condiciones relacionadas con el estrés, que incluyen enfermedades cardíacas y derrames cerebrales, trastornos de la alimentación, deficiencias inmunitarias y algunos tipos de cáncer, es menos sorprendente si se tiene en cuenta que muchas personas experimentan un estrés implacable en su vida diaria. La buena noticia es que el mismo mecanismo que crea y sostiene nuestra respuesta ante el estrés, a menudo a un nivel inconsciente, también se puede regular para ayudarnos a aliviarlo de una manera saludable —aun cuando el mundo sea un completo caos—. Y podemos hacerlo de manera rápida y deliberada.

Así como nuestro corazón envía a nuestro cerebro señales de caos cuando sentimos emociones negativas, las emociones positivas envían otro tipo de señal a nuestro cerebro; una señal que es más regular, rítmica y ordenada. En presencia de emociones positivas, como el agradecimiento, la gratitud, la compasión y el amor, el cerebro libera un tipo diferente de sustancias químicas en nuestro cuerpo. Cuando sentimos una sensación de bienestar, el nivel de hormonas del estrés de nuestro organismo *disminuye*, mientras que las sustancias químicas que ayudan a nuestro sistema inmunitario —como las que tienen propiedades de antienvejecimiento— *aumentan*. El cambio de una situación de estrés a otra de completo bienestar puede producirse en segundos.

Los estudios documentados por el Instituto HeartMath han demostrado que los niveles de cortisol pueden reducirse hasta un 23% y los niveles de DHEA, un precursor de otras hormonas vitales en nuestro cuerpo, pueden aumentar más de un 100% en tan solo tres minutos, por medio del uso de técnicas específicas destinadas a producir tales respuestas.[13] La razón por la que estoy describiendo estos fenómenos en esta parte del libro es que las técnicas que se utilizan para obtener estos beneficios en nuestra salud son las mismas que crean resiliencia en nuestros corazones. Esta es la clave para la resiliencia personal en la vida.

La calidad de nuestras emociones determina
las instrucciones que nuestros corazones
mandan a nuestros cerebros.

UNA PROFUNDA RESILIENCIA INTERIOR

El sistema nervioso humano es una red impresionante y compleja que cuenta con más de setenta y dos kilómetros de «cables» vivos (nervios) que llevan los efectos de las conversaciones que mantenemos entre nuestro corazón y nuestro cerebro hacia cualquier otra parte del cuerpo. Aunque los científicos saben desde hace mucho tiempo que los mensajes de nuestro cerebro viajan por todo el cuerpo, no fue hasta los últimos veinte años del siglo XX cuando los nuevos descubrimientos revelaron precisamente dónde se originan las señales. No nos ha de sorprender que el papel que juega el corazón en todo esto sea importante.

Ahora que entendemos la conversación que se lleva a cabo entre nuestro corazón y nuestro cerebro, vamos a analizar los mecanismos que hacen que esta conversación sea posible y cómo cambiar el «diálogo» de manera saludable. Todo comienza con la resiliencia que creamos en nuestro corazón. Una de las maneras de determinar nuestro nivel de resiliencia es midiendo las subidas y bajadas que experimenta este órgano.

Aunque estamos generalmente familiarizados con el gráfico de movimiento de nuestro ritmo cardíaco que el médico examina durante nuestro chequeo anual, puede que no seamos plenamente conscientes de todo lo que este gráfico está mostrando. Además de darnos información sobre el estado de salud de nuestro corazón, gracias a los ritmos también podemos saber cómo funciona nuestro sistema nervioso o incluso las condiciones que hacen que luego surjan problemas de salud. El gráfico que el médico mira probablemente sea un electrocardiograma (ECG, también conocido como EKG). El dispositivo ECG mide la potencia eléctrica de nuestro corazón y es completamente pasivo. En otras palabras, no envía ninguna información eléctrica al cuerpo, sino que mide los impulsos eléctricos que el corazón genera y envía a través del organismo.

Se podría llenar un libro entero con la interpretación de los ritmos cardíacos, que constituye una materia de estudio para toda una vida. Aquí me refiero a ello con un propósito muy específico, y es que hay un aspecto del ritmo cardíaco que es clave para entender cómo se crea la resiliencia. Al mirar el ECG que se muestra en la figura 4.2, incluso aunque lo haga un ojo inexperto, está claro que hay patrones de subidas (o picos) que se repiten a intervalos regulares. Lo que es importante para nosotros es que la distancia desde la parte superior de una gran subida (llamada onda R) hasta la siguiente no es siempre la misma, sino que varía de latido a latido. Si bien puede parecer que el espacio de un pico a otro es idéntico, cuando medimos los intervalos nos encontramos con que las distancias entre ellos cambian. Y es bueno que lo hagan, porque es aquí donde comienza nuestra capacidad de resiliencia en la vida.

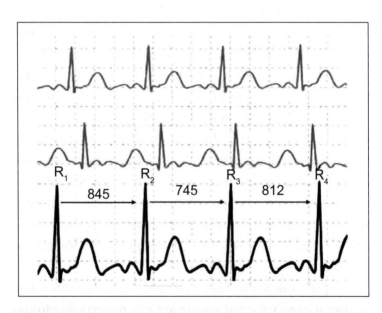

Figura 4.2. Una parte de un ECG estándar muestra los ciclos típicos de subidas y el latido de un corazón normal. Las grandes subidas que se indican con una flecha son las ondas R de un solo latido del corazón. Se observa la distancia entre una onda y otra, que es el cambio de un latido a otro. La diferencia es lo que nos da la variabilidad del ritmo cardíaco. Fuente: Dreamstime © Z_i_b_i.

Cuanta mayor sea la distancia entre los ritmos cardíacos, mayor resiliencia tendremos en la vida y ante los cambios que se dan en nuestro mundo. Debido a que estamos midiendo la distancia entre los latidos del corazón, dicha medición se denomina justo como cabría esperar: variabilidad de la frecuencia cardíaca (VFC). La VFC se mide en unidades de tiempo muy pequeñas llamadas milisegundos, y la diferencia entre un latido del corazón y el siguiente puede ser de tan solo una fracción de segundo. En la figura 4.2, por ejemplo, la diferencia entre la onda R_1 y R_2, en comparación con las ondas R_3 y R_4, es de tan solo sesenta y siete milésimas de segundo. Si bien se trata de una pequeña cantidad de tiempo, lo importante es que hay una diferencia.

Cuando nos hallamos en una edad muy temprana, tenemos altos niveles de VFC. Ahora que entendemos el propósito de esta variabilidad, todo tiene más sentido. Como niños pequeños que quieren descubrirlo todo, nuestros cuerpos necesitan encontrar una forma de adaptarse a la vida –y lo hacen rápidamente–. La primera vez que los niños descubren la sensación que el agua caliente del grifo de la cocina produce en sus dedos, o cuando se dan cuenta de que no todos los perros son tan amables como el que vive en casa, tienen que responder con rapidez. El corazón tiene la capacidad de alterar su ritmo –la VFC– y de enviar sangre adonde más se necesita.

La señal que el corazón envía al cerebro crea un estado conocido como *coherencia psicofisiológica*, también llamado comúnmente *coherencia*. La belleza de saber acerca de la coherencia es que no tenemos que averiguar cuándo sucede. Sensores de fácil uso en combinación con el *software* destinado al efecto nos pueden decir con precisión cuál es el nivel de coherencia en el que estamos, así como también nos ayudan a desarrollar las habilidades necesarias para ser más coherentes.[14]

Para que quede claro, el corazón y el cerebro se hallan siempre en cierto estado de coherencia; aunque, con el caos de la vida cotidiana y la presencia de emociones negativas, los niveles de coherencia pueden disminuir. Con ejercicios sencillos, como los que encontrarás al final de este capítulo, podemos cambiar los parámetros clave en nuestro cuerpo para generar un mayor nivel de coherencia. Hay una conexión directa entre nuestra VFC, nuestro nivel de coherencia y nuestra resiliencia ante los cambios extremos a los que tenemos que hacer frente. *Cuanto mayor sea el nivel de coherencia, mayor será nuestra VFC y nuestra resiliencia.*

Con esto en mente, adquiere una importancia mayor lo que comenté antes sobre las emociones positivas y negativas, y el papel que estas desempeñan en nuestra función cardíaca. Creamos mayor resiliencia cuando sentimos emociones que nos aportan coherencia.

Cuanta más coherencia, mayor resiliencia.

LOS TRES PASOS DE LA RESILIENCIA PERSONAL: LA COHERENCIA CARDÍACA (ATTITUTE BREATHING®)

Muchos de los descubrimientos recientes en relación con la coherencia del corazón, y la inteligencia de este, se han llevado a cabo por los científicos del Instituto HeartMath (IHM), una organización de investigación pionera con sede en Boulder Creek (California). La organización comenzó con sus trabajos de investigación a principios de la década de 1990, y se dedica a explorar el poder del corazón de maneras no convencionales.

Si bien sabemos que el corazón bombea sangre hacia todo nuestro cuerpo, los estudios realizados por el IHM sugieren que ese órgano realiza muchas más funciones que simplemente mover la sangre a través de las arterias, las venas y los capilares. Está claro que hoy en día apenas hemos empezado a entender todo el espectro de las funciones del corazón, desde las emociones que crean coherencia en él y en nuestro cerebro hasta el vínculo que existe entre esta coherencia y la VFC, y cómo se ve afectada la calidad de la onda de presión de la sangre en cada latido.

He tenido el honor de trabajar con los fundadores, el personal y los investigadores del IHM durante más de dos décadas. Al hacerlo, también he tenido la oportunidad de compartir las experiencias, los viajes y las exigencias que ha conllevado presentar nuestro trabajo ante un público de lo más variado por todo el mundo. Gracias a estas experiencias en el mundo real, ahora puedo decir que mi relación con todos ellos se ha convertido en una verdadera amistad. Durante el tiempo en que estuve trabajando con el IHM, pude ver de cerca lo que expresó el poeta del siglo XIX Khalil Gibran: «Con el trabajo es como el amor se hace visible».[15] En el IHM, el amor se hace visible cada vez que los fundadores y los empleados se acercan a una mayor comprensión del poder y la inteligencia de nuestros corazones, y del papel que ello juega en nuestras vidas.

Mientras el equipo de esta organización siga investigando sobre el corazón, podremos seguir beneficiándonos de sus descubrimientos. En mi opinión, entre sus mayores contribuciones se encuentran las técnicas para crear coherencia entre nuestros corazones y cerebros. A través de investigaciones revisadas por pares, el IHM ha demostrado más allá de toda duda que existen dos factores que se relacionan directamente con la resiliencia personal en nuestra época de extremos:

- ⬦ Nuestras emociones pueden ser reguladas para crear coherencia en nuestros cuerpos.
- ⬦ Podemos utilizar sencillos pasos para implementar este hecho en nuestras vidas.

Con la ayuda de las organizaciones más prestigiosas del mundo y de los mejores investigadores, el IHM ha desarrollado una técnica simple conocida como «coherencia cardíaca» (Attitute Breathing®), que nos permite aplicar con facilidad los descubrimientos que han hecho en sus laboratorios. Los investigadores describen el beneficio de esta técnica de la siguiente manera: «El corazón armoniza automáticamente la energía del corazón, la mente y el cuerpo, y hace que aumenten la claridad y la coherencia».[16] Esta técnica, que hace que se cree una mayor coherencia en nosotros, se articula en tres sencillos pasos, que han sido adaptados en el libro *Transforming Stress*, de Doc Childre y Deborah Rozman (Publicaciones New Harbinger, 2005):

Paso 1. Reconoce una actitud no deseada —un sentimiento o una actitud que quieras cambiar—. Podría ser la angustia, la tristeza, la desesperación, la depresión, la autocrítica,

la culpa, la ira o el sentirse constantemente abrumado
–todo lo que te genere preocupación.

Paso 2. Identifica y respira la actitud que va a sustituir a la no
deseada: escoge una actitud positiva y después respira
el sentimiento correspondiente a dicha actitud, lentamente, expandiéndolo por la zona de tu corazón. Repite
este ejercicio hasta que el nuevo sentimiento se afiance.

Ejemplos de sentimientos no deseados	Ejemplos de sentimientos deseados
Estrés	Respira de un modo neutral hasta relajarte y sentirte revitalizado
Ansiedad	Respira tranquilidad y equilibrio
Sentirse abrumado	Respira paz y tranquilidad
Tristeza o depresión	Respira aprecio y ausencia de juicio
Culpa	Respira compasión y ausencia de juicio

Paso 3. Mientras inspiras y espiras con una actitud nueva,
convéncete de que eres capaz de superar ese «gran dra-
ma» cargado de emociones negativas que hay en tu vida.
Dite a ti mismo: «Me libero». Repite esto una y otra
vez, y utiliza esta técnica hasta que sientas un cambio.
Recuerda que incluso cuando una emoción negativa se
siente justificada, la acumulación de la negatividad blo-
quea el sistema. Siente verdaderamente que se está produciendo un cambio y que este te conduce hacia un estado de mayor coherencia. Esta técnica vale realmente
la pena.

A medida que practiques comenzarás a crear nuevas conexiones neuronales y te irás liberando de las viejas resistencias y actitudes.

———

A lo largo de los años, he conocido a muchas comunidades indígenas de distintas culturas y lugares del mundo. Pese a lo diferentes que puedan ser sus tradiciones y costumbres, hay algo que comparten: todas ellas creen en el poder del corazón para sanar nuestro cuerpo y nuestras vidas, y para crear unidad en nuestras familias y comunidades. A pesar de que la ciencia se encargó de desacreditar estas verdades en el pasado, los estudios que han llevado a cabo recientemente el IHM y otras organizaciones están dando una nueva credibilidad a la sabiduría de nuestras más antiguas y preciadas tradiciones espirituales.

Aunque nuestros antepasados no utilizaron lo que conocemos como método científico para demostrar lo que sabían, sus técnicas de oración basadas en el corazón, la meditación y la sanación parece que han arraigado bien, y hoy en día ya se reconoce la capacidad del corazón para influir en nuestros cuerpos y nuestras vidas. Cuando empecé a entender este hecho, siendo ya adulto, me sentí profundamente conmovido. Me di cuenta de que este conocimiento era verdaderamente poderoso y de que cualquier otra disciplina palidecía a su lado. Después de todo, ¿qué podría ser más importante que descubrir los misterios del único órgano de nuestro cuerpo que está diseñado para conectarnos a los unos con los otros, en este mundo y más allá?

Todo ello también estimuló mi curiosidad. Si nuestros antepasados ya conocían el poder que tenía el corazón, ¿qué más sabían que nosotros aún desconocemos?

Los pasos que se deben seguir para adquirir
una mayor coherencia son tan sencillos
como concentrarse, sentir y respirar.

RESILIENCIA PERSONAL: LA TRANSFORMACIÓN EMPIEZA EN NOSOTROS

Se ha dicho que Estados Unidos es una nación de comunidades. Tan cierta como es esta declaración para Estados Unidos, también lo es para otras muchas naciones. He podido ser testigo de ello gracias a las investigaciones que he llevado a cabo a lo largo de los años. He viajado por distintos continentes, y siempre me he encontrado con algo parecido. Desde Tokio (Japón) hasta Lima (Perú) y desde El Cairo (Egipto) hasta Bangkok (Tailandia), he visto cómo las grandes ciudades del mundo se componen de muchas pequeñas comunidades. Cada una es capaz de manejarse por sí misma en algunos aspectos, mientras que para otros necesita la ayuda de otras comunidades. Estos enormes complejos urbanos están constituidos por comunidades locales en las que personas con similares herencias, orígenes, intereses y formas de vida han encontrado una base común que les permite vehicular sus necesidades de conexión.

En la ciudad de Nueva York, la diferencia entre la zona conocida como el *Barrio Chino* y la *Pequeña Italia* es muy significativa. Sin embargo, tan diferente como es una zona de la otra, ambas pertenecen a la misma ciudad. Si bien la idea de que la naturaleza de una ciudad se basa en la comunidad puede resultar obvia, es importante remarcarla aquí a causa del rol de cada una de las personas que forman parte de la comunidad —sus estados de ánimo y su resiliencia—. El psiquiatra M. Scott Peck resumió esta idea con claridad y lógica cuando dijo: «No puede haber vulnerabilidad sin riesgo, ni puede haber comunidad sin vulnerabilidad. Y, en definitiva, no puede haber paz —ni, en última instancia, vida— sin comunidad».[17]

Somos seres grupales por naturaleza, y vivir en comunidad nos ayuda a satisfacer nuestras necesidades físicas, emocionales y espirituales, así como también nos da la oportunidad de llevar una vida sana, feliz y con sentido. Dado que las comunidades satisfacen muchas de nuestras necesidades, no es de extrañar que también nos proporcionen un contexto donde compartir nuestras visiones de un mundo mejor y de lo que es necesario para llegar a obtenerlo. He conocido a personas que han dedicado toda su vida a su propia superación. Han encontrado la manera de sanar las heridas de la infancia, el abuso de las relaciones no saludables e incluso alguna de las enfermedades que más comúnmente padecemos, como las relacionadas con la autoestima, la mala alimentación y la pérdida de valoración personal. Desde temprana edad, estas personas empezaron a trabajar en sí mismas, pero también se preguntaban por qué el resto del mundo no reflejaba esos valores tan sanos y saludables que consiguieron llevar a sus propias vidas.

Aquí es donde el valor y el poder de la comunidad hacen acto de presencia. Si bien podemos pasarnos toda la vida tratando de mejorarnos a nosotros mismos —y esto es sin duda positivo—, vivir en comunidad nos da la oportunidad de llevar nuestro trabajo a un nivel superior. En comunidad podemos compartir el beneficio de nuestro trabajo con otras personas que estén interesadas y que aún no han tenido la oportunidad de descubrir las verdades del poder personal y la resiliencia. Aunque siempre se ha visto como algo saludable compartir con otros y aprender todos juntos, hoy en día es más que vital. En esta época de extremos, la resiliencia que desarrollamos como individuos se vuelve aún más eficaz, poderosa y potente cuando la utilizamos con nuestras familias, amigos y vecinos. Cuando compartimos nuestros conocimientos sanadores, encontramos la respuesta a lo que se necesita para crear un estilo de vida que refleje los valores que hemos descubierto a través de nuestra experiencia personal.

En un futuro próximo, las comunidades que opten por adaptarse a los extremos de la nueva normalidad serán aquellas a las que mejor les irá. Esto significa que serán más fuertes y capaces de ayudar a otras personas a transformar sus vidas en esta época de extremos.

Capítulo 5

CÓMO IR MÁS ALLÁ: PUNTOS CRUCIALES
DE RESILIENCIA COLECTIVA

*Para que una comunidad se mantenga sana y funcione, debe
basarse en el amor y en el cuidado de sus miembros.*

MILLARD FULLER (1935-2009),
fundador de Habitat for Humanity

Desde la antigüedad, el pueblo etíope de Mudiyambo ha
basado su economía en la cría de ganado, como medio
de vida y fuente de alimento. A medida que el clima en África
se transformaba a causa del cambio climático, las lluvias empezaron a llegar con menos frecuencia y el Cuerno de África se convirtió en una de las zonas del mundo más afectadas
por la sequía. Los aldeanos perdieron parte de su ganado y el
pueblo entero empezó desesperarse. Cuando un organismo
de socorro internacional se ofreció para ayudarles a convertirse en agricultores a través del Programa de Transformación
para el Desarrollo Comunitario (TDC), las reacciones de los
aldeanos fueron divergentes. En palabras de uno de los líderes de la agencia, «cuando empezamos con el proyecto TDC,
la cantidad de aldeanos que mostraron interés en él fue muy
bajo. Algunos pensaron que era una pérdida de tiempo».[1]

Sin embargo, al poco tiempo, con una mente abierta, trabajo duro y la voluntad necesaria para mejorar, todo cambió. Se empezó a instruir a los aldeanos en el cultivo de alimentos, y el éxito fue contagioso. Cuando aquellos que previamente habían sido reacios abrazaron el cambio, vieron con sus propios ojos el éxito de cultivar vegetales en lugar de criar ganado. El líder de la aldea asegura: «Comenzamos a pedir a los trabajadores del programa TDC que nos instruyeran más para ser totalmente autónomos y autosuficientes».[2]

El cambio se ha completado y el pueblo es ahora una comunidad agrícola con una economía sana. Y, es más, todo ello generó beneficios inesperados. La gente descubrió que la nueva economía es aún más sostenible que la de antes de la sequía y que siguen una dieta mucho más saludable gracias a los alimentos tan variados que cultivan.

Mudiyambo es una historia de éxito que los líderes del gobierno esperan poder reproducir en otros pueblos de Etiopía. También es un bello ejemplo de cómo la resiliencia personal de algunos individuos dispuestos a cambiar su forma de pensar puede ser el camino hacia la transformación de un pueblo entero. El éxito de Mudiyambo es un testimonio del poder de la resiliencia y del papel que puede desempeñar a gran escala en nuestras comunidades.

¿QUÉ ES UNA COMUNIDAD?

Así como descubrimos en el capítulo anterior que la resiliencia tiene significados distintos según las personas, con la palabra *comunidad* también ocurre lo mismo. A algunas les evoca imágenes de Woodstock y de las comunas de la década de 1960, todo ello popularizado por películas como *Easy*

Rider, mientras que a otras les trae a la mente imágenes de grupos aislados de hombres, mujeres y niños que viven en aldeas rurales autosuficientes compartiéndolo todo, desde los niños y las parejas hasta la jardinería y los quehaceres de la vida diaria. Si bien es posible que estos factores se den en algunas comunidades del mundo, en la mayoría no están presentes. Hoy en día, por *comunidad* se entiende compartir, trabajar y vivir con otras personas de manera que uno pueda crecer y ser más consciente de sus propias responsabilidades. Con esta idea en mente, es más fácil entender la amplitud del concepto de comunidad.

He conocido comunidades compuestas por seis u ocho familias que comparten su interés por una misma práctica espiritual. Estas familias aúnan recursos y esfuerzos para comprar una serie de casas adyacentes dentro de una misma área residencial. Viven, literalmente, unas al lado de otras, y eso hace que se ayuden para cuidar a los niños, preparar la comida, mantener el jardín y compartir su práctica espiritual, a la vez que trabajan profesionalmente a jornada completa.

Si bien estas comunidades funcionan por sí solas, también forman parte de una comunidad mayor que incide en ellas a escala nacional, integrada por otras muchas comunidades que viven de un modo parecido. A través de los mensajes que se envían desde una oficina central, ya sea por fax, correo electrónico o Skype, todas las sucursales se centran en trabajar un tema espiritual concreto cada semana, como por ejemplo la compasión o el perdón. De esta manera, las comunidades se mantienen activas en muchos niveles a la vez: desde la comunidad espiritual local y el vecindario que abarca más que la comunidad inmediata, pasando por las comunidades profesionales, hasta llegar a la comunidad espiritual global. Este es solo un ejemplo de los miles que hay en el mundo. Así que cuando tratamos de describir con precisión lo que es una comunidad, nos encontramos con tantas variaciones como necesidades e ideas hay en las personas que las forman. Esto ocurre así porque la comunidad tiene que ver con la vida y la forma en que vivimos.

Las comunidades están en todas partes. Están en el centro de las ciudades más pobladas del mundo y también en medio de grandes extensiones de terreno en zonas apenas desarrolladas. Una comunidad puede estar formada por una sola persona que vive en la montaña, por un matrimonio y sus hijos o por una pareja de jubilados que comparten su pasión por la jardinería con otras parejas.

Una comunidad puede ser un grupo de personas que se reúnen en su ayuntamiento cuando tienen que tomar una decisión con respecto a los impuestos, la construcción o la reparación de infraestructuras, o respecto a si van a permitir la extracción de petróleo en su territorio. O puede ser un grupo organizado de personas que se reúnen para construir una casa con Habitat for Humanity.

Una comunidad pueden ser dos mujeres nativas que hacen un trueque para obtener comida para la cena de sus familias en una isla poco poblada cerca del lago Titicaca, en Perú, o puede ser una megacomunidad de más de veinticinco millones de personas que viven, trabajan y comparten sus vidas en la ciudad de Seúl, en Corea del Sur.

Ahora puedes hacerte una idea de lo complicado que es definir el concepto de comunidad. Hay un sinnúmero de expresiones. Todas ellas tienen el objetivo de cubrir las necesidades de sus miembros.

Tan diferentes como pueden ser entre sí las comunidades en cuanto a tamaño y alcance, el «pegamento» que las mantiene unidas es sorprendentemente similar. Tanto si hablamos de una sola persona como de un grupo de veinticinco millones, hay dos elementos que siempre tienen que estar presentes para que la comunidad tenga éxito. Los miembros de la comunidad deben compartir:

- ✧ una visión común y
- ✧ un vínculo común.

Es a través de estas dos cualidades como se pueden llegar a satisfacer las necesidades de los miembros de una comunidad. Y cuando las necesidades de una comunidad se cubren con éxito, son también estas dos cualidades las que ayudan a que la comunidad se sostenga y se prepare para los retos futuros.

> Sin importar el tamaño o la razón por la que se forma una comunidad, el hecho de que se compartan una misma visión y un vínculo es esencial para su éxito.

NO SON LAS COMUNIDADES DE NUESTROS ABUELOS

A pesar de que hoy en día estamos rodeados de comunidades, estas son a menudo muy diferentes de las que conocimos en el pasado. En los siglos XIX y XX, por ejemplo, las comunidades se creaban como consecuencia de vivir los unos cerca de los otros y como recurso para cubrir las necesidades más básicas. Cuando la gente necesitaba alimentos, seguridad, experiencia en la construcción de casas y en las tareas de jardinería o compartir las responsabilidades en el cuidado de los niños, pedía ayuda a sus vecinos. En el mundo actual esto ha cambiado.

En los apartamentos, amplios y situados a gran altura, de cualquier gran metrópoli de hoy en día, no es raro que ocurra que dos familias de tamaño similar con hijos de la misma edad que viven en el mismo edificio, en la misma planta, con sus respectivas puertas de entrada a escasos metros una de otra, no sepan sus respectivos nombres o incluso su aspecto físico. Mientras estas familias tengan satisfechas sus propias necesidades en lo que respecta a la comodidad de un apartamento y de vivir en la ciudad, no se sienten obligadas a establecer un vínculo con sus vecinos. A menudo, forjan relaciones mucho más íntimas con personas y familias que viven a kilómetros de distancia en otro de los muchos edificios de hormigón y vidrio que hay en la ciudad. Por razones que van desde la naturaleza impersonal de los ordenadores y los teléfonos móviles hasta la mentalidad de independencia y egoísmo que ha jugado un papel importante en Estados Unidos y en todo el mundo occidental, este tipo de relación que se crea entre los unos y los otros no es precisamente lo que tenían nuestros abuelos en mente cuando hablaban de «comunidad».

La novelista y poeta Margaret Atwood describió cómo este dilema se ha representado específicamente en Estados Unidos. Afirmó que «Estados Unidos ha promovido tanto el individualismo que la responsabilidad de dar a la comunidad, y viceversa, ha sido pisoteada por el egoísmo desenfrenado».[3]

Desde una perspectiva más espiritual, Ram Dass también identifica las causas de la naturaleza impersonal de las comunidades de hoy en día, así como las consecuencias que ello ha traído a nuestras vidas cotidianas, cuando confiesa que «nuestra preocupación excesiva por la individualidad ha marcado nuestra identidad de grupo. Yo soy parte del problema».[4] «Los años sesenta fueron de libertad, y tiramos al bebé junto con el baño. Estamos tratando con el efecto de los desequilibrios; estamos tan centrados en la separación que hemos perdido la interconexión, la naturaleza gregaria inherente de la humanidad por la que se sabe que se necesita a los demás para darle sentido a la vida. La violencia que hay en nuestras vidas es un reflejo de la ruptura de este tipo de sistema de cooperación».[5]

Creo que hay mucho de verdad en lo que Ram Dass, Margaret Atwood y muchos otros autores y expertos han afirmado sobre el papel de la comunidad en nuestras vidas actuales. Mientras que las comunidades cumplen su objetivo a gran escala, en la vida cotidiana hemos perdido ese sentido de comunidad que fue tan importante en el pasado: *conocer a nuestros vecinos y preocuparnos por sus vidas y sus necesidades*. Siento que esto está a punto de cambiar, y de una manera rápida y significativa. De hecho, el cambio ya está ocurriendo, impulsado por los extremos que estamos viviendo en nuestra época.

Al reconocer los principios que funcionaban para las comunidades de los siglos XIX y XX, podemos descubrir las claves para hacer que nuestro sentido de comunidad cambie, y a mejor. Si somos capaces de crear nuestras futuras comunidades basándonos en los aspectos saludables que funcionaron en el pasado, estaremos bien encaminados hacia la creación de nuevos estilos de vida en los que podamos manejar los hechos extremos ante los que vamos a tener que enfrentarnos. El término que a menudo se utiliza para describir este revivir de ideas del pasado se toma prestado de la popular película de 1985 sobre un adolescente que viaja en el tiempo: *Regreso al futuro.*[6]

Muchas personas están descubriendo que las formas de pensar y vivir que aparentemente funcionan hoy en día representan en realidad un paso hacia atrás si lo comparamos con el pasado. Quizás descubramos que los pasos aparentemente exitosos que estamos dando en nuestra época de extremos son realmente pasos que nos conducen hacia un futuro poco esperanzador.

En un mundo de relaciones cada vez más impersonales y digitales, restablecer el sentido de comunidad puede ayudarnos a conectar de nuevo con nuestros vecinos y a estar a su lado en lo que respecta a su vida y sus necesidades.

«TODOS SOMOS UNO» SIGNIFICA QUE LO COMPARTIMOS TODO

Escuchamos el mantra constantemente y lo vemos escrito en todas partes: «Todos somos Uno». Está escrito en etiquetas, serigrafiado en camisetas, impreso en la tapa de libros brillantes, y a menudo algunas revistas publican «especiales» con este lema. La frase surgió a finales del siglo XX con la intención de afianzar la creencia de que la humanidad es una gran familia, diversas familias que se unen en una sola.

Más allá de las ideologías, la política, las culturas y las religiones que a veces nos lanzan mensajes de separación entre los unos y los otros, lo cierto es que somos una gran familia, como nunca antes lo fuimos como humanidad, en ningún lugar.

Precisamente porque todos somos una gran familia global, los efectos y las consecuencias de los problemas que ocurren en una parte del mundo no se limitan a esa parte. Si bien este hecho siempre ha sido así, desde el auge de la globalización, la resiliencia colectiva y comunitaria aparece más que nunca como la clave para el futuro de nuestras vidas, si queremos aprehender realmente este sentido de «unicidad» y unión con todos. Cuando nos encontramos con formas de pensar y de vivir que tratan de buscar respuestas a la crisis que estamos viviendo, como lo hizo la aldea etíope cuando pidió ayuda para formarse y poder cambiar su estilo de vida, todo ello tiene una repercusión a una mayor escala.

No es ningún secreto que ya somos una sociedad global. Con raras excepciones, como el aislamiento de Corea del Norte del resto del mundo, se puede decir que los límites que han separado unos países de otros se han convertido en poco más que fronteras borrosas. Ya no vivimos en un mundo de economías separadas, por ejemplo. Los mercados financieros que impulsan la economía mundial son globales y mantienen un comercio continuo veinticuatro horas al día los siete días de la semana.

Tampoco vivimos en un mundo de tecnologías aisladas. Los recursos energéticos y los sistemas de comunicación de los países interactúan entre sí. Por ejemplo, la comida tropical que compramos en nuestros supermercados en pleno invierno ha sido producida en granjas que se encuentran a miles de kilómetros de distancia y trasladada a su destino por avión, barco o carretera. La voz que nos responde cuando solicitamos ayuda a las dos de la madrugada para recibir asistencia técnica para la reparación de nuestro ordenador probablemente provenga de la otra punta del mundo.

Es evidente que vivimos en un momento en que las líneas que en el pasado separaron a los países, las culturas, la tecnología y las finanzas se estén borrando, y eso es positivo. El término que se utiliza para describir las complejas relaciones que se dan hoy en día en el mundo, el cual fue acuñado en el siglo XX, es el de *globalización*.

En su libro *Consecuencias de la modernidad* (Alianza Editorial, 2008), el sociólogo Anthony Giddens, conocido por su visión holística de las sociedades globales, define la globalización como «la intensificación de las relaciones sociales en todo el mundo que unen a distancia lugares, de tal manera que los acontecimientos locales están conformados por los acontecimientos que ocurren a muchos kilómetros de distancia, y viceversa».[7] Personalmente, me gusta la definición ofrecida por los sociólogos Martin Albrow y Elizabeth King, quienes identifican la globalización como «todos aquellos procesos mediante los cuales los pueblos del mundo configuran una única sociedad mundial».[8] Independientemente de cómo nos definamos, el hecho de que compartamos ideas, información, tecnologías, bienes, servicios y dinero hace que estemos cada vez más conectados los unos con los otros, como nunca se ha visto antes en la historia de la humanidad. Es en este mundo de globalización en el que se crean los problemas y es el que nos fuerza a lidiar con ellos para solventarlos. En la actualidad, este mundo globalizado está trayendo consigo una serie de inconvenientes.

En su libro *Globalization* (Oxford University Press, 2009), Manfred B. Steger, director del Centro de Investigación de la Globalidad del Instituto de Tecnología Royal Melbourne, nos ayuda a establecer un punto de partida a la hora de abordar un concepto tan amplio. Divide los efectos de la globalización en cinco categorías diferentes, pero relacionadas entre sí, que nos sirven para pensar sobre los pros y los contras de dichos efectos. Estas grandes categorías o dimensiones de la globalización son: la económica, la política, la cultural, la ecológica y la ideológica. Si bien cada una de ellas afecta a nuestra resiliencia, hay dos cuyos efectos son, obviamente, más importantes que los del resto: la económica y la ecológica. Es en estas dos categorías en las que me gustaría centrarme ahora.

Una economía global

El efecto que puede tener una economía ligada a escala mundial es un buen punto de partida para hablar sobre la globalización. Y es así por una razón: está en la mente de todos, en especial en estas primeras décadas del siglo XXI. El mundo se halla al borde de una crisis económica a una escala que nunca antes hemos visto. Como se mencionó anteriormente, la cantidad de deuda externa que suman los distintos países se está acercando al punto de lo que el mundo produce como ingresos. Y la cosa va a peor, porque los intereses de la deuda se están acumulando de tal manera que vamos rápidamente camino de que la deuda sea superior a los ingresos. En otras palabras, como economía global, estamos gastando más dinero del que ganamos.

Para las economías más grandes del mundo (incluidos los miembros del G-9 y las naciones del G-20), la solución ha sido crear más dinero para cubrir la deuda a corto plazo. Como se describe en el primer capítulo, uno de los efectos que tiene esta práctica es que la oferta de dinero en el mundo está saturando los mercados, y esto hace que se devalúe el valor de las monedas.

Pese a que podamos sentirnos abrumados por todo ello y por la incesante información que nos llega por parte de «expertos» que nos ofrecen soluciones, una cosa es cierta: la razón por la que todo el mundo se encuentra en la misma situación es que nuestras economías están vinculadas globalmente.

En una economía globalizada, una determinada economía que se halle en apuros envía ondas por todo el mundo que afectan a las otras economías en distintos grados. Esto es precisamente lo que ocurrió en otoño de 2008, cuando se publicó que algunas de las mayores instituciones financieras del mundo debían más dinero del que tenían en activos. Cuando la firma Lehman Brothers se declaró en quiebra el 14 de septiembre de ese año, se desató una cadena interconectada de acontecimientos que continúa produciendo efectos a día de hoy.

Cuando algunas de las instituciones más respetadas y grandes del mundo, como Goldman Sachs, Fannie Mae y la gigantesca aseguradora AIG, quebraron contra todo pronóstico, la vulnerabilidad de nuestra economía globalizada se hizo patente.

En una entrevista que concedió en 2010, Henry M. Paulson Jr., exsecretario de Hacienda de Estados Unidos, declaró: «Si el sistema se colapsa, muchas de las principales compañías del mundo no podrán obtener financiación a corto plazo para mantener la base de sus operaciones de negocios o para pagar a sus proveedores y empleados, lo que hará que no puedan hacer frente a sus facturas. Esto afectaría a toda la economía mundial y daría lugar a la pérdida de millones de puestos de trabajo. Millones de hogares desaparecerían y billones de dólares se perderían con el fin de los ahorros».[9] Tales efectos generalizados y devastadores de la crisis bancaria solo pueden darse en una economía globalizada.

> Una de las consecuencias de la globalización
> es que lo compartimos todo, incluidas las
> dificultades de una economía insostenible.

Una ecología global

La naturaleza y sus recursos no están sujetos a las restricciones de los gobiernos, naciones y fronteras. Y es precisamente por eso por lo que los problemas ambientales a los que nos enfrentamos hoy en día están directamente relacionados con la globalización. Cuando una actividad se basa en los recursos locales para cubrir sus necesidades, como la captura de un tipo de pescado de la zona, es posible satisfacer la demanda de una manera sostenible y que asegure que el recurso no se destruya en el proceso. Pero cuando ese mismo negocio trata de satisfacer una demanda cientos de veces superior a lo que puede ofrecer este pequeño negocio local debido a la economía global, la misma actividad puede significar un desastre. A pesar de que la apertura de nuevos mercados y el aumento de clientes a escala planetaria puede suponer un *boom* para los comerciantes, hay un inconveniente en todo ello, y es que puede conducir a la pérdida y a la desaparición de especies enteras si el mercado no se regula. La casi extinción del atún rojo en la actualidad es un ejemplo de lo que puede suceder cuando un negocio local se hace global.

El atún rojo del Atlántico se encuentra en dos zonas: hay una colonia en la franja occidental del golfo de México y otra en el este del Mediterráneo. Antes de 1950, había poco interés en el atún rojo de la zona del golfo de México. Durante miles de años había sido capturado de forma artesanal y en pequeñas cantidades, lo que había permitido que el tamaño de su población se mantuviera en equilibrio. Sus procesos de migración y reproducción tampoco se habían visto alterados. Pero cuando el mercado de pescado japonés comenzó a dispararse en la década de 1960, todo cambió. De repente hubo una gran demanda de atún rojo en las pescaderías niponas, destinado a la preparación de *sushi* de calidad, no solo con destino al mercado local, sino también con destino a otros mercados del mundo.

Además de dar lugar a una mayor demanda de delicias culinarias, la globalización también permitió la puesta en común de las nuevas tecnologías de pesca comercial a gran escala y las relaciones internacionales necesarias para satisfacer dicha demanda. En 1964, aproximadamente dieciocho mil toneladas de atún rojo fueron capturadas frente a la costa de Nueva Inglaterra, lo que supuso un récord en la historia. Un informe de 2011 del Pew Charitable Trust informaba de que las cifras llegaron a alcanzar las diecinueve mil toneladas al año en el Atlántico occidental, un nivel que «no podía sostenerse de ninguna manera y, como consecuencia, la población de atún rojo disminuyó considerablemente».[10] A partir de 2011, la captura ha decrecido año tras año. La continua presión de las capturas ha hecho que en esa zona la población de atún rojo haya decrecido en *un 80%*.

A pesar de que en 1998 se intentaron aplicar medidas restrictivas para proteger el atún rojo, la falta de cumplimiento de dichas medidas no permite mejora alguna. En su investigación sobre el papel de la globalización en el negocio del atún, Thomas Bestor resume esta situación con una sola frase: «El *sushi* se ha convertido en un icono de la cultura japonesa, pero también se ha convertido en un icono de la globalización».[11]

Aunque el atún rojo nos proporciona un ejemplo concreto de lo que puede suceder cuando se trata de satisfacer un mercado globalizado sin medidas que lo regulen, este fenómeno no se limita al atún. En 2005 la FAO publicó un estudio que muestra que el 70% de las especies de peces explotadas comercialmente tienen dificultades para reproducirse. La demanda mundial de productos desechables de papel ha dado lugar a la tala de aproximadamente once millones de hectáreas al año de bosques. La globalización ecológica también implica cuestiones ambientales adicionales. La expansión de lo que antes eran los suministros locales de bienes de algunas comunidades locales a los mercados mundiales de miles de comunidades afecta a todo, desde el crecimiento de la población, el acceso a los alimentos y la pérdida de biodiversidad hasta la brecha entre ricos y pobres, así como la contribución de la acción del hombre al cambio climático.

La conclusión de estas estadísticas alarmantes es que el intento de suministrar a nuevos y emergentes mercados globales con recursos locales es insostenible y provoca enormes dificultades cuando estos mercados se colapsan. El reconocimiento de este hecho es la clave del pensamiento que permite la resiliencia de nuestras familias y comunidades.

Ecosistemas enteros pueden ser destruidos
cuando las necesidades de un mercado
globalmente conectado se tratan de satisfacer
a partir de una fuente local limitada.

EL PUENTE DE LA RESILIENCIA

Aunque no sepamos con exactitud hacia dónde nos está llevando la globalización, ciertamente no escasean las opiniones al respecto. En un artículo que escribió para la revista *Newsweek*, el periodista Thomas Friedman describe cómo los disturbios que interrumpieron en 2009 la Conferencia del G-20, celebrada en Pittsburgh (Pensilvania) reflejan el mayor temor de la gente hoy en día respecto a la economía mundial: la globalización solo beneficia a las empresas, y no a la gente. Después de describir las preocupaciones expresadas por los manifestantes, Friedman compartió su propia creencia de que «la globalización no arruinó al mundo; simplemente lo niveló».[12] En otras palabras, argumentó que la apertura de los mercados mundiales y su accesibilidad a todos, incluidos nuestros vecinos y las pequeñas empresas, había nivelado el campo de juego en un mundo que había sido asimétrico en el pasado.

Friedman dejó bien clara a sus lectores su opinión de que la globalización «eleva el nivel de vida general» y afirmó que «si está en equilibrio [la globalización] puede beneficiar a todos, especialmente a los pobres».[13]

Aunque los puntos de vista que se oponen a los de Friedman difieren en algunos matices, en general aducen que no es el cambio en los niveles de vida lo que temen los manifestantes. Lo que les inquieta son las pruebas que demuestran que las grandes corporaciones adquieren cada vez más control sobre nuestras vidas y nuestra forma de vivir. Tal vez lo más relevante sea el miedo que tiene la gente de no ser capaz de impedir que estas corporaciones hagan lo que estimen más conveniente para sus negocios, por perjudicial que sea para la especie humana y la sostenibilidad de la vida en el planeta.

Ejemplos en los que vemos el surgimiento de este poder se encuentran en los mercados de semillas y alimentos modificados genéticamente, y también en los casos en los que algunas empresas aprovechan la tecnología para destruir y sustituir los recursos de las tierras agrícolas por estaciones de extracción de petróleo y gas. En ambos casos, lo que la mayoría del público siente en sus corazones es miedo, porque parece que esto es algo que las empresas ven como necesario para su crecimiento, y a los afectados por tales acciones se les mantiene al margen.

Es evidente que la globalización es un cajón de sastre. Es cierto que hay algunas personas y sectores que se han beneficiado de ella, y hay otros que no. Las bases que sustentan la globalización no son democráticas; es un proceso que ha sido impulsado por quienes más se podían beneficiar de él. Pero también es cierto que hoy en día la globalización forma parte de nuestras vidas. Somos definitivamente globales, y no hay vuelta atrás. No hay duda de que la economía, la agricultura y la industria trabajan ahora como entidades globales. Ahora bien, ¿qué efecto tiene este mundo globalizado sobre nuestra resiliencia?

Basándose en lo mejor de la ciencia de vanguardia de hoy en día y en su propia experiencia académica, Judith Rodin y Robert Garris, presidenta y director general, respectivamente, de la filantrópica Fundación Rockefeller, identifican el papel de la resiliencia en el siglo XXI en un informe. Describen cómo «la creciente necesidad de la resiliencia como una fuerza de contrapeso a la vulnerabilidad causada por la globalización implica que los agentes del desarrollo deban actuar con mayor urgencia y complejidad para capacitar a las comunidades para adaptarse al cambio».[14] En otras palabras, lo que el informe está diciendo es que la necesidad es imperiosa y que ahora es el momento de aplicar las ideas que se presentan en las páginas de este libro.

Cuando vemos que hablan de todo ello instituciones tan influyentes como la Fundación Rockefeller, así como otras organizaciones tales como Bioneers y el Post Carbon Institute, podemos estar seguros de que estas ideas son más que una moda pasajera.

Aprender a crear comunidades y ciudades resilientes es una tendencia que ha llegado para quedarse.

Los aspectos de la globalización que hicieron
que el mundo se conectara en el pasado
pueden estar destruyéndolo hoy en día.

CONSTRUYENDO BLOQUES DE RESILIENCIA

La globalización lo ha cambiado todo. Ha cambiado nuestra forma de vivir, de trabajar, de pensar y también la forma en la que resolvemos nuestros problemas. Incluso ha cambiado el tipo de problemas a los que tenemos que enfrentarnos. Rodin y Garris resumen lo importante que es cambiar nuestra forma de pensar en cuanto a nuestras comunidades y ciudades actuales: «Lo que distingue a las amenazas del pasado de las actuales es que estas están creciendo a un ritmo muy acelerado, [favorecidas por] las crecientes interconexiones que se dan en nuestro planeta. Fomentar la resiliencia no es un lujo; es un imperativo del siglo XXI».[15]

Estoy de acuerdo con estas palabras. Entonces, la pregunta obvia es: ¿cómo? ¿Cómo podemos utilizar nuestra resiliencia personal, que se describe en el capítulo anterior, para construir familias fuertes y comunidades resilientes? Quizás una pregunta aún mayor sea: ¿cómo podemos superar los sistemas ya establecidos y que la gente ha aceptado como «la manera» de hacer las cosas?

El estudio de los estilos de vida y comunidades resilientes es un área de investigación relativamente reciente. Algunos de los primeros estudios en los que se utilizó por primera vez la palabra *resiliencia* datan de la década de 1970, en referencia a las enfermedades humanas: ¿quién enferma, quién no y con qué rapidez se recuperan los que enferman? He tenido la oportunidad de analizar muchas de las conclusiones de estos estudios y de reflexionar sobre ellas. También he sido testigo de la resiliencia personal de las comunidades rurales del norte de Nuevo México, cuando las condiciones adversas de la naturaleza y las economías en crisis han creado enormes dificultades en la zona donde vivo.

Honestamente puedo decir que en cuanto a la resiliencia todavía tengo que encontrar una teoría o un método que contenga todas las respuestas que parecen ser necesarias. Así como hay diferentes tipos de comunidades que satisfacen las necesidades de las distintas poblaciones, hay diferentes tipos de resiliencia y una gran variedad de maneras para llegar a ella. Al final de este capítulo voy a compartir algunas historias de casos reales de creación de resiliencia colectiva.

Para empezar, me gustaría describir los factores generales que se aplican a cualquier tipo de resiliencia, ya sea una familia, un vecindario o una comunidad virtual que abarca todo el mundo. Uno de los mejores resúmenes de estos factores se deriva de la experiencia de cientos de científicos e investigadores que contribuyen a los estudios sobre la resiliencia financiados por la Fundación Rockefeller. Estos estudios identifican cinco elementos clave de resiliencia que son lo suficientemente generales para cubrir casi cualquier situación que afecte a las comunidades, pero también lo suficientemente específicos como para proporcionarnos una base desde la que empezar.[16] Estos principios básicos son los siguientes:

- ◇ La capacidad de reserva (o de producir excedentes).
- ◇ La capacidad de cambiar, evolucionar y adaptarse a los desastres («ser flexible»).
- ◇ Actuar dentro de un marco de acción que nos permita evitar que los errores se sigan expandiendo a través del sistema (procurar que el fallo del sistema sea parcial o «seguro»).
- ◇ La capacidad de restablecer funciones y evitar trastornos a largo plazo («una rápida recuperación»).
- ◇ El aprendizaje constante, con bucles de retroalimentación.

Si tenemos en cuenta los puntos cruciales identificados en el tercer capítulo y los principios de resiliencia personal descritos en el cuarto, encontramos que el tema general de los cinco principios de resiliencia indicados hace un momento proporciona un marco general en el que podemos adaptar y personalizar la resiliencia comunitaria de acuerdo con nuestras necesidades.

Echemos un vistazo más de cerca a cada una de estas cinco claves y veamos cómo encajan en los puntos cruciales de nuestras comunidades.

La capacidad reserva (o de producir excedentes)

Hay una gran diferencia entre tener todo aquello que necesitamos en el momento y planificar cuidadosamente todo lo que vamos a requerir para que en un futuro tengamos aquello que creemos necesitar. También hay una gran diferencia entre la planificación responsable que se hace para satisfacer nuestras necesidades y la acumulación frenética en el último momento para compensar nuestra falta de planificación. En esta época de extremos en la que vivimos, se ve un poco de todo.

He conocido a personas que creen que nos dirigimos hacia un mundo que refleja los peores escenarios retratados por los documentales de televisión. Son imágenes aterradoras que me recuerdan la película clásica de 1981 *Mad Max,* que muestra un mundo posapocalíptico de cambio climático, guerra y fin del petróleo.

También he conocido a personas en el extremo opuesto del espectro, que como siguen encontrando en sus mercados locales de confianza las frutas, verduras y productos que necesitan no creen que esto vaya a cambiar. Piensan que siempre van a poder contar con un suministro constante de alimentos y artículos. Se han acostumbrado a encontrar lo que necesitan y creen que no hay razón alguna para planificar más allá de lo que necesitan ahora mismo.

Está claro que a mí también me gusta comer la fruta y la verdura frescas, y disfruto cada vez que voy al mercado local a comprar. La preocupación aquí es qué ocurre si la oferta no está disponible. ¿Durante cuánto tiempo vamos a poder alimentar y cuidar a nuestras familias con lo que tenemos hoy en día en nuestras cocinas?

Como animales de costumbres, nuestros hábitos actuales tienden a reflejar la forma en la que vivimos la vida en un momento determinado de nuestro pasado. Una vez que el hábito se arraiga, a menudo nos cuesta mucho cambiar de pensamiento. Aquí es donde entra en juego el papel de la resiliencia, y más si tenemos en cuenta la época de extremos en la que vivimos, porque nos encontramos con que las cosas que en el pasado funcionaron ahora ya no lo hacen. Antes, que se interrumpieran servicios básicos como la electricidad o la distribución de los alimentos era algo puntual. Hoy en día se está convirtiendo en algo común. Las razones por las que esto ocurre van desde las tormentas eléctricas, los vientos fuertes y las nevadas de gran intensidad hasta la reducción de los empleos, semanas laborales más cortas y la menor disponibilidad de bienes. A continuación se presentan algunos ejemplos de tales interrupciones:

◇ La electricidad en Estados Unidos es cada vez menos fiable. Esto sigue una tendencia que comenzó hace quince años. Un estudio publicado por el doctor Massoud Amin, director del Instituto de Liderazgo Tecnológico de la Universidad de Minnesota, dice así: «Desde 1995, los cortes de energía eléctrica han aumentado de manera considerable, mientras que la inversión en I+D ha disminuido».[17]

◇ Entre los efectos cada vez más evidentes de las condiciones meteorológicas extremas encontramos las interrupciones temporales de suministro en nuestros mercados locales. Lo que ocurrió en Brooklyn (Nueva York) en 2010 es un ejemplo perfecto de ello. Durante casi una semana, los camiones de distribución de alimentos no pudieron llegar a las tiendas de comestibles que necesitaban suministros. Un reportaje de un medio de prensa local recogió varias opiniones. En una tienda de suministros básicos se podía leer: «Tres días. No hay entregas. Verán todos los estantes vacíos».[18]

◇ Después de que el huracán Sandy azotara la costa este de Estados Unidos, la situación era la siguiente: más de ocho millones de hogares de diecisiete estados se habían quedado sin electricidad. El racionamiento de la gasolina en las estaciones de servicio de la ciudad de Nueva York se prolongó durante quince días.[19]

◇ En febrero de 2011, las temperaturas cayeron en picado; en algunos casos alcanzaron los 36 ºC bajo cero. En el norte de Nuevo México se declaró el estado de emergencia. El gas natural utilizado para calentar las casas y las granjas se interrumpía sin previo aviso, debido a la sucesión de apagones con los que se intentaba subsanar el aumento de la demanda de electricidad.

Las condiciones climáticas extremas están afectando a muchas comunidades y regiones que no están preparadas para ello. Los efectos son devastadores y la interrupción de los servicios puede durar desde unos días hasta varios meses.

Puesto que estamos viviendo en una época de extremos, la capacidad de reserva tiene más sentido que nunca. Este principio de resiliencia es clave. *Es lógico esperar interrupciones periódicas y temporales en los servicios que dimos por sentados durante gran parte de nuestras vidas.* Lejos de los términos de «comandos» o «*preppers*» que se han utilizado para describir a las personas que toman estas precauciones, la capacidad de reserva es ahora una opción razonable que refleja los hechos de un mundo cambiante. En definitiva, esto es ser sencillamente responsable.

Estamos rodeados de maravillosos modelos de la capacidad de reserva en la naturaleza. Cuando el clima es bueno y la comida abundante, vemos ardillas buscando lo que necesitan para su alimentación diaria (en nuestro caso sería el equivalente a acudir al mercado del barrio todos los días). También se puede ver cómo recogen más frutos de los que necesitan y los almacenan para los días fríos y lluviosos, porque instintivamente saben que entonces los alimentos se vuelven menos disponibles. Vemos algo similar con los osos y otras especies animales que engordan en los meses de verano para poder mantenerse mejor en los días más fríos y duros, en los que incluso pueden prescindir de ingerir alimentos (esto es el equivalente de nuestra capacidad de abastecernos de algunos de los elementos esenciales de los que dependemos a diario, por si acaso hay un día en que no podemos conseguirlos). En la naturaleza no vemos a los animales moviéndose en un frenesí caótico, luchando con uñas y dientes en el último momento por el temor a la escasez. No necesitan hacer esto porque previamente han puesto en práctica su capacidad de reserva en sus vidas, la cual es un reflejo de la realidad de su mundo.

Ser flexibles

Ya sea que estemos hablando de nuestras vidas o de nuestras comunidades, cuando se trata de crear resiliencia, nuestra flexibilidad para adaptarnos y los cambios van de la mano. En el siglo IV a. de C., el filósofo griego Diógenes observó el papel que juega el cambio en nuestras vidas y dijo: «No hay ninguna cosa que sea permanente excepto el cambio. Nada es permanente excepto el cambio. Lo único que es constante es el cambio. El cambio es constante. El cambio es lo único que no cambia».[20] Lo dijo de cinco maneras distintas. No deja duda alguna en nuestras mentes en cuanto a cómo ve el papel del cambio en nuestras vidas. Sus famosas palabras se pueden escuchar hoy en día por todas partes en su versión abreviada.

El escritor de ciencia ficción Isaac Asimov llevó en el siglo XX la sabiduría de Diógenes un paso más allá, cuando aseguró: «El cambio, el cambio continuo e inevitable, es el factor dominante de la sociedad actual. Ya no se puede tomar una decisión sensata sin antes tener en cuenta no solo el mundo tal como es hoy, sino tal como será en el futuro».[21]

Cuando la realidad del cambio constante es un factor importante para nuestra propia resiliencia, es fácil ver las ventajas de ser flexibles. Es nuestra capacidad de aceptar que los planes que hemos hecho basándonos en lo que pensamos que era verdad están sujetos a cambios en cualquier momento.

Nuestra flexibilidad para adaptarnos a condiciones inesperadas, y luego improvisar e ir al «plan B», es uno de los eslabones más fuertes que podemos crear en nuestra cadena de resiliencia. Lo que sucedió con la misión *Apolo 11* (una tragedia convertida en éxito) es un buen ejemplo. Durante la primera misión a la Luna, los planes que los expertos habían pensado cuidadosamente, y que a día de hoy siguen en vigor y se describen con todo detalle en los manuales de capacitación para los astronautas, se tuvieron que modificar dos veces en el último momento. ¿Cuál es la razón? La situación cambió. La clave para evitar tragedias cuando se produce algún cambio es la flexibilidad.

En la primera misión a la Luna, uno de los factores más importantes fue el peso total que la nave podía llevar. Los astronautas, sus trajes especiales, su comida, su equipo y su combustible, todo se pesó cuidadosamente para así mantener un peso óptimo que garantizase la seguridad de la tripulación y el éxito de la misión. Solo se contaba con un pequeño margen de error, que podía marcar la diferencia entre el éxito y el fracaso, entre la vida y la muerte.

Cuando los astronautas del módulo lunar se estaban acercando al lugar donde tenían que hacer su primer alunizaje, pudieron ver cómo un campo de rocas que habían percibido previamente en las pantallas de radar era más peligroso de lo que habían previsto. En una decisión de última hora, el piloto Buzz Aldrin abortó el lugar de alunizaje previsto en busca de un lugar más seguro. Mientras en el centro de control de la Tierra presenciaron nerviosamente una cadena de eventos no planificados, *Eagle*, el módulo lunar, se posó finalmente con éxito en un área con un terreno más suave. Eso sí, *le quedaban tan solo quince segundos de combustible.* Cuando los astronautas estaban listos para volver al módulo de órbita y regresar a la Tierra, se dieron cuenta de que una mochila había roto accidentalmente el único interruptor de ignición capaz de reiniciar los motores. Una vez más, la flexibilidad fue clave. Buzz Aldrin, como ingeniero, trató de poner en práctica todos sus conocimientos. Al final, insertó la punta de un bolígrafo en la base del interruptor rojo, lo que le permitió encender manualmente los motores, y hacer que él y los otros tripulantes pudieran despegar de la superficie de la Luna.

Si bien la flexibilidad de cambiar nuestras rutinas probablemente nunca llegue a alcanzar la magnitud de las consecuencias que experimentaron los primeros astronautas que fueron a la Luna, todos nos veremos obligados a hacer frente a situaciones de cambios inesperados. Tendremos que ser flexibles y sacar lo mejor de nosotros para salvar nuestras vidas y las de los demás. En la creación de resiliencia ante los desastres naturales, a menudo nos inquietamos y no hacemos más que concebir planes de seguridad –planes sobre planes–, por si la naturaleza nos impide poner en práctica el primer plan de acción.

«Pueden darse situaciones y circunstancias que desafíen los mejores planes», asegura el doctor Robert Cherry.[22] Habla por experiencia. Trabajaba en una de las plantas del Centro del Trauma de la ciudad de Nueva York cuando tuvo lugar el atentado terrorista del 11-S. Vio de primera mano lo que puede suceder cuando la situación no se ajusta al plan. «El Centro del Trauma fue creado para los desastres, pero nos encontramos ante una situación que superó nuestras capacidades», dijo el doctor Cherry.[23] Si bien era un hospital bien preparado, los equipos descubrieron problemas con los planes de contingencias, que incluían falta de personal, de equipamientos, de comunicaciones y de combustible.

Se dieron cuenta, por ejemplo, de que el suministro de combustible para los generadores de emergencia se había diseñado para una duración de tan solo treinta y seis horas. Estos son los generadores que se utilizan para los medios de salvamento y los equipos de soporte vital a las víctimas de traumas. ¿Qué pasaría si no hubiera combustible adicional después de ese tiempo? Esta experiencia llevó al doctor Cherry a desarrollar nuevos programas en la Escuela Universitaria de Medicina Penn, que ahora capacita a las personas para ser resilientes precisamente en esta clase de situaciones. «Hay que adoptar un plan de emergencia que permita cambios, ya que es imposible seguir un plan que no sea lo suficientemente flexible en una situación de emergencia», explica.[24]

Fallo parcial o «seguro»

En uno de mis primeros trabajos como ingeniero de *software* en la industria de defensa, le hice una pregunta a mi cliente que nos llevó a los dos a replantearnos completamente nuestro enfoque acerca de un problema.

—Si este programa fracasara y empezara a perder la información, ¿*cuánto* podría permitirme fallar? ¿Cuánta es la cantidad de datos que está dispuesto a perder? –le pregunté.

Estas preguntas abrieron las puertas a una discusión sobre lo que comúnmente se denomina *fallo parcial*. Para un ingeniero, la idea del fallo parcial es común cuando se trata de un sistema o equipo que es vital para el éxito de una misión, a la que se suele llamar *misión crítica*. Si por alguna razón uno de los componentes falla, la idea es encontrar una manera de prevenir el fracaso total de la misión.

Antes de nuestra conversación, la idea de fracaso y éxito de mi cliente era o blanco o negro (o esto o lo otro). O algo funciona o no funciona. Descubrir que era posible que su *software* se destruyera, pero que el sistema pudiera seguir funcionando parcialmente, le condujo a una nueva forma de pensar, a la que dio la bienvenida.

Trabajar para que un presunto fallo del sistema sea solo parcial ha sido algo en lo que los científicos del programa espacial de Estados Unidos han puesto todo su empeño. Por ejemplo, cuando la NASA envió la primera nave espacial no tripulada a la superficie de Marte, su sistema de energía se consideró «misión crítica». Si la nave se quedaba sin electricidad, no importaba el éxito que se lograra con todo lo demás: la misión habría terminado. Para asegurar el éxito, los ingenieros construyeron sistemas energéticos de apoyo. Pero no se detuvieron ahí: también elaboraron sistemas de apoyo para los sistemas de apoyo, con el fin de asegurar una mayor protección, a los que denominaron *sistemas de apoyo redundantes*. Mediante la creación de sistemas alternativos que podrían funcionar durante un corte de energía, el equipo podía trabajar con cierto margen de error, al reducirse al mínimo el efecto que un fallo podría tener para el resto de la misión.

Es esta idea del fallo parcial lo que también entra en juego cuando se trata de ser resilientes.

En lo que concierne a la resiliencia de nuestras comunidades, la idea del fallo parcial se convierte en una herramienta poderosa, que nos ayuda a gozar de una mayor tranquilidad. Por ejemplo, algunas familias de las zonas rurales de Estados Unidos me han contado orgullosas que disponen de un sistema alternativo de suministro de agua, en caso de que el municipal se interrumpa. Sienten que su sistema de emergencia las ayuda a estar preparadas frente a los efectos de huracanes, tornados y hechos extremos no previstos. Sin embargo, suelen olvidar que su sistema necesita electricidad para que el agua se pueda bombear hacia la superficie. La pregunta que les hago es: «Si se va la luz, ¿cuánto tiempo podrán sobrevivir?». Su respuesta a esta pregunta les puede dar una idea del margen de error con el que están trabajando. Si dispusieran de un sistema alternativo de producción de electricidad con el fin de alimentar su sistema alternativo de bombeo de agua gozarían de un margen de error mayor.

A pesar de que he descrito sistemas físicos para ilustrar lo que quiero decir cuando hablo de *fallo parcial*, la idea también se puede aplicar a la forma en que vivimos nuestras vidas. Podemos crear planes en base a la idea de *fallo parcial* que nos doten de un cierto margen de maniobra en caso de pérdida del empleo, escasez de fondos económicos, e incluso pérdida de la comunicación con las personas más cercanas a nosotros.

Una recuperación rápida

La idea que subyace en una *recuperación rápida* es precisamente lo que sugiere el nombre: nuestra capacidad de volver a poner en funcionamiento algo que se ha interrumpido, y hacerlo de una manera que nos sea útil para otras ocasiones. Esto se aplica a las emociones y a la psicología humana, así como también a los sistemas físicos, tales como la energía, el agua y los alimentos.

Como mencioné anteriormente, los seres humanos somos animales de costumbres. Cuando nuestras rutinas se ven interrumpidas por cualquier razón, uno de los factores más importantes para nuestro bienestar emocional es la rapidez con que podemos restablecer dichas rutinas de nuevo. Esto se da en circunstancias extremas, que van desde personas que han estado en cautiverio durante largos períodos de tiempo hasta aquellas que se encuentran perdidas en el desierto, atrapadas en islas desiertas o aisladas en pequeños botes en el mar. Tras su experiencia, estas personas cuentan que lo que les permitió sobrevivir fue su capacidad para crear unas rutinas con las que dieron un sentido a su día a día.

En una entrevista, uno de los rehenes que se mencionaron anteriormente dijo que incluso en la pequeña celda donde se le mantuvo aislado de los otros rehenes desarrolló una rutina diaria de ejercicio físico, oración, horas de sueño, comidas y juegos mentales. Todo ello le ayudó a recuperarse de la terrible sensación de sentirse cautivo. Yo personalmente he sido testigo de la necesidad de este tipo de rutinas después de las devastadoras tormentas de nieve que dejan a algunas regiones de montaña completamente aisladas. También lo fui de las consecuencias del huracán Sandy en la costa atlántica, que dejó el lugar como si hubiera sufrido una guerra.

Justo una semana después de que Sandy arrasara con hogares, negocios y barrios enteros, yo tenía programado dar una conferencia en Nueva Jersey que creía que iban a cancelar. Para mi sorpresa, los promotores decidieron seguir adelante con el seminario de fin de semana para dar un cierto sentido de normalidad a las cosas, para ayudar de algún modo a *recuperarse* a todas aquellas personas que habían sufrido los efectos de la tormenta. Descubrimos que el hotel donde celebramos el evento era uno de los pocos que tenían equipos de emergencia de electricidad, agua caliente, línea telefónica y comida, todo ello aún ausente en muchas comunidades incluso cinco meses después de la tormenta.

Una recuperación rápida es la clave para regresar cuanto antes a la normalidad. Pero también nos sirve para el establecimiento de nuevas formas de funcionamiento que cumplan con las nuevas condiciones de un mundo que cambia constantemente.

Aprendizaje constante

Cada uno de los elementos de resiliencia anteriores es útil en la medida en que funciona en la vida de las personas. Ya sea que estemos hablando de una sola familia de cuatro miembros que viven bajo un mismo techo o de muchas familias que juntas crean una comunidad digital, el principio del aprendizaje constante es la clave del éxito. Solo es posible averiguar lo que funciona y lo que no en una situación en la que se requiere que las personas implicadas sean resilientes a través del *feedback* que recibamos por parte de estas personas. Formal o informalmente, es conveniente identificar los mecanismos que permitan obtener el *feedback* de la comunidad. Esto puede ser tan informal y simple como hacer una llamada telefónica o enviar un correo electrónico a una persona responsable que recoja estas experiencias, o tan formal como una reunión señalada para un día concreto y una hora específica.

La clave aquí está en encontrar la forma de intercambiar información entre los unos y los otros de un modo que nos sea cómodo a todos. Cuando estamos dispuestos a aprender, descubrimos lo que podemos hacer por nosotros mismos y nuestras comunidades. Descubrimos lo que es útil y lo que no lo es, y también nos damos cuenta de cómo lo que estamos aprendiendo, por insignificante que parezca, puede sernos de gran ayuda.

Un modelo probado para la resiliencia colectiva incluye los principios siguientes: tener capacidad de reserva, ser flexibles, gestionar los fallos parciales del sistema, tener la habilidad para recuperarse con rapidez y querer aprender constantemente (gracias al «feedback» que obtenemos por parte de los demás).

PRINCIPIOS DE LAS COMUNIDADES RESILIENTES

La idea de querer crear comunidades resilientes no es nueva. Individuos visionarios y grupos compuestos por personas con ideas afines han estado trabajando desde el siglo XIX para encontrar maneras de vivir que sean más funcionales y sostenibles, y que reflejen los valores comunes del colectivo. Como nos podemos imaginar, hay un número infinito de razones por las que se forma una comunidad, y este hecho se refleja en la cantidad de comunidades que se han formado y que se han disuelto en los últimos años.

Por ejemplo, la comunidad de Fairhope, en Alabama, fue fundada en el año 1894 y se basó en un sistema de impuestos que trataba de beneficiar a toda la comunidad. En lugar de ser los dueños de sus tierras de cultivo, sus miembros arrendaban las tierras por un período de noventa y nueve años, al igual que algunas comunidades de nativos americanos de hoy en día. De esta manera, los individuos y las familias arrendatarios usan la tierra con eficacia a lo largo de su vida; la cual, sin embargo, vuelve a pertenecer a la comunidad cuando estos ya no pueden trabajarla. El único impuesto en la comunidad Fairhope era uno que se pagaba por las escuelas, las carreteras y el gobierno de la comunidad. La visión que llevó a Fairhope a desarrollar un nuevo sistema de impuestos hace más de cien años continúa hasta nuestros días. Es una comunidad pequeña, floreciente y con éxito.

Otras comunidades se basan en los principios fundamentales de una visión espiritual. Sus miembros viven una vida sencilla y tienen el deseo de criar a sus hijos en un ambiente comunal. Ejemplos de comunidades fundadas en el siglo XX que siguen hoy en día funcionando son la Fundación Findhorn, creada en 1962 en Escocia; la aldea Andana, que nació en 1968 en California; y otras ecoaldeas. Pese a que las razones que llevaron a estas comunidades a formarse puedan ser distintas, hay algo que tienen en común y que les ha asegurado el éxito en su funcionamiento.

En 1992 se fundó el Instituto Berkana como centro de investigación en cuanto a maneras innovadoras de obtener formas de vida más resilientes. La cofundadora Margaret J. Wheatley describe así la función del instituto:

> Desde 1991, hemos estado aprendiendo de la vida (de los sistemas vivos) sobre la creación de sistemas interdependientes, adaptables y resilientes. Todo lo que hemos hecho ha sido con el objetivo de comprender de un modo más consciente dos de las capacidades más importantes de la vida: el proceso de autoorganización de la vida —dónde esta crea orden sin control (efectividad)— y los medios de emergencia de los que dispone la vida —la capacidad de crear un cambio en todo el sistema, trabajando a distintas escalas.[25]

Si bien hay muchas organizaciones pioneras que ya están investigando lo que significa vivir con resiliencia comunitaria, me he centrado en el Instituto Berkana porque, además de ser científico, soy realista. Mi formación me dice que la naturaleza es simple: sus leyes son simples y existen porque funcionan. Estamos rodeados de naturaleza, y si tenemos la suficiente sabiduría para reconocer lo que funciona para las distintas formas de vida del planeta sabremos que es probable que ello también funcione para nosotros. Y este es el núcleo de la filosofía Berkana. Se parte de la convicción de que la comunidad tiene en sí misma los sistemas inteligentes que necesita para resolver los problemas que puedan surgir.

En resumen, estos principios establecen que:

- ❖ Cada comunidad está llena de líderes.
- ❖ Cualquiera que sea el problema, la comunidad tiene las respuestas.
- ❖ No tenemos que esperar a nadie. Disponemos de muchos recursos para hacer que las cosas funcionen mejor.
- ❖ Necesitamos un claro sentido de dirección y tenemos que saber, como mínimo, cuál va a ser nuestro siguiente paso.
- ❖ Se trata de avanzar paso a paso, porque el camino se hace al andar.
- ❖ El trabajo local puede llevar a un cambio social transformador cuando se conecta con trabajos similares en todo el mundo.[26]

Mientras que los valores espirituales, económicos, sociales y políticos han constituido en el pasado el núcleo de muchas alternativas comunitarias resilientes, en la actualidad hay otro factor que está provocando el desarrollo de nuevas y mayores comunidades: la sensación de que algún día necesitaremos lo que estas han descubierto en cuanto a lo que puede ser sustitutivo de los actuales modos insostenibles de vida, los cuales es seguro que van a fallar. Cuando prestamos atención a los efectos del cambio climático, la globalización y el impacto que tienen los hechos que ocurren en esta época de extremos, parece que ese día puede haber llegado.

UNA GUÍA PARA LA RESILIENCIA COMUNITARIA

A menudo se oye que todo viaje empieza con un primer paso. El corolario de esta afirmación, algo que no se oye tan a menudo, es que este primer paso que damos suele ser la parte más difícil del viaje. Desde luego, nuestra disposición a reconocer la necesidad de llevar a cabo un cambio positivo, nuestra promesa de comprometernos con el trabajo que se necesita para llevarlo a cabo y la disciplina que el viaje requiere dan crédito a esta afirmación. Ya sea de manera formal o informal, todas las comunidades resilientes deben comenzar en algún punto.

Recomiendo el uso de la filosofía descrita por el Instituto Berkana como modelo a la hora de iniciar el proceso. Si los miembros de tu comunidad y tú os ponéis de acuerdo para poner en marcha los principios descritos por el Instituto Berkana, se puede decir que habréis empezado el viaje en el mismo punto; habréis creado una sólida filosofía que os servirá de base para los siguientes pasos que vais a tener que dar.

Cuando se trata de crear una comunidad próspera y resiliente, la clave está en definir los principios necesarios dentro del modelo mismo de comunidad que se quiere adoptar. Una de las maneras de hacerlo consiste en definir de un modo integral cada paso, con el conjunto de esas ideas en mente, en vez de intentar que estas encajen a posteriori. En otras palabras, estas ideas deben ser consideradas de un modo que sea válido para la comunidad. Esto se puede hacer de una manera más formal, por ejemplo estableciendo un conjunto de declaraciones escritas que describan los propósitos de la comunidad y cómo se van a desarrollar, o bien de una manera más informal —un ejemplo al respecto puede ser una conversación entre dos familias que tienen los mismos intereses y que sellan un acuerdo con un apretón de manos.

Lo verdaderamente importante aquí es que los pasos que se van a seguir sean válidos para todos los implicados. Lo que se muestra a continuación es una guía con algunas directrices para que todas aquellas comunidades que quieran ser resilientes lo puedan ser, ya sea de manera formal o informal:

1. **IDENTIFICAD LAS NECESIDADES DE VUESTRA COMUNIDAD.** ¿Por qué decidisteis uniros? Estableced las necesidades que tenéis en común y que esperáis alcanzar compartiendo esfuerzos.

2. **IDENTIFICAD LA VISIÓN QUE TIENE LA COMUNIDAD.** Reconoced el objetivo o los objetivos de la comunidad. ¿Qué es para vosotros el éxito y cómo va a ser vuestra vida cuando lo obtengáis? Algunas cosas que se deben tener en cuenta son: ¿los objetivos están diseñados de tal manera que solo cubren una necesidad específica? ¿O están diseñados para convertirse en una forma de vida? ¿Los objetivos son sostenibles? ¿Pueden ser aceptados en particular por todos los miembros de la comunidad y en general por toda la sociedad? Tenéis que ser específicos sobre lo que esperáis alcanzar y sobre los hitos indicativos de vuestro éxito.

3. **IDENTIFICAD VUESTRO PLAN.** Identificad los pasos que conducen a la consecución de vuestros objetivos. Estableced plazos realistas, y asumid roles y responsabilidades a la hora de realizar cada uno de los pasos del plan.

4. **COMUNICAOS.** Encontrad una manera para compartir los pensamientos, ideas, sentimientos y preocupaciones que inevitablemente surgirán con cualquier acción comunitaria que queráis emprender. Esto puede ser tan

informal como hablar entre vosotros cuando os sintáis preocupados o tan formal como reuniros con este propósito. De esta manera, la comunidad está constantemente informada sobre lo que funciona, lo que no y dónde es necesario hacer un replanteamiento de los métodos y procesos.

Este es un ejemplo de guía que puede servirte para aplicar en tu comunidad y hacer que funcione. Es intencionadamente de carácter general, de modo que puede ser utilizada por casi cualquier tipo de comunidad.

Ahora que ya tenemos la guía, la mejor manera de comprobar cómo estos principios funcionan en el mundo real es a través de historias de casos. Al haber vivido en áreas rurales, así como también en alguna de las áreas urbanas más grandes de Estados Unidos, he tenido la oportunidad de ver en primera persona a varias comunidades en acción. También he podido ver lo que funciona y lo que no cuando se trata de un grupo de personas que deciden asumir tareas a gran escala cuando hasta ese momento solían ser tareas realizadas por una o dos personas a menor escala.

Los elementos de base para construir con éxito una comunidad resiliente son los siguientes:
identificar por qué se ha formado la comunidad,
identificar la visión que comparte la comunidad,
identificar el plan de acción de la comunidad, e
identificar cómo se va a establecer un diálogo
entre los miembros de la comunidad.

AUTONOMÍA VERSUS AUTOSUFICIENCIA

Cuando hablamos de resiliencia en una comunidad, a menudo surgen dos términos en la conversación: *autosuficiencia* y *autonomía*. Aunque los principios que comparto en este libro enfatizan la idea de autonomía propia por parte de una comunidad, me gustaría aclarar la diferencia entre ambos términos.

En su forma más pura, la autosuficiencia es a la vez una forma de pensar y una forma de vivir en la que se trata de alcanzar una autonomía completa. Desde un punto de vista teórico, las personas autosuficientes son aquellas que crean todo cuanto necesitan para vivir su día a día, y consumen solo aquello que son capaces de generar y que les sirve para mantenerse a sí mismas. Es evidente que esto no es práctico en nuestro mundo moderno, y probablemente ni siquiera deseable. Es precisamente a causa de las ventajas que encontramos en una comunidad diversificada que descubrimos el poder de la autonomía grupal.

La autonomía, en tanto que alternativa a la autosuficiencia, consiste en una forma de pensar y de vivir en la que aprendemos a hacer todo aquello que podemos hacer por nosotros mismos, aportando a la comunidad nuestras habilidades y puntos fuertes, de manera que se complementen con los de los otros. Por ejemplo, podemos aprender sobre jardinería y cómo preparar los alimentos para nosotros y nuestra familia, una forma de ser autónomos a la vez saludable para nuestro cuerpo y que nos libera de tener que comprar alimentos procesados en las tiendas. Al mismo tiempo, podemos compartir lo que hemos aprendido en una cena con nuestros amigos de la comunidad. De este modo, nuestra autonomía nos da la posibilidad de compartir con los demás desde la abundancia en vez de hacerlo desde la carencia. Si bien es un ejemplo sencillo, sirve para entender lo que estoy tratando de comunicar aquí. Podemos aprender a ser autónomos en el contexto de nuestra comunidad.

Existen sin duda distintos niveles de autosuficiencia entre los primeros estadios de la autonomía comunitaria y la autonomía total. Una fuente de energía autosuficiente en una casa donde vive una familia es un ejemplo. He conocido a familias que han sido capaces de lograr la autosuficiencia energética a través de la combinación de fuentes de energías renovables que van desde parques solares hasta generadores eólicos. Estas familias han tomado la decisión de ser energéticamente autosuficientes, en vez de vivir con el miedo de que la energía con la que actualmente funcionamos se acabe. Han optado por ser autónomas. Son esta clase de elecciones las que permiten que podamos ayudar a los demás en caso de necesidad.

Lo importante aquí es entender lo beneficioso que es esto para la comunidad. Cuando se trata de crear resiliencia para hacer frente a los cambios extremos que se están dando en nuestro planeta, la naturaleza nos muestra que combinando nuestras habilidades, conocimientos y talentos podemos alcanzar el éxito. La clave está en tener un plan con el que podamos trabajar todos juntos. Aquí es donde el modelo de resiliencia que queramos aplicar entra en juego.

Tal vez la parte más difícil a la hora de crear una comunidad resiliente es saber cómo y por dónde empezar. Algunas comunidades se forman después de las consecuencias de un acontecimiento devastador, como los incendios forestales que han tenido lugar en los últimos años en el desierto del suroeste de Estados Unidos, Australia y los bosques de Italia. En estos casos, *la necesidad de recuperarse* de una experiencia tan espantosa y devastadora hace que los vecinos aúnen fuerzas y construyan una comunidad sólida.

Hay otras comunidades resilientes que se forman *antes* de que surja la necesidad de ello. Si bien los miembros de la comunidad esperan no tener que enfrentarse a la furia de los huracanes, los tornados, los incendios forestales o las inundaciones, estas realidades están integradas en el plan de acción de la comunidad. Ellos ya están siendo resilientes en esta época de extremos a la que nos enfrentamos.

Para cualquier tipo de comunidad, los pasos que se han de seguir son similares. Usando los cuatro pasos identificados en la guía de resiliencia comunitaria ofrecida en la sección anterior, vamos a considerar una comunidad basada en una situación de la vida real. De esta manera podremos ilustrar con precisión cómo se forma una comunidad.

LA CONSTRUCCIÓN DE UNA COMUNIDAD

He tenido la oportunidad de ver cómo se creaban comunidades y cómo luego se disolvían por distintas razones. La ironía de vivir en lugares donde la tienda más cercana está a una hora de camino y donde la casa del vecino se encuentra a kilómetros de distancia es que la gente que ha decidido vivir de esta manera no acostumbra a querer implicarse con los demás. No son precisamente el tipo de personas a las que les encanta formar parte de un grupo organizado, de una asociación comunitaria o de cualquier otro tipo de asociación.

Si bien las comunidades rurales pueden ser los lugares más difíciles para conseguir que la gente trabaje junta, solo uniéndose pueden encontrar la fuerza para conservar las auténticas cualidades de su tierra y su forma de vida. Estoy compartiendo contigo esta observación porque fue precisamente a través de la organización y participación en una comunidad a principios de 1990 como tuve la oportunidad de presenciar los resultados del desarrollo de una comunidad resiliente que estaba viendo amenazada su forma de vida.

Una comunidad se crea con la intención de vivir los unos con los otros. En el caso de mi experiencia comunitaria, fue la amenaza de perder la belleza del lugar y el estilo de vida rural que había atraído a la gente a esa zona lo que hizo que nos uniéramos todos. A principios de la década de 1990, los inversores de bienes raíces de fuera del estado entraron en el remoto desierto del norte de Nuevo México en busca de tierras. Era una zona en la que apenas había granjas y ranchos, pero sí miles de hectáreas de desierto. Y esto les pareció un potencial desaprovechado. Los inversores propusieron la construcción de cientos de viviendas, un centro comercial, dos campos de golf y un centro médico; todo ello en las tierras de nuestra comunidad. Y para hacer la zona más accesible, propusieron la ampliación del aeropuerto y de las carreteras que ya existían, así como la construcción de nuevas infraestructuras.

Era evidente que mi comunidad de ganaderos, agricultores, jardineros, apicultores, carpinteros y artistas estaba a punto de perder la belleza prístina que hizo que nuestra forma de vida fuera posible. Teníamos que organizarnos. La noche de nuestra primera reunión, nos sentamos formando un círculo con las sillas que nos había proporcionado la sede local de bomberos voluntarios. Mirándonos los unos a los otros, nos hicimos la única pregunta que podíamos hacernos: «¿Y ahora qué?». Esta pregunta dio origen a una de las comunidades más potentes, exitosas y motivadas que he visto en mi vida. Y a partir de la comunidad original que se formó en respuesta a la amenaza de los inversores de bienes raíces, se formaron nuevas comunidades para crear resiliencia ante las amenazas y los cambios propios de un estilo de vida rural. Si bien las necesidades pueden variar de una comunidad a otra, los principios que nos funcionaron a nosotros también pueden funcionar ante cualquier otra situación en la que la gente quiera construir la seguridad que cree necesaria para ella y sus hijos en un entorno comunitario.

En nuestro caso, esto es lo que hicimos:

PASO 1. IDENTIFICAR LAS NECESIDADES DE LA COMUNIDAD. En el caso de mi comunidad rural de montaña, nuestras necesidades comunes eran obvias. Comenzamos indicándolas claramente: conservar los espacios abiertos; la belleza y la virginidad de la naturaleza del desierto que habíamos elegido para establecer nuestros hogares.

PASO 2. IDENTIFICAR LA VISIÓN DE LA COMUNIDAD. Una vez tuvimos claro qué queríamos conseguir, el siguiente paso en nuestra planificación fue crear una visión de cómo queríamos que las necesidades que habíamos identificado se vieran cumplidas y qué sería para nosotros un éxito en nuestra misión. Este es siempre un proceso interesante, porque es cuando aparecen todas las posibilidades. Eso sí, algunas tienen más probabilidades de hacerse realidad que otras. Sin embargo, me he dado cuenta de que este paso no es solo importante porque hace que se inicie un proceso de trabajo comunitario, sino que también abre las puertas a la comunicación y a un profundo intercambio de ideas, actitudes, experiencias, pasiones y deseos que tienen las personas para ellas y para sus familias, y muy especialmente para sus hijos. En nuestro caso, seguimos las directrices necesarias para construir una comunidad y enseguida empezamos a concretar qué era lo que teníamos que hacer. Formamos una comunidad para satisfacer una necesidad específica (o eso creíamos), que era la de conservar la tierra y la forma de vida que habíamos conocido hasta entonces. Nos pareció que lo podíamos lograr como grupo organizado, más que como individuos, trabajando juntos periódicamente en un aspecto del problema u otro.

PASO 3. IDENTIFICAR EL PLAN. Durante este paso del proceso llegamos al grano, porque determinamos los puntos de acción específicos. Como ocurre en cualquier dinámica de grupo, algunas personas hablaban mucho y estaban rebosantes de ideas, mientras que otras se sentaban en silencio y solo intervenían cuando sentían que podían contribuir de una manera significativa y útil. Creo que es justo decir que todos los miembros de la comunidad sentimos cómo se nos empujaba a avanzar más allá de nuestra zona de confort, a aceptar una serie de compromisos y responsabilidades que creíamos que nos iban a conducir al éxito de nuestro plan. Pese a que todos queríamos lo mismo, rápidamente nos dimos cuenta de que estábamos basando nuestros objetivos en las emociones que sentíamos por el apego que le teníamos a la tierra. Como geólogo, me ofrecí a llevar un paso más allá nuestros esfuerzos y a centrar nuestro caso en la disponibilidad de aguas subterráneas.

Por su magnitud y su escala, lo que se pretendía hacer en la zona requería enormes cantidades de agua, un recurso cada vez más escaso en los desiertos áridos del suroeste de Estados Unidos. Mi trabajo consistió en elaborar una evaluación de las aguas subterráneas de la zona, que incluía el tamaño del depósito, la profundidad del acuífero, y el cálculo de los años que tarda la nieve del invierno en filtrarse por entre las rocas y modificar el nivel freático. Con el uso de mapas de la base de datos geológicos de Estados Unidos, pudimos obtener información sobre los pozos de agua de la zona, y eso sirvió para que todos los miembros de la comunidad trabajáramos para construir una causa sólida. Presentamos evidencias de que los niveles de agua subterránea no podían sostener el proyecto que se pretendía desarrollar en la zona. Los datos también mostraron cómo el proyecto iba a afectar a toda la zona de riego que hay hasta la frontera con Texas, poniendo en peligro su abastecimiento de agua.

Paso 4. Comunicar. La clave es mantener el contacto entre los miembros de la comunidad mientras se trabaja a escala individual en el cumplimiento de ciertos objetivos, para coordinar el esfuerzo de todos. Debido a que en nuestra comunidad estamos geográficamente dispersos, tuvimos que ser especialmente creativos en las formas en las que nos comunicamos. Acordamos reunirnos una vez por semana durante casi dos meses, para ver cómo íbamos avanzando. Durante ese tiempo nos dimos los números de teléfono, direcciones postales y correos electrónicos, algo que a veces puede ser todo un reto en las zonas rurales. Nos reuníamos para tomar café, té y galletas; a veces acabábamos a altas horas de la madrugada. Se dijo y se hizo todo lo que se creyó necesario. Y al final nos dimos cuenta de que esa comunidad informal que se había reunido a regañadientes para conservar su forma de vida se convirtió en una comunidad muy unida; se generaron amistades que duran hasta el día de hoy. Una mañana, pocos meses después de que nos reuniéramos por primera vez, me dirigí con cuatro miembros de la comunidad a Santa Fe, la capital de Nuevo México, que queda a tres horas de donde vivimos, y nos reunimos con uno de los senadores estatales, que nos iba a ayudar a presentar nuestro caso. Compartí las evaluaciones que había hecho de las aguas subterráneas, junto con los mapas que había elaborado y el estudio del impacto que el proyecto propuesto para la zona tendría sobre las comunidades de todo el estado. El resto, como se suele decir, es historia. El Estado de Nuevo México no otorgó a los inversores los permisos necesarios para seguir adelante con sus planes, y nuestro valle ha permanecido intacto desde entonces.

¿QUÉ SE NECESITA?

He compartido la historia de una comunidad de montaña y lo que esta tuvo que hacer para organizarse con la intención de ilustrar un caso de la vida real que sirva de modelo para la resiliencia de las comunidades. En el caso de esta comunidad de montaña, los miembros descubrimos una nueva fuerza dentro de nosotros mismos y llegamos a conocernos bien los unos a los otros. Si bien la comunidad se creó al principio para un propósito específico, siguió unida mucho después de que se cumplieran los objetivos del proyecto original. Los miembros de la comunidad encontramos una fuerza en su diversidad que nos motivó a enfrentarnos a las ambiciones de los promotores inmobiliarios, e incluso a ir mucho más allá. Desarrollamos planes de evacuación en caso de incendios forestales y ayudamos a los ganaderos durante una nevada muy fuerte que hizo que los caminos de tierra fueran intransitables. Además echamos una mano durante las inundaciones que tuvieron lugar después de que se derritiera la nieve y que arrasaron carreteras enteras, lo que provocó que algunas personas no pudieran regresar a sus casas durante semanas.

Como hemos visto en los apartados anteriores, la resiliencia es tanto un estado de la mente como una forma de vida. Se trata de estar dispuesto a aceptar honestamente las realidades inmediatas a las que uno se enfrenta en su día a día y a aceptar la responsabilidad que se tiene en todo ello. El caso de la comunidad de montaña que se unió para conservar una forma de vida es un ejemplo de cómo se puede formar una comunidad y lo que esta puede conseguir. En nuestro caso, los conocimientos y métodos que aplicamos y las relaciones que creamos nos ayudaron a alcanzar el éxito. Con ello, creamos un proceso, y ahora disponemos de una serie de habilidades. En el futuro, en caso de necesidad, tenemos algo a lo que recurrir. En nuestra comunidad actuamos de forma resiliente para enfrentarnos a lo que estaba amenazando nuestro estilo de vida.

Como veremos en el próximo y último capítulo, hay acciones que podemos emprender de inmediato y que nos conducen a la transformación de nuestras comunidades. El mundo está cambiando. Adaptarse a los cambios en vez de enfrentarse a ellos tiene sentido, y hacerlo junto a nuestros amigos y vecinos para crear comunidades sanas, resilientes y prósperas también lo tiene.

¿CUÁL ES TU UMBRAL?

Cuando hablamos de resiliencia en general, una de las primeras preguntas que nos vienen a la mente es: «¿Resiliencia a qué o ante qué?». ¿Qué es lo que está haciendo que nuestra forma de pensar y nuestro estilo de vida estén cambiando? Es una pregunta simple y que tiene sentido hacerse. La respuesta también es simple:

Estamos aprendiendo a ser resilientes ante
el mundo que hemos creado.

Precisamente si entendemos lo que significa esta respuesta, y qué es lo que hemos creado, podemos empezar a construir la resiliencia que tenga sentido según nuestras necesidades específicas.

Cuando se habla de crear comunidades resilientes, la primera pregunta que deben hacerse sus miembros potenciales es: «¿Ante qué nos gustaría tener la capacidad de ser resilientes?». Para llegar al fondo de la cuestión, te pido que consideres lo siguiente:

1. ¿Qué elementos de tu entorno físico consideras que satisfacen una necesidad absoluta que tienes a corto plazo (desde unas pocas horas hasta tres días)?

2. ¿Qué elementos de tu entorno físico consideras que satisfacen una necesidad absoluta que tienes a largo plazo (entre tres días y dos semanas, o más)?

Cada persona tiene su propio umbral en cuanto a las cosas de las que cree que puede o no prescindir por un tiempo. Esto se agudiza en épocas de crisis, cuando nos sentimos asustados, con la guardia baja y poco o nada preparados.

Por ejemplo, la gente en general te dice que puede vivir sin electricidad durante un período de tiempo breve, que va desde unas pocas horas hasta unos días. Para los jóvenes, puede ser toda una aventura.

Normalmente, cuando se producen cortes de luz y se va la electricidad, la gente se las ingenia y suele usar linternas y velas para iluminarse en la oscuridad. Y recurre al propano y al gas natural para cocinar y calentarse. Sin embargo, esta es una solución que solo sirve para unos días. Es el momento de idear estrategias más a largo plazo, pensando en lo que pueda ocurrir en un futuro.

La clave está en preguntarse qué grado de tolerancia tiene uno en cuanto al hecho de que escaseen ciertas cosas: «¿Dónde pongo el límite? ¿Cuál es mi umbral?». Tu respuesta te puede servir para entender qué es la resiliencia para ti en esta época de extremos en la que vivimos. El hecho de que respondas a estas preguntas puede advertirte de la necesidad de considerar seriamente medidas que os puedan ayudar a tu familia y a ti a mantener cierta normalidad cuando os sintáis vulnerables ante los hechos extremos que están teniendo lugar. En otras palabras, tu respuesta puede ser la clave para saber cuándo almacenar comida extra en tu despensa, y qué tipo y cantidad de comida. Solamente tú puedes saber por ti mismo cuándo es el momento de considerar que es necesario tener una fuente de energía de emergencia y qué tamaño debe tener el generador de esta energía para cubrir las necesidades de tu casa, o si vas a necesitar una batería grande o pequeña para encender las luces de la sala de estar. Aunque a veces somos reticentes a pensar en todo esto, o incluso nos resistimos a ello, a la luz de los hechos compartidos en este libro y de otras muchas noticias que nos llegan cada día, en realidad pensar en todo ello tiene mucho sentido.

RESILIENCIA COMUNITARIA. ¡SIMPLEMENTE, TIENE SENTIDO!

La primera parte de este libro identifica las condiciones climáticas, económicas, demográficas y energéticas que están convergiendo en un período de extremos y vulnerabilidad en nuestras vidas. A la luz de los detalles, no cabe duda de que nuestra realidad es volátil, y con toda probabilidad lo seguirá siendo en un futuro. Es precisamente la certeza de tanta incertidumbre lo que le da un mayor sentido a una cultura de resiliencia. Por ejemplo:

⬦ Según el informe del Foro Mundial de Economía «Riesgos globales 2013» (que se detalla en el capítulo 1), se están dando una serie de condiciones para una «tormenta perfecta», que hacen lógico esperar una inestabilidad en sitios donde la vida transcurrió viento en popa en el pasado.

- ❖ El cambio climático y el calentamiento de los océanos están haciendo que se registren récords en cuanto a las precipitaciones y a las nevadas; en los veranos apenas llueve y los inviernos son muy fríos.
- ❖ La economía del mundo se debilita, y esto hace que tenga sentido esperar recortes y la pérdida de puestos de trabajo en el sector industrial.
- ❖ La reducción de la fuerza de trabajo y los extremos climáticos están planteando serias dificultades a la cadena de suministro de servicios y alimentos, y tiene sentido esperar interrupciones temporales en su disponibilidad.

Las condiciones extremas mencionadas, y otras, están haciendo que tengamos que crear comunidades resilientes. Es un momento crucial en nuestras vidas. Se trata de medrar a través de los cambios, en vez de simplemente tratar de sobrevivir a ellos. Como hemos visto en los puntos cruciales que se han descrito anteriormente en el libro, podemos enfrentarnos de dos maneras distintas a la realidad de un mundo cambiante y que ha llegado de manera inesperada a nuestras vidas. Podemos elegir entre:

1. Descartar los hechos que nos dicen que el mundo ha cambiado y que tenemos que pensar y vivir de otra manera, dejándonos a nosotros mismos y a nuestras familias vulnerables ante lo que ocurre, o

2. Ser honestos con nosotros mismos sobre la inestabilidad de la vida por todos los hechos que están convergiendo y aprender a adaptarnos en nuestra forma

de pensar y de vivir para minimizar los impactos negativos del cambio.

En ambas opciones, la resiliencia juega un papel importante. En la primera opción, encontramos una manera de ser resilientes después de los hechos –tras una gran tormenta, un tornado, inundaciones, sequías o incendios forestales que nos pillan por sorpresa y sin estar preparados–. En la segunda, podemos vivir de un modo resiliente ya desde un principio, dando cabida a la posibilidad de este tipo de acontecimientos en nuestras vidas.

Aquí aparece una pregunta clave, y la manera en la que la respondamos va a marcar una diferencia en nuestra existencia. Lo cambia todo, desde la forma en la que hemos vivido hasta la forma en la que nos han enseñado a pensar sobre nosotros mismos y sobre nuestra seguridad. La pregunta es la siguiente: «En esta época de extremos, ¿qué podemos hacer para que nuestra vida sea mejor?».

Para el año 2050, es decir, de aquí a treinta y siete años desde la redacción de este libro, se estima que el 75% de la población mundial estará viviendo en zonas urbanas y sus periferias. En la actualidad, el 50% ya lo hace. A medida que los factores que contribuyen a que vivamos en una época de extremos continúan desarrollándose, se hace cada vez más necesario un cambio en la forma en que construimos nuestras ciudades y vivimos nuestras vidas. Cuando tenemos en cuenta estos factores, la respuesta a la que llegamos se hace evidente: adaptar nuestras vidas a la incertidumbre de un mundo de extremos es como hacer el equipaje con lo necesario para comenzar un viaje a un lugar en el que nunca antes hemos estado.

Normalmente, empezamos empaquetando para ese viaje que vamos a hacer todo aquello que creemos que nos va a ser necesario para mantener más o menos nuestra rutina diaria. Del mismo modo, la resiliencia comunitaria en nuestra época de extremos tiene mucho sentido. Un número cada vez mayor de líderes comunitarios están reconociendo este hecho y empezando a actuar en consecuencia.

Un proyecto interesante que ha surgido como fruto de que algunos líderes hayan reconocido que vivimos en una época de hechos extremos es el Desafío Centenario de Cien Ciudades Resilientes, que constituye una oportunidad para construir estrategias probadas de resiliencia en cien ciudades, a partir de proyectos que serán elegidos a través de un proceso de selección que finaliza en 2015. El objetivo del desafío es ayudar «a las personas, a las comunidades y a los sistemas para que estén mejor preparados para resistir hechos catastróficos −tanto naturales como humanos−, y que todos ellos sean capaces de recuperarse más rápidamente y de salir fortalecidos de estos choques y tensiones».[27]

Ejemplos de otros proyectos que se han concebido para crear resiliencia a escala urbana, o incluso más allá, son las conferencias del Philadelphia's Reinventing Older Communities,[28] el proyecto La Ciudad Resiliente del San Francisco's Planning and Urban Research (SPUR)[29] y la Sociedad de Arte Municipal de la Agenda de Resiliencia de Nueva York.[30]

La transformación de nuestras sociedades, cultura y vida, que tanta gente ha imaginado durante tanto tiempo, solo se dará cuando responda a una necesidad que se comparta en todos los ámbitos. Desde las familias que viven en la ciudad y manejan su economía por sí mismas hasta las oficinas de algunas corporaciones globales, institutos de investigación y universidades, todos tenemos la necesidad de sentir que formamos parte de una sociedad. La construcción de comunidades resilientes a escala urbana es una oportunidad para que realmente se dé una verdadera transformación. Aquí es donde las ideas sobre las comunidades resilientes y los principios que se describen en libros como *Social Change 2.0*, de David Gershon; *Simplicidad voluntaria*, de Duane Elgin; los volúmenes *Plan B* de Lester Brown; *Cambio global*, de Edmund Bourne, y otros (ver la bibliografía) se pueden convertir en preciadas guías que nos iluminen hacia la transformación.

Capítulo 6

LA TRANSFORMACIÓN DEL MUNDO: SOLUCIONES REALES PARA UN MUNDO REAL

La transformación del mundo se producirá cuando las personas sanen y empiecen a invertir más tiempo en los demás.

MICHEL W. SMITH,
músico estadounidense

El 5 de octubre de 2007, Stanislav Grof, uno de los grandes visionarios de nuestro tiempo, dio su discurso de aceptación del prestigioso Premio Visión 97. Cada año, la fundación que dirigen Dagmar y Václav Havel, el presidente y la primera dama de la antigua República Checa, respectivamente, entrega este premio a «personas que con sus innovaciones crean el potencial para lograr un cambio significativo en el futuro».[1] La magnitud del trabajo pionero de Grof en la transformación social queda resumida en las frases finales de su discurso:

Una de las consecuencias más notables de las diversas formas de las experiencias transpersonales es el surgimiento espontáneo y el desarrollo de un verdadero interés por lo humanitario y lo ecológico, y la necesidad de participar en actividades que tratan de aportar paz y bienestar a la humanidad.[2]

Grof describe por qué es tan importante un cambio fundamental en la manera en que pensamos sobre nosotros mismos. Lo expresa de la siguiente manera: «Parece obvio que una transformación de este tipo puede hacer aumentar significativamente nuestras posibilidades de supervivencia, siempre y cuando se produzca a una escala lo suficientemente grande».[3]

El tipo de cambio del que Grof está hablando es, precisamente, lo que trato de contar en este libro. Es el punto de convergencia donde la crisis del pensamiento, los hechos extremos del mundo y los principios de resiliencia se unen como un gran punto crucial a escala global. Esta es la señal de un mundo transformado. Las posibilidades de un mundo así pueden conducirnos hacia muchas partes. Para los propósitos de este libro, he elegido abordar este tema de una manera que se tenga en cuenta un cambio a escala global, así como lo que podemos hacer personalmente para crear una transformación positiva en nuestra vida cotidiana. Para facilitar su lectura, he dividido este capítulo en dos secciones.

La primera sección, TRANSFORMACIÓN EN EL MUNDO REAL, identifica tres escenarios de transformación posibles, lo que creo que es más factible que nos ocurra hoy en día, y las formas más probables en las que la transformación se manifestará en nuestras vidas a corto y a largo plazo.

La segunda sección, VISIONES DE NUESTRO FUTURO, explora dos perspectivas muy diferentes de vidas transformadas en un mundo transformado. La primera de ellas trata las bases de la cuestión. Esto incluye los comentarios de personas que describen los cambios que son importantes para ellas. La segunda perspectiva proviene de las ideas de los estudios académicos y grupos de reflexión que contribuyen de un modo visionario a nuestro futuro. Ya sea que estemos hablando de la próxima semana o de la próxima generación, la clave está en entender que para que se dé una transformación tanto en nuestro mundo como en nuestras vidas, esta comienza en nosotros.

PRIMERA SECCIÓN:
TRANSFORMACIÓN EN EL MUNDO REAL

Como hemos visto en los capítulos anteriores, parece que ya hay personas que están trabajando en distintas propuestas para que nuestro mundo se transforme. Se están dando una serie de acontecimientos imprevistos que podrían cambiar todo lo que pensamos sobre nuestro futuro. Hay un mar de fondo de ideas innovadoras que tratan de allanar el camino para que podamos vivir en un mundo transformado. Estamos definitivamente en el camino hacia el cambio, y la gran pregunta es: ¿cómo va a suceder?

TRES ESCENARIOS DE TRANSFORMACIÓN

Cuando se trata de la transformación, tanto personal como global, hay tres escenarios básicos dentro del conjunto de posibilidades. Para nuestro propósito, voy a darles los nombres que permitan identificar mejor estas circunstancias. A la primera posibilidad la vamos a llamar *transformación catastrófica*, a la segunda la denominaremos *restablecimiento planificado* y nos referiremos a la tercera como *transformación evolutiva*. Si bien se puede dar una combinación de los tres escenarios, la idea es que uno es no planificado y ocurre de manera abrupta, el otro está planeado pero aún ocurre de manera abrupta y el último está previsto pero transcurre gradualmente durante un período de tiempo. En los siguientes párrafos voy a hablar brevemente de los tres escenarios.

Escenario 1: Una transformación catastrófica

Me sorprende la cantidad de gente que cree —e incluso aboga por ello— que el repentino colapso del mundo que estamos viviendo hoy en día es lo mejor para que al fin cambiemos nuestra manera de pensar y de vivir nuestras vidas. En este escenario, y por un conjunto de razones diversas, la transformación se da de un modo repentino. De repente, y sin previo aviso, la forma de vida a la que estábamos acostumbrados se detiene, y eso nos fuerza a cambiar. El cambio no se puede ignorar. Todo el mundo está involucrado en él, y para muchas personas este cambio repentino y radical es aterrador.

Cuando oigo a respetados investigadores y estudiosos hablar de este tipo de cambio, siempre me acuerdo de la clásica película de ciencia ficción de 1951 *El día en que la Tierra se detuvo*, en la que un gran acontecimiento llama la atención de todo el mundo (en la película una nave espacial amenaza con destruir la Tierra si los humanos tratan de expandirse a otros planetas). En un escenario de transformación catastrófica, el mundo trata de recuperarse de la catástrofe y de reconstruirse. De este modo, los viejos sistemas corruptos se sustituyen por otros nuevos que afirman la importancia de la vida y abogan por la sostenibilidad para que todo vuelva a funcionar.

La situación que haría que todo se detuviera podría ser un suceso apocalíptico, como una guerra mundial, una pandemia o el colapso de la economía mundial. En este escenario, este suceso sería el que abriría el camino hacia la transformación y una nueva forma de pensar.

Estoy mencionando este escenario porque podría darse. De hecho, se habla a menudo de esta posibilidad. Cuando la gente habla sobre ello, suele preguntar: «¿Por qué no dejamos que el cambio suceda de este modo?». Creen que una catástrofe puede ser una buena oportunidad para dar lugar a un cambio. Mi opinión personal es que no necesitamos ninguna catástrofe para que se den grandes cambios. Supondría un dolor innecesario y una carga excesiva sobre los pueblos del mundo, especialmente para aquellos que son más vulnerables y están menos preparados para afrontar un cambio tan abrupto. Mucha gente confía en que todos los días va a poder encontrar en los puntos de suministro y abastecimiento los alimentos que suele comprar, el combustible que necesita para sus automóviles y todo aquello que precisa para vivir su vida.

Pero ya hemos visto lo que puede suceder cuando las cadenas de suministros se interrumpen debido a los desastres naturales. Y eso que los parones en los suministros no han durado mucho tiempo. Con la sabiduría y la tecnología de la que disponemos hoy en día en pleno siglo XXI, creo que somos capaces de transformar nuestro mundo sin tener que sufrir una catástrofe y los padecimientos consiguientes.

Escenario 2: Un restablecimiento planificado

Otra posibilidad que también conlleva un cambio abrupto, tanto en el ámbito personal como en el global, es la de «pulsar el botón de REINICIAR». En este escenario, los líderes del mundo reconocen al más alto nivel que la base de nuestra civilización global ya no es sostenible. Reconocen que se está aproximando un momento «de colapso», en el que los sistemas vitales que hasta ahora nos sustentaban van a caer por su propio peso. Esto puede incluir factores tales como la carga insostenible de la deuda global y el efecto devastador que está teniendo en la economía mundial. También incluye la situación tan crítica del sector industrial, debido al aumento insostenible del coste de la energía y a las tasas tan alarmantes de desempleo que han provocado que el nivel de bienestar de la población empeore.

Un restablecimiento planificado significaría que por acuerdo, en un día determinado, la industria y el comercio de todo el mundo se detendrían temporalmente, y acto seguido se iniciaría la reconstrucción. Aquí es donde la cosa se pone interesante, ya que los gobiernos y las naciones tendrían que trabajar conjuntamente para poner en marcha una infraestructura nueva y sostenible. Esto sería posible si cada nación empleara a cada hombre y a cada mujer en una tarea como parte de una fuerza de trabajo global que contribuyera a cuestiones tales como la reorganización del sector industrial o la construcción de nuevas redes de energía y sistemas de transporte que emplearan energías limpias e hicieran un uso sostenible de la tierra y de los recursos. Si se ponen en marcha los nuevos sistemas, estos empezarán a funcionar, de tal modo que nosotros podremos comenzar de nuevo.

Aunque lo que describo es parco en detalles, se puede entender la idea general. En un restablecimiento planificado, y mientras se reconstruye todo, las subvenciones se invierten en la deuda, en los ingresos de las familias, en combustible y en los elementos necesarios de la vida cotidiana. La cuestión aquí es entender que lo que se invertiría en la reconstrucción sería compensado con creces si lo comparamos con el actual encarecimiento de la vida y la acumulación de la deuda. Si bien esta opción parece atractiva en algunos aspectos, no lo es tanto si tenemos en cuenta lo divididos que están hoy en día los partidos políticos, las religiones, las culturas y las naciones del mundo. Y esto hace de la cooperación algo poco probable, al menos por ahora.

Escenario 3: Una transformación evolutiva

A la luz de lo que hemos visto hasta ahora, creo que este tercer escenario es, probablemente, el que vamos a ver en nuestras vidas. Además, es la opción más acertada. En este escenario, a medida que los sistemas insostenibles se tensan y se rompen son reemplazados gradualmente por nuevos sistemas que conducen en última instancia a la clase de futuro que todos sabemos que es posible.

Lo que diferencia a este escenario de los anteriores es que el cambio que tiene lugar es gradual. Si bien la transformación completa puede tardar un poco más en manifestarse en nuestras vidas, cada uno de los pasos para llegar a ella puede ser muy rápido. Del mismo modo que la temperatura del agua de nuestra olla del capítulo 3 tenía que subir gradualmente antes de llegar al punto de ebullición, en el mundo están ocurriendo ciertas cosas que nos conducen gradualmente hacia una transformación. El impacto paulatino del agotamiento del petróleo en nuestro mundo, el papel gradual que tiene el aumento de la deuda en nuestras vidas y la creciente toma de conciencia de lo frágiles que son las cadenas de suministro de productos y servicios a escala mundial pueden ser los peldaños que nos lleven hasta el punto crucial de la transformación. La gran diferencia en un escenario evolutivo es que los cambios graduales permiten a nuestras familias, comunidades y líderes reconocer la necesidad de transformarse, en lugar de reaccionar a un cambio abrupto en el que la mente se centra en cómo arreglar lo que se ha roto.

UNA GUÍA PARA EL CAMBIO

El biólogo pionero E. O. Wilson dijo una vez: «Es obvio que el principal problema al que se enfrentará la humanidad en el próximo siglo será cómo conseguir una mejor calidad de vida para ocho mil millones de personas o más, todo ello sin destruir el medio ambiente en su intento».[4] Creo que esta afirmación tiene mucho de verdad, sobre todo cuando se trata de lo que parece que nos depara el futuro. Es importante mirar hacia el pasado y ver lo que funcionó y lo que no para que podamos hacer de nuestra existencia algo mejor en un futuro.

Con estas ideas en mente, vamos a comparar cómo conseguimos cubrir nuestras necesidades hoy en día y cómo imaginamos que lo haremos en el futuro. ¿Cómo pensamos acerca de ello? El siguiente resumen se divide en tres columnas. La columna de la izquierda, encabezada con la etiqueta «La necesidad», identifica las necesidades vitales que definen la forma en que nuestras comunidades, ciudades y naciones funcionan hoy en día. La columna central, con la etiqueta «En el mundo actual», establece la manera en que esas necesidades se satisfacen en el mundo en el que vivimos. La columna de la derecha, etiquetada como «En el mundo transformado», identifica cómo se cumplirán esas necesidades en nuestra visión de un mundo transformado.

COMPARACIÓN DE LAS NECESIDADES DE LAS COMUNIDADES		
La necesidad	En el mundo actual	En el mundo transformado
Valores fundamentales	Riqueza material	Calidad de vida
Organización	Centralización/de arriba hacia abajo	Descentralización/de abajo hacia arriba

Este resumen compara los dos elementos clave que determinan cómo la información, las ideas y las políticas fluyen en las comunidades de cualquier tamaño. Estos elementos son los *valores fundamentales* y la *organización*. Así que vamos a analizar más de cerca estas necesidades, empezando por los valores fundamentales.

Valores fundamentales

Ya identifiqué la necesidad de una *visión común* como idea central que sustenta a cualquier comunidad. En el ejemplo de mi comunidad de montaña, donde la belleza agreste del desierto fue lo que originalmente atrajo a un grupo de obreros, campesinos, artistas y visionarios a vivir en el valle que se convertiría en nuestro hogar, fue la amenaza de perder esa misma belleza lo que nos unió para protegerla. Los valores que definen a una comunidad, desde un barrio hasta toda una nación, son lo que mantiene a sus miembros unidos contra viento y marea —en los tiempos buenos y en los difíciles.

Durante mucho tiempo, los valores fundamentales del mundo moderno han tenido como base, en un grado u otro, la idea de riqueza, que se expresa en términos de adquisición, almacenamiento y protección del dinero. Sin duda, el dinero y los sistemas financieros son importantes en nuestro mundo. Todo ello forma parte de una realidad que debemos aceptar si queremos participar en el mundo de hoy en día. Lo que estoy intentando decir aquí es que el valor que le damos al dinero va a cambiar cuando el mundo se transforme. Ya no será la razón por la cual trabajaremos, y la acumulación de dinero dejará de ser una meta y un sueño en nuestras vidas.

Para que una comunidad, ya sea local o global, se sustente en unos valores, estos deben basarse en unos principios que sean válidos para todo el mundo y que se reflejen en la vida de todos. Por esta razón, el valor fundamental de un mundo transformado será que nuestra familia global tenga una buena calidad de vida. Si bien los distintos indicadores que definen la calidad de vida podrían llenar un libro, es importante sobre todo honrar nuestra relación con los límites de la biosfera recientemente descubiertos, cuyo respeto hace posible la vida en la Tierra.

En 2009, la prestigiosa revista científica *Nature* publicó un informe que proporcionaba un primer paso y las razones por las que deberíamos cambiar nuestra manera de pensar acerca de los sistemas naturales que nos mantienen vivos en la Tierra. Este informe se apoya en un estudio elaborado por Johan Rockström, profesor de ciencias ambientales en la Universidad de Estocolmo y director ejecutivo del Centro de Resiliencia de Estocolmo en Suecia, y su colegas.[5] Este informe de *Nature* proporciona buenos argumentos para una visión mucho más integral, casi holística, de los sistemas que permiten el desarrollo de la vida en la Tierra. Muestra claramente, desde un punto de vista científico, lo que muchas personas han sentido intuitivamente sobre la naturaleza y sobre cómo los sistemas naturales trabajan juntos para mantener el delicado equilibrio de las condiciones que permiten la vida.

Si bien se publican anualmente cientos de informes científicos sobre el daño que la industria y nuestra demanda de recursos han causado al mundo natural, estoy mencionando el informe de *Nature* por una razón específica. Y es que hace mucho más que simplemente alarmarnos con estadísticas sobre los daños que se le están infligiendo a la Tierra. Lo que hace que este informe sea tan significativo es que ofrece una nueva y poderosa perspectiva al identificar la armonía que debe darse entre los sistemas, ofreciendo una imagen de conjunto. En lugar de centrarse en un solo aspecto, como por ejemplo los gases de efecto invernadero y el calentamiento global –los cuales ya están reconocidos actualmente como partes vitales de la ecuación–, el informe advierte que tenemos que pensar en los sistemas que funcionan en armonía con el clima.

En resumen, estos sistemas se identifican como el cambio climático, el uso del suelo, la pérdida de biodiversidad, el uso de agua dulce, el uso del fósforo, el uso del nitrógeno, el agotamiento del ozono y la acidificación de los océanos. Es el efecto combinado de estos ocho sistemas vitales que trabajan en sinergia lo que responde a lo que los investigadores entienden como una *zona segura*, en la que nosotros y la vida nos apoyamos. Rockström y su equipo creen que tener esta visión de conjunto es vital para entender la historia completa; también es vital si esperamos tener información relevante para adaptarnos a los cambios que están teniendo lugar y a los que son inevitables, y para evitar que ocurran otros que se vislumbran en el horizonte.

El cambio de valores del materialismo a la calidad de vida tendrá que reflejar este descubrimiento de la zona segura de la Tierra y los ocho límites planetarios.

Organización

Los vecindarios y las comunidades que conforman la mayor parte del mundo moderno se rigen por normas basadas en el mismo tipo de organización que vemos en la mayoría de empresas y gobiernos. Normalmente se parte de un enfoque de arriba hacia abajo para hacer las cosas. Si bien este enfoque puede funcionar para una empresa o un gobierno, presenta una serie de inconvenientes cuando se trata de comunidades. El problema es que cuando hay diversidad en una comunidad que se extiende a través de diferentes zonas horarias, climas, geografía, estilos de vida y culturas, como la que vemos por ejemplo en Estados Unidos, no es raro que una solución creada a medio continente de distancia no pueda satisfacer las necesidades de quienes viven en comunidades donde las condiciones son muy diferentes. Esta realidad es lo que ha hecho que se den muchas divisiones en los países que están en proceso de cambio a gran escala. En un mundo transformado, la capacidad de las comunidades locales de tomar decisiones que sean mejores para ellas será la clave para obtener soluciones exitosas y unidad nacional.

DE ARRIBA HACIA ABAJO VERSUS DESCENTRALIZACIÓN		
La necesidad	En el mundo actual	En el mundo transformado
Alimentos	Suministrados globalmente/ empresas corporativas	Suministrados localmente/en manos privadas/estacionales
Fuentes de energía	Centralizadas/distribuidas	Locales/basadas en energías renovables
Participación social	La gente se siente sin poder/apatía	La gente se siente emocionada por participar
Innovación	Concentración de ideas, que provienen de arriba	Diversificación de ideas, que provienen de abajo

ALIMENTOS Y ENERGÍA

Incluso con la diversidad que se ve hoy en día en las distintas comunidades de vecinos, hay una serie de necesidades que compartimos todos. Entre ellas se encuentran los alimentos, la energía y una economía que proporciona una forma de compartir, comerciar e intercambiar bienes y servicios. Si bien es cierto que cada comunidad comparte estas necesidades, la forma en la que estas se satisfacen, ya sea de arriba hacia abajo o de abajo hacia arriba, es lo que marca la diferencia.

Alimentos

Hemos visto ejemplos muy claros de cómo la globalización de los mercados, ya sea con el caso del atún o de los productos de papel desechables, puede devastar los recursos locales si se hace un uso abusivo y una mala gestión de estos. Es evidente que cuando compramos en los mercados globales para obtener nuestros alimentos estamos contribuyendo al agotamiento de los limitados recursos locales que hacen posibles estos bienes. Hay otro factor que entra en juego en los mercados globales. Es la gran huella de carbono que hace posible la globalización de los mercados. Por ejemplo, cuando encontramos arándanos, un cultivo de clima cálido, en los supermercados de Norteamérica en pleno diciembre, es porque las bayas se han cultivado en otro lugar donde el clima estacional es inverso al norteamericano; por ejemplo, en Sudamérica.

El cultivo es posible porque los sistemas de riego, propulsados por electricidad a partir de combustibles fósiles, se han utilizado para producir un mayor número de arándanos con el objetivo de satisfacer la demanda global. La rápida cosecha de estos grandes cultivos se logra mediante la maquinaria agrícola, que también funciona con combustibles fósiles, en lugar de mediante trabajadores locales que cultiven a mano campos más pequeños. El producto se lava haciendo uso de grandes cantidades de agua, que se bombea mediante la electricidad que se genera con combustibles fósiles. Las bayas son empaquetadas y se envían a las distintas ciudades norteamericanas gracias a grandes aviones comerciales que queman combustibles fósiles, y luego se transportan a los mercados locales por medio de camiones comerciales que también queman combustibles fósiles. Es cierto que el aumento del cultivo de las bayas ha beneficiado a las comunidades de América del Sur puesto que ha dado lugar a la creación de puestos de trabajo, pero si tenemos en cuenta el coste ambiental de toda la operación, tenemos que preguntarnos si el hecho de tener arándanos en invierno vale realmente la pena.

El consumo de productos locales lo cambia todo. En nuestro mundo transformado, el sustento de las comunidades se basa en los productos locales, los cuales se ajustan a las estaciones según su ubicación. Las ventajas son evidentes, y sabemos que son reales porque ya se están obteniendo resultados. Por ejemplo, cuando comemos verduras orgánicas cultivadas localmente, sabemos que la comida que tenemos en nuestra mesa es un alimento fresco que crece a unos pocos kilómetros de donde vivimos. También sabemos que el dinero que pagamos por la comida está apoyando a los trabajadores locales y que se queda en nuestra comunidad. Y además sabemos que son alimentos saludables, porque se han cultivado a partir de semillas sanas, en un ambiente orgánico y libre de transgénicos, y en un suelo rico en minerales naturales.

Al pensar de este modo —en comer solo alimentos orgánicos cultivados localmente—, mi comunidad, por ejemplo, pudo evitar brotes de alcance regional y que asustaron a la población, como el *E. Coli* por espinacas contaminadas que tuvo lugar en 2007, el brote de salmonelosis de los tomates contaminados en 2008 o el brote de listeriosis por los melones contaminados en 2011, entre otros. Durante todo este tiempo he seguido disfrutando de ensaladas en los restaurantes de Santa Fe (Nuevo México) sin preocuparme, porque ya empezaron desde hace tiempo a apoyar lo que se ha llamado «productos de la granja a la mesa». Se trata de plantar, cultivar y cosechar en las cercanías donde se preparan y sirven los alimentos. Cada vez es más frecuente ver las palabras «de la granja a la mesa» en los menús de los restaurantes de muchas ciudades del mundo en las que hay una mayor conciencia acerca de los estilos de vida.

Energía

Si antes dije que solo un enfoque de abajo hacia arriba permite a las comunidades locales determinar las fuentes de alimentos que mejor se adaptan a sus necesidades, ocurre lo mismo con la energía. Si bien las fuentes de energía centralizadas, potentes y fiables pueden ser adecuadas para los hospitales, las escuelas, los edificios de gran altura y los apartamentos de las grandes ciudades, hay lugares donde las fuentes locales pueden suministrar la energía y en algunos casos sustituir los grandes sistemas centralizados. El desierto del suroeste de Estados Unidos es un ejemplo perfecto de lo que quiero decir.

La zona en la que se unen los cuatro estados de Arizona, Colorado, Nuevo México y Utah es bien conocida por la cantidad de sol que recibe casi todos los días del año. Albuquerque, la ciudad más grande de Nuevo México, tiene una media de doscientos setenta y ocho días de sol al año, y algunas de las comunidades más pequeñas de los valles de la zona norte del estado alcanzan una media de trescientos días de sol al año. En lugares como estos tiene sentido utilizar energía solar para abastecer hogares, oficinas y pequeñas empresas con la electricidad que necesitan durante las horas en las que normalmente operan.

En la misma región, hay otras formas complementarias de obtener energía que se pueden aprovechar. Además de la luz solar, los patrones climáticos de la zona proporcionan las condiciones que hacen de la energía eólica una alternativa viable, que permite reducir también el uso de combustibles fósiles.

La buena noticia con respecto a la energía eólica es que no se limita a unas horas determinadas del día. Trabaja de día y de noche, y en todo tipo de clima, con tal de que haya viento. Y no hace falta que haga mucho viento para que funcione. Las turbinas que más se usan tienen una altura de aproximadamente ochenta y dos metros, y se colocan por encima de los árboles y los edificios de la zona donde el viento es más constante. Las aspas están diseñadas para moverse fácilmente, incluso cuando no sopla mucho viento. El proyecto eólico Cañón 9, del estado de Washington, por ejemplo, tiene cuarenta y nueve turbinas, y aunque la velocidad óptima del viento es de 50 km/h, las turbinas empiezan a producir electricidad con velocidades tan bajas como 13 km/h. No siempre es conveniente que haga mucho viento; de hecho, las turbinas se detienen cuando este alcanza una velocidad de 90 km/h o más.

———

Debido a cómo producimos nuestros alimentos y a la manera en la que generamos energía, la clave para satisfacer nuestras necesidades en un mundo transformado es que las decisiones se tomen a escala local. Uno de los principios básicos del modelo Berkana de resiliencia comunitaria, que se describe en el capítulo 5, es reconocer que la sabiduría que necesita una comunidad para hacer frente a los retos que se le plantean reside dentro de la misma comunidad. Cuando se trata de tomar decisiones sobre la alimentación, la energía y el empleo, las ventajas del pensamiento local son claras. Con respecto a la implementación de cambios locales en el contexto de la transformación global, ya hay muchos proyectos que se han puesto en marcha. El proyecto eólico Cañón 9 y muchos otros lo ilustran.

UNIÓN SOCIAL: INNOVACIÓN Y PARTICIPACIÓN

En cualquier comunidad, la innovación y la participación social van de la mano, especialmente si dicha comunidad quiere sentirse unida. Tanto si es una única familia que vive bajo el mismo techo la que forma la comunidad como si hablamos de una comunidad global unida por Facebook o por correos electrónicos semanales, el principio que mantiene a sus miembros unidos es el mismo: necesitamos sentirnos útiles. En una comunidad, cada miembro siente que juega un papel importante en todo lo que se hace y que tiene algo con lo que contribuir para ayudar a las necesidades y a los deseos de la comunidad. Cuando estos factores están presentes, todo el mundo se siente feliz y tiene ganas de participar y de contribuir con su tiempo, apoyo e ideas. Fui testigo de ello con lo que hicimos en mi comunidad de montaña, lo cual se ha descrito en el capítulo 5. Puedo decir sin reservas que este planteamiento realmente funciona.

Las reglas básicas de nuestra comunidad de cuarenta y cinco miembros permitían que cada persona tuviera voz y voto. Todos podíamos interrumpir con opiniones, opciones y posibilidades cuando nos reuníamos. Debido a que vivimos en un lugar impregnado de la historia de los nativos americanos, elegimos utilizar una tradición nativa para garantizar que cada uno de nosotros tuviera las mismas oportunidades de hablar. Utilizamos el *bastón de la palabra*. La idea es simple. El bastón se va pasando por la sala, y quien lo toma tiene la palabra y el derecho de hablar durante un período de tiempo acordado, mientras todos los demás escuchan. Así empezó el uso del bastón de la palabra entre nosotros: uno de los miembros se puso en pie, salió por la puerta de la estación de bomberos donde estábamos reunidos y volvió con la primera rama de árbol que encontró en el suelo. Empleamos esa rama durante todas las reuniones que tuvimos en verano. Durante ese verano, cada miembro de nuestra comunidad habló, y nuestras opiniones se escucharon, porque sabíamos que eran necesarias para tomar decisiones y trabajar todos juntos.

SEGUNDA SECCIÓN:
VISIONES DE NUESTRO FUTURO

Cuando pienso en los programas de televisión que veía mi familia en la década de 1960, me sorprende lo poco que han cambiado. No existían cadenas como la CNN, la Fox o la BBC América. Mi opinión sobre lo que acontecía más allá de mi vecindario venía dada por las principales cadenas de televisión de por aquel entonces, que eran la ABC, la NBC y la CBS. Además de las noticias vespertinas de las seis, que siempre me fascinaron, mis programas favoritos eran los de ciencia ficción y los que trataban sobre el futuro de nuestro mundo. Programaba mis clases de natación, mis clases de música y las tareas que tenía que hacer en función de la hora en la que se emitían series como *Star Treck*, *Perdidos en el espacio* e incluso dibujos animados futuristas como *Los supersónicos*.

A través de estos programas, y otros, empezamos a soñar y a imaginar cómo sería el mundo en un futuro. Comenzamos a tener visiones muy poderosas sobre ese futuro. Además de los viajes en el tiempo, las exploraciones espaciales y los coches magnéticos sin ruedas que se movían a velocidades increíbles, había un tema común que se mostraba en todos estos programas y series de televisión: en el futuro que se retrataba, todo el mundo parecía estar en paz y sentirse feliz. La gente disponía de toda la comida que necesitaba, como si hubiera una fuente inagotable de huertas y cultivos. Había robots que hacían las tareas de casa para que la gente pudiera dedicarse a trabajos más creativos, ingeniosos y visionarios, cosa que parecía traer alegría a sus vidas.

Cincuenta años después, el mundo del que hablaba *Star Treck*, y del que disfrutaban George, su esposa Jane, sus hijos Judy y Elroy y su perro *Astro* en *Los supersónicos* todavía no ha llegado. Por el momento, parece que estamos atrapados en ciclos de guerra y paz, de progreso y regresión, de abundancia y pobreza, o, en otras palabras, en un mundo polarizado entre los que «tienen» y los que no. Tanto las estadísticas como nuestro instinto nos dicen que algo va mal. Sabemos que el mundo polarizado de hoy en día no puede durar mucho más. Alguien tiene que ceder. Algo está ocurriendo, y es difícil no verlo.

Los síntomas de nuestro mundo dividido e insostenible constituyen algo más que una desviación temporal de la norma. Son el proverbial «canario en la mina de carbón» que nos señala dónde hemos de poner nuestra atención y nos dice que los pensamientos del pasado ya no encajan en el mundo presente. La agitación de los disturbios en la plaza

Tahrir de Egipto durante la Primavera Árabe de 2012, las protestas ante la reunión del G-20 que se celebró en la ciudad estadounidense de Pittsburgh en 2009 o las oleadas de personas que arriesgan su vida para cruzar océanos traicioneros en balsas frágiles para luego caminar a través del desierto hostil de la frontera entre Estados Unidos y México en busca de una vida mejor... son paradas en el viaje que narra este libro. Es el mismo mundo el que nos está enseñando que estamos avanzando hacia un nuevo mundo. Lo que es importante ahora es asegurarse de que el mundo hacia el que nos dirigimos es mejor que el que dejamos atrás.

La pregunta más obvia que podríamos plantearnos en este punto de nuestro viaje hacia la transformación es también la más difícil de responder: ¿qué puede hacer que el mundo sea mejor? Curiosamente, mucha gente se siente perdida cuando tiene que dar una respuesta a esta pregunta.

¿QUÉ PUEDE HACER QUE EL MUNDO SEA MEJOR?

En el último día de un seminario de fin de semana que impartí en otoño de 2012 abordé el tema «Visiones de nuestro futuro» como materia de debate con los participantes. A lo largo del seminario, estos ya me habían dicho que el caos actual de nuestro mundo es el preludio de un mundo mejor en el futuro. A su juicio, el agotamiento del petróleo, la quiebra de las economías y la disparidad de la riqueza en el mundo eran los puntos cruciales que precedían al gran cambio. Con sus ideas en mente, les hice la siguiente pregunta: «Si se asume que todo ya está bien, ¿qué puede hacer que el mundo sea mejor?». Para mi sorpresa, al igual que para la mayoría de las personas que estaban allí, había casi tantas visiones sobre nuestro futuro como personas en la sala. Mi equipo había puesto dos micrófonos para todos aquellos participantes que quisieran subir al escenario y compartir sus visiones. Se formaron largas colas, pero escuchamos todas y cada una de las visiones.

Mientras compartíamos nuestras opiniones y visiones, el público y yo aprendimos algo sobre el mundo que la gente espera. Según lo que le había generado sufrimiento a una persona, en eso se centraba su visión del mundo del futuro. Por ejemplo, los participantes que eran profesores tenían una visión de un mundo con un sistema educativo mejor, en el que se respetaría a los maestros por su contribución a la sociedad y todas las personas tendrían las mismas oportunidades para aprender. Los participantes que eran científicos vieron un futuro en el que se les permitiría aplicar la tecnología que ya existe para aliviar el sufrimiento que hay en el mundo cuando se trata de cuestiones como la alimentación y la energía. Las enfermeras, los médicos y otros profesionales de la salud tenían una visión del mundo en el que todos recibirían los beneficios de la tecnología de hoy para dar a la gente la oportunidad de vivir una vida más larga y más saludable.

Nos apresuramos a decir que queremos un mundo mejor y que los cambios sucedan, pero ¿por dónde empezar? ¿Cómo iniciamos el tipo de cambios que harán que modifiquemos nuestra forma de pensar y de vivir en nuestro día a día?

A continuación se presentan dos informes de alto nivel, en el que organizaciones de gran prestigio nos dan una perspectiva sobre cómo podemos responder a estas preguntas. Comparto intencionadamente contigo el trabajo de estas grandes organizaciones mundiales para mostrar lo lejos que estas han llegado. Por un lado tenemos la opinión del mundo académico, los expertos y los futuristas. Por otro lado, la de todas aquellas personas que ven la necesidad de un cambio. Cuando vemos el cuadro general que nos dibujan conjuntamente con los cambios de base que están llevando a cabo grandes organizaciones mundiales como el Post Carbon Institute, Bioneers o Transition US y otras, tenemos una noción de lo extendida que está la idea de la necesidad de un gran cambio en nuestras vidas. Comparto estas perspectivas para que nos ayuden a empezar por algún sitio.

El «Informe de tendencias globales»

Además del pensamiento futurista de algunas personas descrito en capítulos anteriores, organizaciones enteras se han formado para aprovechar los recursos de muchos expertos con el fin de ofrecer una visión de las distintas posibilidades de nuestro futuro. En esta sección voy a compartir detalles de dos de esas organizaciones para que nos hagamos una idea de cómo puede llegar a ser un mundo transformado. Desde un amplio espectro, podemos llegar a identificar las tendencias realistas y las posibilidades futuristas para nuestro mundo transformado.

Entre las organizaciones que intentan tener una visión del futuro encontramos al Consejo Nacional de Inteligencia de Estados Unidos (NIC, por sus siglas en inglés), formado en 1979. Los propósitos del NIC son varios. Una de sus funciones clave es proporcionar a cada presidente estadounidense un informe de escenarios y tendencias globales para ayudar con las decisiones que se tomarán durante su mandato. El estudio se llama «Informe de tendencias globales».

Se compilan investigaciones, datos y opiniones de cientos de expertos, así como de organizaciones no gubernamentales, universidades y grupos de reflexión, y esto hace que se le dé al presidente una poderosa visión de la evolución probable de los acontecimientos del mundo en los siguientes quince años, a partir del momento de su elección. El informe se entrega al presidente electo en algún momento entre el día de su elección y la toma de posesión del cargo.

El «Informe de tendencias globales 2015», publicado en el año 2000, fue fundamental para esta serie de informes de tendencias globales, ya que identifica factores clave que los expertos creían que continuarían siendo elementos desencadenantes del cambio en los próximos años[6] y que ofrecen una perspectiva global para nuestro debate sobre lo que puede llegar a ser un mundo transformado. Los siete factores identificados en este informe son:

1. La demografía.
2. Los recursos naturales y el medio ambiente.
3. La ciencia y la tecnología.
4. La economía global.
5. El gobierno nacional e internacional.
6. Los conflictos futuros.
7. El papel de Estados Unidos en el futuro del mundo.

Los informes de tendencias globales no solo se basan en estos siete factores, sino que también ofrecen una visión de conjunto sobre los posibles escenarios futuros basándose en los grandes acontecimientos que tienen lugar en el momento en el que se realizan los informes. Esto incluye estudios sobre la globalización y hacia dónde esta se dirige, el papel de China y la India en la economía global, cómo afecta el terrorismo a la forma en que las naciones trabajan conjuntamente, cómo influye el cambio climático en nuestras vidas y mucho más. Lo importante aquí es recordar que estas son las ideas de expertos de diversos campos y disciplinas, y que analizan el mundo de hoy y el futuro desde su perspectiva. Es importante comprender estas ideas porque, siendo realistas, nuestro mundo transformado no manifestará solo las inquietudes de esos expertos, sino también las nuevas e innovadoras soluciones que en mayor o en menor medida supondrán una respuesta a dichas inquietudes, las cuales pocas personas están considerando en la actualidad.

EL PROGRAMA «MI MUNDO» DE LAS NACIONES UNIDAS

En diciembre de 2012, las Naciones Unidas y sus colaboradores lanzaron un nuevo programa que puede considerarse un primer paso hacia la respuesta de lo que es un mundo transformado. La ONU tiene puesta su atención en distintas problemáticas, algunas de ellas temas muy controvertidos. Pese a lo difícil que pueda ser la tarea, la ONU sigue luchando. Hemos de valorar la importancia que tiene esta organización a la hora de cooperar y generar un cambio a gran escala en el mundo. Es por esta razón por la que estoy compartiendo contigo los elementos de un nuevo cambio. Todo ello nos abre las puertas hacia el debate. En otras palabras, es un lugar donde empezar, en vez de una respuesta final a la pregunta.

Este pionero programa de la ONU se llama Mi Mundo, y es una encuesta que se ha diseñado y organizado para que «la gente de todo el mundo pueda expresar a las Naciones Unidas y a los principales líderes mundiales –en especial al Grupo de Alto Nivel del Secretario General– las principales cuestiones que les gustaría que abordase la agenda [de la ONU] posterior a 2015».[7] El estudio de la ONU fue lanzado oficialmente en enero de 2013, y en la actualidad está disponible en versión digital en la página web www.myworld2015. com, así como en formato impreso. Todo el mundo puede participar, ya que el sitio web está traducido a los seis idiomas oficiales de las Naciones Unidas: árabe, chino, inglés, francés, ruso y español.

El propósito de la encuesta es reunir las ideas de tantas personas como sea posible entre el momento de su puesta en marcha en 2013 y su finalización en 2015, cuando la ONU cree conveniente reunirse para dar un seguimiento a los Objetivos de Desarrollo del Milenio del año 2000. La encuesta consta de dieciséis opciones. A partir de estas posibilidades, se pide a los participantes que marquen solo las siete opciones de cambio que tendrían una mayor repercusión en su propia vida personal y en la de sus familias.

MI MUNDO	
CUESTIONARIO DEL ESTUDIO DE LAS NACIONES UNIDAS PARA UN MUNDO MEJOR	
Mejores oportunidades de trabajo	Apoyo a las personas que no pueden trabajar
Una buena educación	Mejor atención sanitaria
Alimentos asequibles y nutritivos	Teléfono y acceso a Internet
Mejor transporte y carreteras	Acceso a agua limpia y mejor saneamiento de las aguas

MI MUNDO	
CUESTIONARIO DEL ESTUDIO DE LAS NACIONES UNIDAS PARA UN MUNDO MEJOR	
Uso de energías seguras en casa	Medidas adoptadas en materia de cambio climático
Protección de los bosques, ríos y océanos	Igualdad entre hombres y mujeres
Protección contra la delincuencia y la violencia	Libertad política
Un gobierno honesto y sensible	Protección contra la discriminación y la persecución

Junto con la información que se recoge, que incluye el sexo, la edad, el país y el nivel educativo de la persona, la meta de Mi Mundo es obtener una visión procedente del abanico más grande posible de población mundial. Los resultados se van compilando y actualizando de forma constante. Hago mención de esta encuesta porque me parece un primer paso de cara a saber lo que nosotros, como familia global, realmente queremos decir cuando afirmamos que «deseamos vivir en un mundo mejor».

Los resultados de «Mi Mundo»

Si bien la encuesta Mi Mundo es nueva y va a estar en marcha hasta el año 2015, los resultados que se tienen hasta ahora muestran una serie de tendencias muy interesantes, que creo que vale la pena mencionar aquí. Los datos de la encuesta están disponibles a tiempo real en el sitio web, donde la información se divide en categorías que incluyen hombres, mujeres y tres rangos de edad identificados como «menores de 34 años», «entre 35 y 54 años» y «más de 55 años». En el momento en que estoy escribiendo esto, verano de 2013, parece que hay un alto nivel de consenso, tanto en los hombres como en las mujeres de menos de 34 años, respecto a sus siete prioridades.

Sobre una base global, sin duda la prioridad de la lista es:

1. Una buena educación.

Dentro del mismo grupo de edad, tanto los hombres como las mujeres seleccionaron las siguientes categorías, por orden de mayor a menor importancia en sus vidas:

2. Una mejor atención sanitaria.
3. Un gobierno honesto y sostenible.
4. Mejores oportunidades de trabajo.
5. Acceso a agua limpia y mejor saneamiento de las aguas.
6. Alimentos asequibles y nutritivos.
7. Protección contra la delincuencia y la violencia.

Aunque existe un acuerdo casi unánime en las prioridades que incluyen estos siete parámetros, más allá de este punto las ideas se convierten en una mezcla de tendencias no muy claras. Por ejemplo, los hombres tienden a colocar la categoría de «Mejor transporte y carreteras» en octava posición. Esto no debe sorprendernos si tenemos en cuenta que son los hombres los que generalmente utilizan las carreteras con más frecuencia, con el fin de proveerse de bienes y de proveer a sus familias. Para ellas, algo muy importante y que se convierte en prioridad es la «Igualdad entre hombres y mujeres». Esto tampoco debe extrañarnos, ya que en todas las naciones del mundo tiene lugar una lucha casi universal con respecto a los derechos de las mujeres. Y aquí no solo me refiero a la igualdad económica, sino también a la protección contra la victimización y el abuso durante los años más cruciales de la crianza de los niños.

Tampoco es sorprendente lo que muestra la encuesta en cuanto a las prioridades del siguiente rango de edades, que corresponde al grupo de 35 a 54 años. Es en este límite de edad donde la categoría de «Una mejor asistencia sanitaria» le quita el puesto a la categoría que hasta entonces encabezaba la lista, la de «Una buena educación». No es de extrañar, por la obvia razón de que este grupo refleja una mayor necesidad y dependencia respecto del sistema sanitario, ya que empiezan a aparecer problemas de salud relacionados con la edad.

Pese a todo lo dicho, debe quedar claro que no estoy sugiriendo que el futuro retratado por la ONU en Mi Mundo 2015, las tendencias globales del NIC o las series del *Plan B* de Lester Brown, o cualquiera de los otros libros, proyectos o ideas que he mencionado sean la respuesta a un mundo transformado. Cada uno de ellos es un microcosmos del mundo, precisamente como el microcosmos que veo en mis seminarios y lo que todos vemos cada día en nuestras vidas. Hay muchas maneras distintas de entender cómo debe ser ese mundo mejor al que aspiramos —probablemente tantas maneras como gente hay sobre la faz de la Tierra—. Mi intención a la hora de compartir estos datos y visiones de la realidad no es otra que la de sentar las bases para luego poder avanzar. Es así como vamos a poder disponer de la información necesaria para aportar nuevas posibilidades —nuevos puntos cruciales– que tengan el potencial de conducirnos hacia nuevos resultados y, tal vez, hacia mundos muy distintos a los descritos en los informes.

CUBA, 1990: UN EJEMPLO DE UN PUNTO CRUCIAL EN EL MUNDO REAL

Mientras grupos de expertos y académicos visionarios especulan sobre cómo *podría* afectarnos en el futuro la bancarrota de las economías, el fin de la agricultura corporativa o el pico del petróleo, la historia nos ofrece un ejemplo de la vida real que elimina las conjeturas de la ecuación. Tras el colapso de la antigua Unión Soviética en la década de 1990 después de la Guerra Fría, Cuba se convirtió en un candidato ideal para trabajar la resiliencia comunitaria. Puede que no sepamos muy bien qué ocurrió en ese país a principios de esa década. Pero debido a que sucedió en nuestro tiempo histórico, nos proporciona un laboratorio viviente donde se nos muestra el poder de un punto crucial de resiliencia en la vida real.

Por una serie de razones, entre ellas el embargo que Estados Unidos impuso a la isla, durante los años de la Guerra Fría el sustento de Cuba dependía en gran medida de las importaciones, las exportaciones, el petróleo y el apoyo que le proporcionaba la antigua Unión Soviética. Cuando esta se disolvió, las importaciones cayeron bruscamente. La economía posterior a la Guerra Fría no solo fue devastadora para el pueblo ruso sino que aún tuvo peores efectos para Cuba, debido a su aislamiento geográfico y político.

De repente, Cuba perdió el 80% de sus mercados de exportación y de importación. De la noche a la mañana, su

LA TRANSFORMACIÓN DEL MUNDO

producto interior bruto se redujo en un 34%. Su sistema de combustible para el transporte y las actividades agrícolas paró en seco. Durante esa época, a veces se tardaba tres horas para tomar el autobús y el consumo de alimentos se redujo a tan solo una quinta parte del que tenía lugar antes de que todo cambiara. El sistema de energía que abastecía a la nación, que era en base al petróleo, ya no podía producir electricidad y se sucedieron los apagones, que duraban gran parte del día. Sin electricidad, las ciudades eran oscuras, los negocios cerraron, los restaurantes dejaron de servir comida y la economía cayó en picado. Durante este tiempo, el efecto dominó de la repentina pérdida de combustibles fósiles nos mostró un ejemplo de lo que podría pasar si se agotara definitivamente el petróleo en el mundo.

Cuba no produce su propio petróleo. Se basa en las importaciones. Y cuando estas se detuvieron, no había combustible sustituto, porque no había desarrollado ninguno. La situación se convirtió en peligrosa. La productividad de la agricultura solo había sido posible gracias al petróleo, que permitía regar, cultivar y cosechar grandes cantidades de alimentos con mucha rapidez. Pero sin el petróleo la agricultura se redujo, y la gente seguía necesitando comida. La caída de la agricultura combinada con la pérdida de las importaciones de petróleo y el hecho de que no hubiera mercados extranjeros creó la tormenta perfecta e hizo que Cuba experimentara lo que se conoce hoy en día como «El período especial en tiempos de paz», o simplemente como «El período especial». Fue durante este tiempo cuando el pueblo de Cuba tomó la decisión de adaptarse a los hechos extremos a los que se enfrentaba. Lo que sucedió después fue algo sorprendente, y puede que sea lo más fascinante que se haya explicado en este libro. Quiero compartir esta historia porque me parece un ejemplo y un testimonio de la potencia que tienen las comunidades locales para crear soluciones que funcionen para ellas de una manera sana y sostenible.

Los residentes formaron comunidades de vecinos en distintas ciudades de Cuba, incluida la capital, La Habana (con una población de algo más de dos millones de habitantes). No digo que siguieran todos los pasos que he identificado en este libro, un protocolo formal de asignación de responsabilidades o una estructura jerarquizada. Lo que estoy diciendo es que reconocieron la necesidad de unirse como una comunidad para hacer frente a un problema que todos compartían. En ese momento, fue la supervivencia lo que les motivó. La gente necesitaba comer, y eso la incitó a trabajar en comunidad. Compartían una visión.

Una de las primeras cosas que hicieron fue averiguar cuáles eran los terrenos públicos que no se estaban utilizando. Como comunidad, limpiaron la tierra y comenzaron a plantar huertos en el centro de la ciudad. Durante ese tiempo, expertos australianos llegaron a la isla y mostraron a los cubanos la utilidad de la permacultura en tales condiciones. La permacultura es una forma de cultivo de diseño ecológico que se basa en modelos de huertos y jardines autosuficientes en hábitats que no son naturales. Carmen López, directora de uno de los centros de permacultura, describe así el impacto de lo que los australianos les enseñaron: «Con su demostración, los vecinos comenzaron a ver las posibilidades de lo que podían llegar a hacer en sus tejados y patios».[8] Los huertos y jardines tuvieron éxito. Las comunidades comenzaron a producir suficientes alimentos no solo para alimentar a sus miembros, sino también para otras comunidades. Hoy en día, los huertos y jardines siguen. Ahora son orgánicos, y abastecen de manera económicamente sostenible a los barrios y a las comunidades. Además, su presencia ha tenido un efecto sobre las políticas del mismo gobierno.

Al ver la respuesta resiliente de los ciudadanos ante las condiciones a las que se enfrentaban, el gobierno cubano decidió cambiar su lema de «Socialismo o muerte» por «Un mundo mejor es posible».[9] También siguió los pasos que conducen a un gobierno más de abajo hacia arriba por medio de trasladar la toma de decisiones al nivel de la comunidad, en lugar de hacer cumplir las políticas que se dictan a un nivel superior que está menos en contacto con los problemas locales. De esta manera, los funcionarios del gobierno están alentando una mayor participación comunitaria, y las personas sienten que tienen voz y voto en sus vidas y comunidades, y sobre su futuro.

El éxito de la respuesta de Cuba no solo se limita a la agricultura. Los mismos principios de resiliencia comunitaria y soluciones locales que mantuvieron en vida a la gente durante «El período especial» ahora se están aplicando a otras áreas de la vida cubana e incluyen soluciones en cuestiones de energía, educación y sanidad.

Encontrar el punto crucial

Una de las claves para una transformación evolutiva en el mundo de hoy en día es encontrar un punto pivotante —el punto crucial de cambio— que haga que el pensamiento de una comunidad se transforme hacia la afirmación de la vida *antes* de que se encuentre frente una situación de colapso y sufrimiento. Un punto crucial de este tipo para Cuba habría minimizado el sufrimiento que generó la pérdida de las importaciones de petróleo, ya que el principio de resiliencia consistente en la capacidad de reserva habría llevado a la nación a buscar fuentes de energía alternativas. El hecho de que el pueblo cubano eligiera la resiliencia después de los sucesos es un testimonio del poder que tiene el pensamiento resiliente, y además nos muestra que nunca es demasiado tarde para poner en práctica los cambios que nos conducen hasta allí. Si tenemos en cuenta el potencial de descubrir puntos cruciales para el mundo de hoy antes de que lleguen los puntos cruciales globales de agotamiento del petróleo y el derrumbamiento de las economías, las implicaciones pueden ser inmensas. En la siguiente sección solo voy a identificar un punto.

———

Durante los años en que trabajé para algunas de las empresas que aparecen en *Fortune 500*, fui entrenado en el control de crisis y en cómo solucionar problemas. Así que ahora me resulta natural pensar en esta época de extremos desde este punto de vista. Cuando observo la convergencia de los grandes cambios en nuestro mundo de hoy en día, sin duda veo que nos encontramos en un momento de crisis. Así como los proyectos corporativos están a menudo por encima del presupuesto y se hallan en busca de soluciones de última hora, los problemas a los que nos enfrentamos cada vez son más caros de resolver, y, sobre todo en cuanto a las emisiones de efecto invernadero, nos encontramos más allá de *la última hora*. Pero como ya he dicho antes, el hecho de que estemos viviendo una crisis o, en nuestro caso, múltiples crisis, es la mejor noticia que podríamos esperar.

Las crisis aún siguen con nosotros. Y eso quiere decir que todavía tenemos tiempo para reunirnos y encontrar los puntos cruciales que conducen hacia la transformación. Y debido a que las cuestiones clave a las que nos enfrentamos son de ámbito global, esto significa que la transformación es posible a escala global. La clave está en encontrar un lugar por donde empezar. Tenemos que identificar el tema del punto crucial que permita enfrentar las múltiples crisis a la vez que satisfacer la mayor cantidad posible de las necesidades humanas de las que nos alertan los estudios e informes.

Una vez se identifique ese tema y se demuestren los beneficios del pensamiento resiliente, esto sentará las bases de la confianza y la buena voluntad para el próximo gran cambio, o hito, en nuestro viaje hacia la transformación.

Entonces, ¿cuál es el tema de nuestro punto crucial? Cuando miro la crisis, las consecuencias de esta y las necesidades tan diversas que tiene la gente, dos puntos destacan por encima de los demás:

El primer punto crucial es hacer del pensamiento de crear resiliencia una prioridad en toda regla.

Suponiendo que esto es así, aparece lo siguiente:

El segundo punto crucial es la energía.

La razón por la cual la energía es un candidato perfecto para el punto crucial que necesitamos ahora es que esta es el denominador común que influye en casi todos los aspectos de nuestra vida, tanto a escala individual como global. Es un factor en cada una de las crisis que afectan a nuestro futuro, incluyendo el cambio climático, la producción de alimentos y la economía mundial. La fuente de energía que elegimos para satisfacer las necesidades y demandas del mundo afecta directamente a las cuestiones preocupantes que se expresan en «Los Riesgos Globales 2013» del Foro Mundial de economía, en el proyecto Mi Mundo de la ONU y en los «Informes de tendencias globales» del NIC. Además, la energía también afecta indirectamente a otras cuestiones: abona el terreno para las soluciones relativas al cambio social, a una nueva economía y al medio ambiente.

Claramente, la energía juega un papel importante a la hora de que se elimine la competencia y el uso de la guerra para asegurarse los recursos limitados, como los combustibles fósiles de hoy en día. *Si podemos conseguir que la energía, como factor, entre en la ecuación de la transformación y desempeñe el rol que le corresponde, la confianza y la buena voluntad que se crearán harán que se transformen el resto de los factores, como la alimentación y la economía, y que todo ello sea mucho más fácil de aceptar.*

La energía que alimenta al mundo es la clave para elevar a cada miembro de nuestra familia global a un nivel superior. Sin embargo, y para que quede claro, este nivel superior no se rige por las pautas actuales. Hoy en día se cree que la acumulación de bienes en detrimento de los recursos limitados es el medio para alcanzar un nivel de vida mejor. Pero en realidad es por medio de los niveles sostenibles y holísticos de una economía transformada como alcanzaremos un nivel de vida superior. Te animo a que vuelvas a examinar los elementos de la encuesta Mi Mundo, y lo hagas con la idea de cómo una fuente de energía más barata, limpia, sostenible y abundante marcaría la diferencia.

¿Cómo podemos transformar la ecuación de la energía mundial para que esta evolucione? Si entendemos que el tercer escenario, el de la transformación evolutiva, es el camino más probable y realista para nuestro futuro, lo que sigue describe cómo puede desplegarse la transformación de la energía.

El punto crucial de la energía

Cuando la gente me pregunta de dónde provendrá la energía en nuestro futuro, inicio mi respuesta con otra pregunta: «¿Estás dispuesto a aceptar una respuesta honesta basada en la realidad de nuestro mundo de hoy, o esperas confirmar la opinión que tú ya te has formado por ti mismo?».

Es una buena pregunta, porque hay mucha desinformación sobre la energía y nuestro futuro circulando, y eso hace que mucha gente se sienta confundida con respecto a lo que es posible y lo que es probable que ocurra, y hacia dónde nos dirigimos.

Dependiendo de lo que se responda a la primera pregunta, a menudo le sigue otra más, que por lo general se refiere a lo que se denomina *energía libre*. Hemos de tener en cuenta que la palabra *libre* significa distintas cosas para cada persona. Sin embargo, en general, cuando surge este tema es en relación con las tecnologías que aprovechan el inmenso potencial de energía que existe en el campo cuántico.

Como ingeniero, he estudiado las teorías de la energía libre, las energías de punto cero, los campos de torsión y el potencial cuántico. He visto lo que parecen ser referencias a ello en los muros de los antiguos templos y lo he oído describir en las tradiciones orales de los ancianos indígenas. Como miembro de la Sociedad Nikola Tesla en Colorado Springs (el lugar donde Nikola Tesla tuvo su laboratorio de 1899 a 1900), en la década de 1980, tuve acceso de primera mano a sus notas de laboratorio, a sus modelos de trabajo y a las ideas que le llevaron a investigar sobre la energía libre.

Si bien he visto prototipos de dispositivos de energía que funcionan de manera poco convencional, es verdad que aún tengo que ver uno que realmente funcione con energía libre —energía procedente de una fuente universal que se transmita sin necesidad de cables—, y del que a ti y a mí nos gustaría depender para las necesidades energéticas de nuestra vida cotidiana.

PARA SER TOTALMENTE FRANCOS: ¿LA ENERGÍA LIBRE ES POSIBLE?

Sí, yo creo que sí.

¿ESTA TECNOLOGÍA ESTÁ DISPONIBLE PARA USO DOMÉSTICO HOY EN DÍA?

No. O al menos yo personalmente lo desconozco.

¿VA A SER POSIBLE EN EL FUTURO?

Sí. Parece que se están haciendo estudios sobre la energía punto cero y los campos de torsión que tienen el potencial de revolucionar la forma en que pensamos sobre la energía y, en última instancia, sobre el mundo.

¿Lo vamos a ver dentro de poco?

Aunque no lo sabemos con certeza, probablemente no veamos esta energía en funcionamiento antes de que los puntos cruciales de nuestra época de extremos aparezcan en el horizonte. Y esta es precisamente la razón por la que tenemos que ser honestos con nosotros mismos y aceptar los puntos cruciales de la energía que están disponibles hoy en día, de inmediato.

Tierra, viento y agua: la energía de los elementos

La siguiente pregunta es la que escucho a menudo con respecto a las fuentes de energía alternativas y renovables de hoy en día: «¿Las energías renovables son la solución al agotamiento del petróleo y a la demanda incesante de energía a escala mundial?». Las fuentes de energías alternativas y renovables con las que estamos más familiarizados en la actualidad probablemente no serán las fuentes de energía primaria que utilizaremos en el futuro. Ojalá pudiera decir que sí. Sin lugar a dudas, la energía solar, la eólica, la que se obtiene de las olas, la geotérmica y la hidráulica son todas fuentes viables para complementar los tipos de energía que empleamos actualmente en nuestros hogares, escuelas, oficinas y hospitales. Y nada me gustaría más que asegurar que estas alternativas a las fuentes de energía convencionales serán las que utilizaremos como energía a partir de mañana.

Pero la realidad es que la tecnología está lejos de haber sido perfeccionada hasta el punto de poder pensar en estas fuentes a escala global. Incluso si la tecnología se perfecciona, estas alternativas se han diseñado a escala regional y no para ser implementadas en el contexto de una política nacional o global de la energía. En otras palabras, aún no disponemos de una única solución para cubrir todas las necesidades.

Hasta ahora hemos estado dependiendo de una energía de alta calidad y potencia continua para el funcionamiento de las salas de los hospitales y las torres de control del tráfico aéreo, o para la transferencia de datos financieros y de soporte vital críticos, así como para la monitorización de los reactores nucleares, las estaciones de bombeo de agua, las estaciones meteorológicas y los sistemas de comunicación por satélite. Y tenemos que preguntarnos: ¿de qué alternativas disponemos? ¿Cómo será la fuente de energía que utilizaremos en nuestro futuro transformado?

Intuyo que las respuestas en realidad son dos, porque depende de qué futuro estemos hablando, del futuro a corto plazo o del futuro a largo plazo. Voy a dar a conocer los posibles candidatos que se desarrollarán como parte del proceso de transformación evolutiva y gradual descrita en el tercer escenario presentado en este capítulo.

En el primer capítulo, vimos la curva del pico del petróleo y cómo la ciencia predijo con exactitud las reservas que quedan de crudo de fácil acceso y de alta calidad. Las predicciones del doctor Hubbert parecen decirnos que llegamos a la cima de la curva del pico del petróleo a mediados de la década de 1980. Una novedad inesperada, sin embargo, ha redefinido lo que significa el pico del petróleo en nuestras vidas. El hecho de que a finales del siglo XX se hayan descubierto gigantescas reservas de gas, así como el desarrollo de innovaciones que han permitido recuperar más gas, han cambiado el papel que juega el petróleo en nuestras vidas. Mientras que el público en general sigue pensando en él como la principal fuente de energía del mundo, la industria energética tiene una visión muy diferente.

Sabemos que se está poniendo en marcha una nueva tecnología, ya que, a partir de 2011 y 2012, los mercados mundiales de energía tuvieron una demanda muy alta de gas natural. Como los precios bajaron y se crearon nuevas instalaciones para su almacenamiento, una cosa quedó muy clara: el petróleo está perdiendo importancia en la ecuación de la energía mundial, y ya hay diversas formas de gas natural, incluido el gas natural licuado, que están aquí para quedarse en nuestras vidas y en la de las generaciones que están por venir. La razón es que las mismas tecnologías que permitieron predecir la curva de Hubbert para el petróleo nos están diciendo que el mundo cuenta con reservas de gas natural que pueden durar hasta doscientos cincuenta años si se siguen utilizando las mismas cantidades que en la actualidad.[10]

¿Esto es algo bueno o malo? Cuando nos fijamos en las propiedades del gas natural y en la forma en la que se puede utilizar en el contexto del mundo actual, es mucho mejor que el carbón y el petróleo que utilizamos hoy en día, y por lo tanto un paso en la dirección correcta.

El cuadro que sigue a continuación es una comparación de las emisiones de carbón, petróleo y gas natural. Debido a que la reducción de CO_2 es un requisito fundamental para cualquier fuente de energía, el gas natural es un buen candidato.

GAS NATURAL VERSUS CARBÓN Y PETRÓLEO (libras por mil millones de BTU de energía producida)			
	Gas	Petróleo	Carbón
Dióxido de carbono	117.000	164.000	208.000
Monóxido de carbono	40	33	208
Dióxido de azufre	1	1.122	2.591
Partículas	7	84	2.744

* BTU: unidad inglesa. Es la abreviatura de *British Thermal Unit*.

Figura 6.1. Una comparación de petróleo, carbón y gas natural que muestra las ventajas y las desventajas de cada uno, incluyendo las emisiones de CO_2. Fuente: Agencia Internacional de la Energía.

El gas natural, al quemar, es un 50% más limpio que sus contrincantes, el petróleo y el carbón, y menos costoso, por lo que es más accesible para todos. Si el gas natural se puede extraer con prudencia, y si tenemos en cuenta el uso local de las energías renovables, incluyendo la solar, la eólica, la geotérmica y la hidráulica, es posible que el gas natural se convierta en el trampolín que permita satisfacer las necesidades de energía del mundo, hasta que desarrollemos la que será la solución final en cuanto a energía limpia y abundante.

¿Abundancia energética sin CO_2?

Si te dijera que existe una fuente de energía abundante en la Tierra que no se puede convertir en un arma, que no se puede fundir en un reactor y que no emite gases de efecto invernadero, sonaría como si estuviéramos hablando de una fuente de energía casi perfecta. Lo que voy a describir a continuación no es perfecto, pero puede ser un paso más en nuestro camino hacia la solución final.

Durante el proyecto «ultrasecreto» Manhattan de mitad del siglo XX, Estados Unidos se apresuró a buscar el mineral que funcionase para los reactores nucleares de la nación y produjese subproductos que se pudieran convertir en armas durante el período de la Guerra Fría. Se optó por el uranio, un subproducto del plutonio. Desde entonces, el uranio ha seguido siendo la fuente de combustible para gran parte de los aproximadamente cuatrocientos treinta reactores que hay en el mundo. La mayoría de las personas sabe esto. Pero desconocen que también se descubrió otro mineral que tenía muchas de las cualidades del uranio como fuente de combustible, pero sin los subproductos nocivos. Este elemento, el *torio*, es el número 90 de la tabla periódica de los elementos.

Si nos ponemos en serio a generar electricidad desde una fuente de energía que no genere gases de efecto invernadero hasta que tengamos la tecnología necesaria para producir energías libres, el torio debería ser el número uno en nuestra lista. ¿Por qué? Su funcionamiento es un poco distinto al del uranio, y esto hace que se convierta en una alternativa atractiva.

En esencia, el objetivo de los generadores de energía convencionales es crear calor para que impulse las turbinas que producen la electricidad. Hay muchas maneras de generar calor. Las tecnologías del pasado que nos son familiares incluyen la quema de carbón, petróleo y gas natural. Los reactores nucleares generan calor, y lo hacen a través de una reacción en cadena controlada. El proceso provoca mucho calor; de hecho, los sistemas de refrigeración independientes se construyen de tal modo que ayudan a que la temperatura de los reactores se mantenga dentro de los límites de seguridad. Cuando un reactor «se derrite» o se calienta tanto que el blindaje se destruye, a menudo es debido a que los sistemas de refrigeración han fallado, tal como vimos en el desastre de la central eléctrica de Fukushima (Japón) en 2011.

Estoy describiendo aquí estos principios porque el torio, usado en cualquier forma de reactor, funciona con un principio que hace que sea imposible que se derrita. El líquido del que está hecho el combustible –una solución de sales de torio y fluoruro– es en sí el que enfría el sistema. Una de las propiedades más interesantes de los generadores en base al torio es que se establece una relación directa entre su capacidad de generar calor y su temperatura, y probablemente esto sea algo que no esperábamos que ocurriera.

En el caso de las sales de torio, cuanto más se calientan menos capacidad tienen para generar calor. Esto significa que si se fueran a alcanzar temperaturas peligrosas, la reactividad ya estaría en niveles muy bajos en esos momentos. Se utilizan tapones de seguridad compuestos por las mismas sales endurecidas que hacen que el propio combustible se derrita, lo que permite que la suspensión se drene en otro recipiente. En otras palabras, el material que está produciendo la reacción mientras se enfría el sistema se vierte en un recipiente separado, y se evita así que se prolongue cualquier reacción adicional.

De las economías locales a las políticas globales, hay una serie de razones por las que la industria de la energía convencional y la prensa pueden haberse negado a aceptar el torio como fuente de energía en el pasado. A la luz de sus implicaciones en el cambio climático, su bajo coste y seguridad energética, esas mismas razones pueden estar empezando a

---

TORIO

Hechos demostrados:

- 1 tonelada de torio produce la energía de 250 toneladas de Uranio*

- La energía de torio cuesta 1,98 \$/vatio aprox. y el carbón 2,30 \$/vario*

- El 99% de combustible de torio se consume, a diferencia del 1% del uranio*

- El Torio no se funde en situaciones de emergencia*

- Con el torio no se pueden construir armas de destrucción, ni tampoco con sus productos derivados*

- El torio es el doble de abundante que el uranio*

- Los productos derivados del torio se pueden reutilizar como combustible*

* Cuando se utiliza en un reactor de sales fundidas (RSF)

Figura 6.2. El torio es más seguro que los combustibles de reactores de uranio convencionales. Es imposible que se funda un reactor de torio, tal como hemos visto en los desastres de Chernóbil y Fukushima. La energía de torio no se puede convertir en un arma y crea cero emisiones de CO_2; además es barata y abundante en la Tierra. Fuente: Agencia Internacional de la Energía.

perder fuerza. El uso del torio como fuente de energía ya ha pasado del papel a la realidad. Ya se han construido una serie de generadores en base al torio, que se están utilizando con éxito en investigaciones y aplicaciones comerciales en distintos países, entre ellos la India, Alemania, China y Estados Unidos. En Estados Unidos hubo dos generadores de torio que tuvieron éxito en su tiempo: la instalación de Indian Point, que estuvo en funcionamiento entre 1962 y 1980, y la instalación Elk River, que estuvo operando entre 1963 y 1968. Así que aunque se necesita investigar un poco más para poner a punto la tecnología del torio de tal modo que esta pueda satisfacer las necesidades del mundo a gran escala, sigue en pie la promesa de una alternativa limpia, abundante y relativamente segura, que puede sostenernos mientras seguimos en nuestra búsqueda de la fuente última de energía.[11]

Creo que nuestra civilización llegará a perfeccionar la tecnología para aprovechar el «vacío» espacial y los campos de torsión, y así satisfacer nuestras necesidades energéticas. La evidencia sugiere que, después del petróleo, es probable que pasemos por dos fases más de producción energética en nuestro camino hacia una mejor fuente en el futuro. La primera de estas fases es la era del gas natural, que nos aleja del petróleo y del carbón, además que nos permite reducir las emisiones de gases de efecto invernadero. En la segunda fase se combinan fuentes de energía renovables y reactores de torio para proporcionar abundante energía sin emisiones nocivas de efecto invernadero.

Hay muchas posibilidades que podrían convertirse en puntos cruciales a escala mundial en nuestra época de extremos, entre ellas la modernización de las monedas nacionales y el cumplimiento de una nueva normativa medioambiental de emisiones de gases de efecto invernadero para minimizar los efectos del cambio climático. Mientras estos y otros puntos cruciales son ciertamente viables, el desarrollo de nuevas fuentes de energía no solo ayudaría a la mejora de la economía mundial y al cumplimiento de la normativa medioambiental, sino que también simbolizaría un paso hacia la mejora del nivel de vida de todas las personas. El beneficio adicional derivado de tal esfuerzo, combinado con la eliminación de los conflictos que se han generado por la explotación de fuentes de energía finitas en el pasado, hace de este momento actual (como punto crucial) algo muy atractivo.

¿TECNOLOGÍA AVANZADA O SABIDURÍA SOFISTICADA?

Durante una interesante conversación que mantuve con una arqueóloga regional que trabajaba en Nuevo México en la década de 1990, acabamos hablando sobre el papel que juega el pasado en nuestras vidas y lo que significa para nuestro futuro. Nos reunimos en uno de los recintos arqueológicos más fascinantes que jamás he explorado, los misteriosos restos del Cañón del Chaco. Situado en el noroeste de Nuevo México, el Cañón del Chaco es un enigma de tal importancia que la UNESCO lo ha declarado Patrimonio de la Humanidad para asegurar que el sofisticado observatorio, las *kivas* subterráneas perfectamente bien formadas (cámaras ceremoniales circulares típicas de algunas tradiciones indígenas de Norteamérica) y los dos mil cuatrocientos restos arqueológicos que se conocen se conserven para las generaciones futuras. Parte del misterio del Cañón del Chaco es que si bien algunos restos revelan unos conocimientos avanzados en unos mil años respecto a los conocimientos de la gente de las comunidades de alrededor, hay otros aspectos que muestran primitivismo.

Durante la conversación, le sugerí que estábamos ante los restos de una de las civilizaciones más avanzadas tecnológicamente que han existido en Norteamérica con anterioridad al siglo XX. Esta, obviamente, era una idea que se alejaba un poco de lo que ella había aprendido durante sus años de formación, y además en ese momento no estaba de humor para adentrarse en nuevas teorías.

—Si eran tan avanzados —me preguntó—, ¿dónde están sus aparatos? ¿Dónde están sus tostadoras, microondas y reproductores de vídeo?

Está claro que teníamos una visión muy distinta sobre lo que entendíamos por civilización avanzada y lo que las pruebas habían dejado tras de sí.

También quedó claro que no íbamos a estar de acuerdo en la interpretación de los misteriosos restos que teníamos ante nosotros. Nunca volví a ver a esa arqueóloga. Muchas veces me he preguntado si los descubrimientos más recientes en lugares como Göbekli Tepe (Turquía), que han hecho que se ponga en tela de juicio la fecha en la que se cree que existió la primera civilización avanzada, que ahora se sitúa hacia el final de la última edad de hielo, casi trece mil años atrás, habrán hecho que esa arqueóloga cambiara su forma de ver los restos del Cañón del Chaco.

Como he mencionado en libros anteriores, me parece chocante que nuestra interpretación de las antiguas civilizaciones dependa en gran medida de lo que estas construyeron. ¿Qué ocurre con el pensamiento de base que antecede a lo que construyeron? Si bien es cierto que nunca hemos encontrado un televisor o un reproductor de vídeo, o cualquier otro aparato de este tipo entre los restos arqueológicos del suroeste de Estados Unidos, quizás el problema esté en nosotros. Y tal vez esta sea precisamente la clave para entender cómo sería un mundo transformado.

Los pueblos originarios de América cuentan una historia sobre nuestro pasado que parece de ciencia ficción. Dicen que hace mucho tiempo la gente vivía de manera muy diferente a como vive hoy en día. Había menos personas y, por lo tanto, se utilizaban menos recursos. No había guerras de esas en las que nos hacemos daño los unos a los otros y destruimos el planeta. Y la gente vivía en contacto con la tierra.

Veneraban quienes eran, sus relaciones con los demás y los elementos que les daban la vida. La gente se sentía feliz, sana y vivía hasta edades avanzadas de cientos de años, algo que hoy en día solo podemos imaginar.

Entonces ocurrió algo. Aunque los ancianos no siempre están de acuerdo sobre lo que sucedió exactamente, el resultado para cada una de las historias es el mismo: los habitantes de la Tierra comenzaron a olvidar quiénes eran. Comenzaron a olvidar el poder que tenían dentro de sí mismos para sanar y trabajar juntos. Y se olvidaron de su relación con el planeta. Empezaron a sentirse perdidos, asustados y solos. En su soledad, anhelaban una conexión más profunda con el mundo. Comenzaron a construir máquinas con las que podrían duplicar su poder, que tanto soñaban con conseguir. Construyeron artilugios para mejorar su sentido de la vista y su oído, que al final empezaron a aburrirles, y se inventaron otras máquinas para curar su cuerpo tratando de emular lo que sus propios cuerpos utilizan para sanarse a sí mismos.

Los ancianos dicen que la historia no ha terminado, y que nosotros formamos parte del último capítulo. Aseguran que continuamos estando perdidos y asustados, y que nos seguimos sintiendo solos. Y hasta que recordemos lo que somos seguiremos llenando nuestras vidas de artilugios con los que tratar de imitar nuestros mayores poderes. Cuando escucho estas historias siento que, ciertamente, los ancianos están describiendo nuestro mundo. Con las pocas excepciones de unas cuantas culturas aisladas y remotas que quedan, nuestra civilización sin duda pone su atención mucho más en el mundo que nos *rodea* que en el mundo que hay *dentro de nosotros*.

¿Es posible que al ver los restos de civilizaciones tan avanzadas como las de Egipto, Perú o el Cañón del Chaco estemos viendo en realidad los restos de una tecnología *tan avanzada* que ya no necesitaba de tostadoras ni de reproductores de vídeo? Tal vez ellos superaron la absurda necesidad de vivir en un mundo desordenado y complejo. Tal vez sabían algo acerca de sí mismos que les dio la «tecnología» interior necesaria para vivir de una manera diferente, algo que nosotros hemos olvidado, como los ancianos sugieren. Gastamos cientos de millones de dólares cada año para defendernos de enfermedades y para tratar de controlar la naturaleza. Al hacerlo, quizás nos hayamos desviado de lo que sería un estado de equilibrio entre el ser humano y la naturaleza, que antes existió.

Los ancianos dicen que nuestro mundo desordenado sirve a un propósito. Una vez que nos acordemos de lo que somos, ya no necesitaremos más máquinas y volveremos a la simplicidad en nuestras vidas. Pero aquí está la clave: nuestras vidas se convertirán en simples *porque habremos logrado la sofisticación* que nos libera de la tecnología. Así que en lugar de volver a una forma primitiva de vida, en realidad nos convertiremos en seres tan avanzados que la manera en la que viviremos nuestras vidas parecerá simple para el que nos esté observando.

Esto es de lo que creo que mi colega arqueóloga y yo fuimos testigos ese día en el Cañón del Chaco. Quien vivió allí sabía de nuestra relación con el Sol y la Luna con una precisión que no fue conocida hasta la mitad del siglo XX. Las personas que vivieron allí construyeron caminos que se extendían a lo largo de cientos de kilómetros en todas direcciones, lo cual solo pudimos reconocer cuando las imágenes de satélite nos lo permitieron. Es evidente que el pueblo del Cañón del Chaco tenía un conocimiento avanzado y lo utilizó para simplificar su vida.

Si esto es cierto, no tenemos que mirar más allá de la naturaleza para entender quiénes somos y lo que puede llegar a ser el futuro en un mundo transformado.

Cualquiera que sea el mundo que nos traiga el futuro, tendrá que ser adecuado para todos para tener éxito. Y creo que esta es, también, la clave de nuestro futuro como especie. Todo es una cuestión de elección. Hemos de querer transformar el mundo de tal manera que elevemos el nivel de vida de todos, y no solo el de unos pocos a expensas de otros. Esta situación nos lleva de nuevo a aquello que ya se ha descrito en capítulos anteriores: se trata de una crisis de nuestro pensamiento. Para transformar nuestro mundo, de tal modo que este refleje las posibilidades que he descrito, se requiere un cambio fundamental en la base misma de los valores que proclamamos como comunidad global. Cuando se reemplace el valor fundamental del dinero por el valor fundamental de la vida y el bienestar, estaremos encaminados hacia un verdadero cambio.

Para que quede claro, esto no es una declaración de que el dinero es la raíz de nuestros problemas o algo negativo. El dinero es un medio de intercambio y, con toda honestidad, un medio que probablemente estará con nosotros durante mucho tiempo. Lo que estoy intentando explicar aquí no gira en torno al dinero. Se trata de nosotros. Se trata de la forma que tenemos de pensar sobre el dinero, de la importancia que le damos y del papel que hemos permitido que juegue en nuestras vidas. Cuando hagamos esta elección en nuestras vidas y la convirtamos en la referencia con la cual midamos cada política y cada acción, incluidos el desarrollo de la tecnología y la aplicación de la ciencia, el *tsunami* del cambio va a ser imparable. Al leer sobre las posibilidades que tenemos, como las que se presentan en este libro y otros, hacemos de ellas algo realizable.

CREA TU PROPIO PUNTO CRUCIAL

A lo largo de este libro he compartido todo lo que creo que puede hacer posible un cambio en nuestro estilo de vida y en nuestra manera de pensar, y que puede ayudarnos a crear puntos cruciales de resiliencia en nuestras vidas. Todo el mundo aprende de manera diferente, y es por esta razón por lo que me he esforzado por ofrecer diferentes perspectivas que nos ayuden a ver cómo estas ideas actúan en el mundo real. Con la información aún fresca en la mente de lo que se ha dicho en los capítulos anteriores, ahora tienes todo lo necesario para responder a la pregunta: «¿Cómo puedo crear mi propio punto crucial de resiliencia?».

A continuación se muestra una posible secuencia de pasos (una guía) para hacer precisamente esto.

UNA GUÍA PARA CREAR UN PUNTO CRUCIAL PERSONAL DE RESILIENCIA

Los párrafos siguientes constituyen un resumen detallado de los pasos que se deben seguir para crear resiliencia en tu vida. Al igual que este libro describe estos puntos cruciales relacionándolos con los grandes cambios que ocurren en nuestro mundo, los principios de la resiliencia también están diseñados para fomentar cualquier tipo de cambio en tu propia vida.

Independientemente de si estos cambios son provocados por nuestro mundo de extremos o por sucesos personales, estos pasos te guiarán a través del pensamiento para descubrir qué acciones son las correctas para ti.

Cada punto es una sugerencia. Es una oportunidad para que puedas reflexionar sobre tu vida y la forma en la que has pensado hasta ahora sobre ella, y para que veas si tu forma de pensar se ha adaptado o no a las exigencias del mundo actual. Si sientes que ya es hora de iniciar un cambio, lo que sigue a continuación te puede servir de referencia y ayudarte a lograrlo.

Recuerda que estos puntos ya han sido probados por otras personas y comunidades. Si han funcionado para otros, puedes estar seguro de que también funcionarán para ti. Cada paso te acercará un poco más a la forma de pensar de un mundo transformado.

TU ESTILO DE VIDA

- SÉ SINCERO CONTIGO MISMO. Pregúntate si sientes que el mundo de hoy es distinto.
- RECONOCE ESTA ÉPOCA DE EXTREMOS. Identifica lo que hace de la época en la que vivimos diferente de la del pasado. Reconoce el hecho de que tu vida y el mundo están cambiando más rápidamente de lo que hemos estado dispuestos a aceptar en el pasado. Examina lo que esto significa para ti.
- IDENTIFICA TUS VALORES FUNDAMENTALES. Pregúntate en qué se basa tu sistema de valores. ¿Tu respuesta se basa en la riqueza material, el bienestar personal, el bienestar familiar o comunitario, la espiritualidad y la religión, o es una combinación de estos valores u otros? Tu respuesta te ayudará a la hora de tomar decisiones difíciles en cuanto a tu forma de vida.
- DESARROLLA UNA RESILIENCIA PERSONAL BASADA EN EL CORAZÓN. Mediante el desarrollo de una sólida resiliencia interior, estarás mejor preparado para afrontar los retos de nuestro mundo cambiante y las necesidades de tus seres queridos que dependen de ti.
- VUELVE A LEER EL CAPÍTULO 4.

TUS FINANZAS

- APOYA AQUELLO EN LO QUE CREES. Invierte tu dinero y tu energía en aquellas cosas en las que creas, de manera que puedas sentirte bien contigo mismo. Puedes ser un ejemplo para tus hijos y otros miembros de tu familia. Sentirás que estás participando con tus inversiones en un cambio positivo a escala global, pero también en el ámbito local, con repercusiones en tu propia comunidad.
- RECONOCE QUE EL DINERO ES UNA HERRAMIENTA DE GRAN ALCANCE, PERO TEN SIEMPRE CLARO EL PAPEL QUE LE OTORGAS EN TU VIDA. La relación entre valor y precio está cambiando en nuestras vidas. Explora qué significa esto para ti y utiliza el dinero que ganas con esfuerzo y tus recursos de

manera inteligente para que estos usos sean un reflejo de las nuevas realidades económicas.

- **RECONOCE QUE EL VALOR QUE LE DAMOS AL DINERO ESTÁ CAMBIANDO.** Está emergiendo una nueva economía y la forma que teníamos de pensar con respecto al dinero está cambiando. Hemos entrado en una época en que las inversiones a largo plazo del pasado conllevan ahora un mayor riesgo, debido a la fragilidad de los mercados mundiales. Esto significa que los activos basados en el «papel», tales como los títulos de acciones bursátiles, pueden perder su valor en cuestión de horas, mientras que los activos tangibles, tales como la energía, el agua y los alimentos, nunca perderán su valor. Esto no es más que una sugerencia para que cambies tus planes financieros.
- Vuelve a leer el capítulo 1.

TU POLÍTICA

- **APOYA A LAS PERSONAS E IDEAS QUE SE ALINEAN CON TUS VALORES Y CREENCIAS.** En el sistema actual de gobierno y de toma de decisiones de arriba hacia abajo, las personas que elegimos desde nuestras comunidades locales para que nos representen son nuestra oportunidad de tener una voz en un panorama más amplio. Hay algunos candidatos en los que se puede confiar para que lleven a una escala más grande el mensaje que tú y tu comunidad queréis transmitir. Estos candidatos solo pueden trabajar para ti si consigues que tu mensaje sea escuchado.
- **INFÓRMATE.** Analiza detalladamente todos los grandes temas de nuestro tiempo. Aprende a investigar por ti mismo en lugar de dejarte influenciar por lo que dicen los periódicos o ciertas organizaciones. Busca fuentes de información más allá del sesgo de los medios convencionales de televisión, radio, portales de Internet o publicaciones. Dedica realmente tiempo a investigar, y haz de ello una prioridad en tu vida.
- **SIGUE LA PISTA A LOS POLÍTICOS.** Después de un período de elecciones (ya sea a escala local, estatal o nacional), es clave seguir de cerca los resultados y ver si tus candidatos siguen manteniendo su compromiso con la comunidad una vez que están en el poder. Aquí es donde la comunidad tiene un valor inestimable. El tiempo y el esfuerzo que requiere dicho seguimiento pueden distribuirse entre los miembros de la comunidad en función de las necesidades y los resultados a los que se haya llegado en reuniones previas.

TU COMUNIDAD

- **REÚNE A TU COMUNIDAD.** Tanto si se trata de tu familia con la que vives bajo el mismo techo como de un grupo de vecinos que vivís en casas adosadas, o de personas con mentalidad parecida que habitáis en la misma ciudad o estáis conectadas virtualmente a través del ciberespacio, ahora ha llegado el momento de reuniros y aceptar el hecho de que vuestras vidas y el mundo están cambiando más deprisa de lo que hemos estado dispuestos a aceptar en el pasado.

- RECONOCE, JUNTO A TU COMUNIDAD, QUE VIVIMOS EN UNA ÉPOCA DE EXTREMOS. Identifica lo que esto significa para ti y tu comunidad. ¿Qué ha cambiado y qué puede hacer tu comunidad para que los cambios sean más llevaderos?
- ESTABLECED LOS OBJETIVOS DE TU COMUNIDAD. ¿Por qué vivís juntos? Definid lo que esperáis conseguir como comunidad. Esta es una de las claves para el éxito de tu comunidad. Lo que decidáis se convertirá en un punto de referencia para el futuro, siempre que surjan dudas en cuanto al alcance de las metas que tenéis como comunidad.
- IDENTIFICA LOS VALORES FUNDAMENTALES DE TU COMUNIDAD. Pregúntate si el sistema de valores de tu comunidad y vuestra organización se basan en aspectos como la riqueza material, el bienestar personal, familiar y colectivo, la espiritualidad y la religión, o en una combinación de estos y otros principios. Esta es la clave que ayudará a asegurar que todos los miembros de la comunidad tengáis las ideas claras cuando se trate de tomar decisiones difíciles.
- DESARROLLA UN PLAN DE RESILIENCIA COMUNITARIA. Este paso está directamente relacionado con la forma en que la comunidad se siente con respecto a esta época de extremos. Es también la etapa en la que los miembros de la comunidad y tú podéis expresar vuestras inquietudes, reservas y temores, así como identificar vuestros puntos fuertes y las condiciones que creéis honestamente que pueden necesitar los mayores niveles de resiliencia. Si te encuentras en una comunidad costera que se está volviendo más propensa a sufrir los efectos de las tormentas sobre las necesidades de la vida diaria, o en una zona que es especialmente susceptible a los incendios forestales o a cualquier desastre natural, tu comunidad necesita un plan de acción para crear resiliencia. Dicho plan de acción también dotará a la comunidad de una mayor tranquilidad.
- VUELVE A LEER EL CAPÍTULO 5.

BIENVENIDO A CASA

Cuando consideramos por separado los hechos de nuestra época de extremos, los sucesos que la historia de la Tierra ha registrado y las experiencias de nuestros antepasados indígenas de hace miles de años, se presenta ante nosotros una información muy interesante. Es nuestra historia y estamos completando un capítulo que empezamos hace más de cinco mil años.

Estamos viviendo una repetición de los ciclos de cambio que nuestros antepasados experimentaron en su tiempo. La gran diferencia es que estamos compartiendo dicha experiencia con una familia de siete mil millones de personas. Aunque no podemos saber con precisión cómo va a terminar nuestra historia, sí que podemos saber con certeza que nuestra época de extremos es el nacimiento de una nueva normalidad y de una nueva forma de vida. Nuestras vidas están cambiando. Nuestras vidas reflejan esta transición.

Nuestra capacidad de prosperar en esta fase de transición en la que se pasa de una época de extremos a un mundo transformado depende de nuestra voluntad de reconocer dicha transición y de la forma en la que aprendemos a adaptarnos a ella. Debido a que estamos viviendo en una época de extremos, tiene sentido esperar que la vida sea más inestable y que lo que en un pasado nos parecía normal ya no lo sea. Es lógico esperar récords en las temperaturas y planificar nuestras vidas en consecuencia; es lógico decir que las debilitadas economías del mundo apuntan a la necesidad de nuevas estrategias en cuanto a nuestras ideas de ahorro y jubilación; y tiene sentido planificar estrategias ante las posibles interrupciones temporales de suministros y servicios, a medida que los efectos del cambio climático y de la disminución de la mano de obra en el mundo se van reflejando en nuestras vidas.

Estas son algunas de las realidades a las que nos enfrentamos actualmente, y que darán paso a la nueva normalidad. Constituyen inconvenientes, pero de carácter temporal. No estamos siendo sinceros con nosotros mismos, ni con los demás, si fingimos que estos inconvenientes no existen. Para que los problemas extremos que estamos viviendo devengan en una transformación, debemos estar dispuestos a reconocer lo que el mundo nos muestra y a aceptar nuestro papel en la adaptación ante lo que estamos presenciando.

Debido a que nuestra época de extremos es tan diferente a la de los tiempos pasados, tiene perfecto sentido esperar que nuestras vidas vayan a cambiar. Eso sí, nuestra forma de pensar también debe cambiar. Tiene sentido decir que si vivimos de una forma más resiliente podremos adaptarnos a este nuevo mundo que está emergiendo, en lugar de tratar de aplicar las soluciones del pasado a los problemas de hoy. Cuando se trata de la economía y del cambio climático en el mundo, está claro que las viejas soluciones ya no funcionan. También está claro que para adaptarnos a la transición que estamos viviendo hay que cruzar los límites tradicionales que nos impidieron conocernos a nosotros mismos en el pasado. Cuando lo hagamos, empezará a suceder algo maravilloso. Todo comienza con los puntos cruciales que podemos crear en nuestra vida cotidiana.

Cada uno de los puntos del cuadro anterior representa un elemento importante en tu vida. Cada punto tiene infinitas posibilidades, que solo pueden ir a más. En nuestra época de extremos, cada aspecto de nuestras vidas se está expandiendo al máximo. Y te pregunto lo siguiente: ¿vas a elegir los puntos cruciales que alivien la tensión de la «goma elástica» de tus posibilidades? ¿Vas a aceptar la mayor transformación de la riqueza, el poder y los recursos que ha tenido jamás lugar en la historia del mundo? El cambio tiene que ver contigo. Es tu viaje.

El nuevo mundo ya está aquí. Bienvenido a casa.

Bibliografía

Organizaciones

Instituto Berkana

http://Berkana.org

«El Instituto Berkana y nuestros socios pensamos lo mismo: cualquiera que sea el problema, la comunidad es la respuesta. Berkana ha trabajado en asociación con una rica diversidad de personas en todo el mundo que están fortaleciendo sus comunidades por medio del trabajo con la sabiduría y la riqueza presentes en los miembros, tradiciones y entornos de dichas comunidades. Durante veinte años, nuestro trabajo se ha enfocado en prepararnos para futuros inciertos mediante la creación de relaciones sólidas y sostenibles, teniendo en cuenta los recursos de la Tierra y apostando por la creación de comunidades resilientes».

Bioneers

www.bioneers.org

«La principal misión de Bioneers es el avance en la educación holística en cuanto a los temas sociales, culturales y ambientales a escala mundial. Bioneers presenta soluciones progresistas, a la vez que medioambientales, ante los crecientes desafíos de inestabilidad, desigualdad y crecimiento insostenible, y difunde este conocimiento a través de medios de comunicación independientes, eventos y plataformas de acción comunitaria».

Instituto HeartMath

www.heartmath.org

«El Instituto HeartMath es una organización de investigación y educación sin ánimo de lucro reconocida internacionalmente que se dedica a ayudar a las personas a reducir el estrés, controlar las emociones y crear la energía y la resiliencia necesarias para vivir con felicidad y salud. Las herramientas, la tecnología y los entrenamientos que ofrece HeartMath enseñan a la gente a confiar en la inteligencia de sus corazones en sintonía con su mente, de modo que puedan aplicarlo en el hogar, la escuela, el trabajo e incluso en las actividades de ocio».

El Post Carbon Institute

www.postcarbon.org

«El Post Carbon Institute ofrece a las personas, comunidades, empresas y gobiernos los recursos necesarios para comprender y responder a la interrelación que se da en cuanto a las problemáticas económicas, ambientales y de crisis de capital que definen el siglo XXI. Tenemos la visión de un mundo de comunidades resilientes y de economías que desarrollan su actividad dentro de los límites ecológicos».

Comunidades resilientes

http://ResilientCommunities.org

«¿Cómo podemos vivir nuestras vidas de manera que marquemos una diferencia lo suficientemente significativa para generar un cambio? Creo que solo lo podemos conseguir si trabajamos juntos. Creo que lo hacemos al redescubrir nuestra propia sabiduría y nuestra capacidad para enfrentarnos a nuestras necesidades en temas de salud y en cuanto a la seguridad que nuestras familias y comunidades necesitan. Creo que lo hacemos cuando recordamos lo profundamente unidos que estamos a los demás».

La Transición de Estados Unidos

www.TransitionUS.org

«Nuestra visión es que cada comunidad de Estados Unidos ha compartido su creatividad colectiva para dar rienda suelta a una transición extraordinaria e histórica hacia un futuro que ha trascendido los combustibles fósiles. Un futuro que vibra de energía, y que es abundante y resiliente. Un futuro que es, en última instancia, preferible a la situación actual».

LECTURAS RECOMENDADAS

Edmund J. Bourne, *Global Shift: How a New Worldview Is Transforming Humanity* (Oakland, CA.: New Harbinger Publications, 2008).

Lester R. Brown, *Plan B 3.0: Mobilizing to Save Civilization* (Nueva York: W.W. Norton & Company, 2008).

Doc Lew Childre, Howard Martin y Donna Beech, *The HeartMath Solution: The Institute of HeartMath's Revolutionary Program for Engaging the Power of the Heart's Intelligence* (Nueva York: HarperOne, 2000)

David Gershon, *Social Change 2.0: A Blueprint for Reinventing Our World* (White River Junction, VT.: High Point / Chelsea Green, 2009).

Bruce Lipton, *The Honeymoon Effect: The Science of Creating Heaven on Earth* (Carlsbad, CA: Hay House, 2013).

Duane Elgin, *Voluntary Simplicity: Toward a Way of Life That Is Outwardly Simple, Inwardly Rich* (Nueva York: Harper-Collins, 1981).

NOTAS

Nota del autor

1. Lao Tzu, filósofo chino del siglo VI a. de C., cita del *Tao Te Ching*, libro segundo, capítulo 38, www.byzant.com/mystical/biography/Quotations.aspx?id=30.

Capítulo 1. Ahora es distinto

1. Johan Rockström, Will Steffen y Kevin Noone, *et al.*, «A Safe Operating Space for Humanity», *Nature,* vol. 461 (24 de septiembre de 2009), pp. 472-475, www.nature.com/nature/journal/v461/n7263/full/461472a.html

2. Citado en Sarah Lyall, «Heat, Flood or Icy Cold, Extreme Weather Rages Worldwide», *New York Times* (10 de enero de 2013), p. A4, www.nytimes.com/2013/01/11/science/earth/extreme-weather-grows-in-frequency-and-intensity-around-world.html.

3. Citado por Dim Coumou en el artículo «Global Warming Has Increased Monthly Heat Records Worldwide by a Factor of Five, Study Finds», *Science Daily* (14 de enero de 2013), www.sciencedaily.com/releases/2013/01/130114101732.htm.

4. Ibíd.

5. Craig Loehle y J. Huston McCulloch, «Correction to: A 2000-Year Global Temperature Reconstruction Based on Non-Tree Ring Proxies», *Energy & Environment*, vol. 19, n.º 1 (2008): pp.

93-100. Obtenido de www.econ.ohio-state.edu/jhm/AGW/ Loehle/Loehle_McC_E&E_2008.pdf.

6. Joel E. Cohen, «Human Population Grows Up», *Scientific American,* edición especial «Crossroads for Planet Earth» (septiembre de 2005): p. 48.

7. Agencia Central de Inteligencia (CIA), «Population Growth Rate», *The World Factbook*. Consultado el 21 de junio de 2013 en www.cia.gov/library/publications/the-world-factbook/rankorder/2002rank.html?countryName=Fiji&countryCode=fj&regionCode=au&rank=136.

8. Extracto de «How Much Coal Is Left?», *Greenbang*, del informe previo «World Energy Outlook 2013», *International Energy Agency*, www.greenbang.com/how-much-coal-is-left_21367.html.

9. Alfred J. Cavallo, «Hubbert's Petroleum Production Model: An Evaluation and Implications for World Oil Production Forecasts», *Natural Resources Research*, vol. 13, n.º 4 (diciembre de 2004): pp. 211-221.

10. Una definición comúnmente aceptada para «moneda de reserva». Consultado el 21 de junio de 2013 en http://en.wikipedia.org/wiki/Reserve_currency.

11. «The Global Debt Cock», *The Economist*. Un reloj interactivo que calcula la deuda combinada de las economías más grandes del mundo.

12. Cuadro del producto interior bruto según las ratios de deuda de las economías avanzadas y emergentes del mundo, para el período 2010-2016, con estimaciones más allá de 2013. «Comparing Debt Ratios», *The Wall Street Journal* (20 de abril de 2011),http://online.wsj.com/article/SB1000142405274870378910457627 2891515344726.html.

13. Tim McMahon, «What Is the Inflation Adjusted Price of Corn?», InflationData.com (16 de noviembre de 2011), http://inflationdata.com/Inflation/Inflation_Articles/Corn_Inflation.asp.

14. Tim McMahon, «Inflation Adjusted Gasoline Prices», InflationData.com (2 de abril de 2013), http://inflationdata.com/Inflation/Inflation_Rate/Gasoline_Inflation.asp.

15. Peggy Noonan, «A Time of Lore: We Live Through an Agincourt a Day, Yet Life Goes On», *Wall Street Journal* (26 de julio de 2002), http://online.wsj.com/article/SB122418845573142011.html.
16. Citado por Earle Holland, «Major Climate Change Occurred 5.200 Years Ago: Evidence Suggests That History Could Repeat Itself», *Ohio State University Research News* (15 de diciembre de 2004), http://researchnews.osu.edu/archive/5200event.htm.
17. Ibíd.
18. George Musser, «The Climax of Humanity», *Scientific American,* edición especial «Crossroads for Planet Earth» (septiembre de 2005): p. 44.
19. Resumen y enlace al informe completo del Foro Mundial de Economía, «Global Risks 2013», Lee Howell, director de edición, http://www.weforum.org/reports/global-risks-2013-eighth-edition.
20. «The Climax of Humanity»: pp. 44-47.
21. Citado en Childs Walker, «Magnitude of Friday's Storm Shocked Meteorologists, Utility Workers», *Baltimore Sun* (30 de junio de 2012), http://articles.baltimoresun.com/2012-06-30/news/bs-md-storm-unexpected-20120630_1_utility-workers-storm-bge.
22. Ibíd.

Capítulo 2. No hay escasez de soluciones

1. Samuel Johnson (1709-1784), escritor británico, http://www.brainyquote.com/quotes/quotes/s/samueljohn385293.html.
2. Peter Drucker (1909-2005), autor, estratega y consultor, http://www.albertarose.org/articles/quotes/peter_drucker_quotes.htm.
3. Presidente John F. Kennedy (1917-1963). Extracto de la declaración pública de que Estados Unidos concentraría sus recursos para llevar a cabo la primera misión a la Luna antes de 1970. Administración Nacional Aeronáutica y del Espacio, http://www.nasa.gov/vision/space/features/jfk_speech_text.html.
4. Dicho por Neil Armstrong, «One Small Step», transcripción corregida y comentario de Eric M. Jones (1995). El vídeo del

histórico lanzamiento a la Luna está disponible en la NASA, http://www.hq.nasa.gov/alsj/a11/a11.step.html.

5. «2013 World Hunger and Poverty Facts and Statistics», *Datos sobre el hambre*. Página web del Servicio Mundial de la Educación y el Hambre: http://www.worldhunger.org/articles/Learn/world%20hunger%20facts%202002.htm

6. Ibíd.

7. Ibíd.

8. Agencia de Protección Medioambiental de Estados Unidos, «Natural Gas», http://www.epa.gov/cleanenergy/energy-and-you/affect/natural-gas.html.

9. Avances en las fuentes de energía renovables que son más viables como alternativas locales de iniciativa verde que complementan los sistemas energéticos regionales, «Alternative Energy», http://www.greenprogress.com/alternative_energy.php.

10. «Objetivos del Milenio de la ONU 2015». La meta de la reducción de la pobreza se alcanzó antes de lo previsto. Página web de las Naciones Unidas, http://www.un.org/millenniumgoals//poverty.shtml.

11. Lester R. Brown, «Is Our Civilization at a Tipping Point?» *Datos sobre el hambre*. Página web del Servicio Mundial de la Educación y el Hambre, http://www.worldhunger.org/articles/09/editorials/brown_tipping.htm.

12. David Gershon, *Social Change 2.0: a Blueprint for Reinventing Our World* , Red para la Sostenibilidad de las Ciudades (12 de noviembre de 2010), http://www.sustainablecitynetwork.com/blogs/david_gershon/article_5b8f63d2-eea0-11df-8077-0017a4a78c22.html.

13. Comunidad Arcosanti de Paolo Soleri, http://www.arcosanti.org.

14. Edmund J. Bourne, *Global Shift: How a New Worldview Is Transforming Humanity* (Oakland, CA.: New Harbinger Publications, 2008): p. 322.

15. Ibíd.

16. Gregg Braden, *Deep Truth: Igniting the Memory of Our Origin, History, Destiny and Fate* (Carlsbad, CA, Hay House, 2011): pp. 219-

222. También disponible en castellano: *La verdad profunda*. Málaga, España: Editorial Sirio, 2012.

17. Ibíd., pp. 139-183.

18. Gregg Braden, *The Divine Matrix: Bridging Time, Space, Miracles and Belief* (Carlsbad, CA.: Hay House, 2007): pp. 101-122. También disponible en castellano: *La matriz divina: un puente entre el tiempo, el espacio, las creencias y los milagros*. Málaga, España: Editorial Sirio, 2012.

19. Ibíd.

20. *Deep Truth*: pp. 93-138.

21. Ibíd.

22. Ibíd., pp. 219-222.

23. Ibíd., pp. 139-183.

24. *The Divine Matrix*: pp. 61-100.

25. Ibíd., pp. 37-58.

26. Lawrence H. Keeley citado por Brian R. Ferguson en «The Birth of War», *Natural History*, vol. 112, n.º 6 (julio y agosto de 2003), http://iweb.tntech.edu/kosburn/history-444/birth_of_war.htm.

27. Ravi Logan, «Opening Address of the Symposium on the Humanistic Aspects of Regional Development», Prout Institute, Birobidzhan, Rusia (septiembre de 1993).

28. Opinión expresada por sir Martin Rees, profesor e investigador de la Royal Society de la Universidad de Cambridge, y citado por Andrew Walker, «Sir Martin Rees: Prophet of Doom?», *BBC News* (24 de abril de 2003), http://news.bbc.co.uk/1/hi/in_depth/uk/2000/newsmakers/2976279.stm.

29. George Musser, «The Climax of Humanity», *Scientific American,* edición especial, «Crossroads for Planet Earth» (septiembre de 2005): pp. 44-47.

30. Ibíd., p. 47.

31. Ibíd.

32. Tad Williams, *To Green Angel Tower, Part 1* (Nueva York: DAW Books, 1993): p. 771.

33. Paul R. Ehrlich. *The Population Bomb* (Nueva York: Ballantine Books, 1968): p. xi.

34. Paul R. Ehrlich y Anne H. Ehrlich, «The Population Bomb Revisited», *Revista electrónica sobre desarrollo sostenible,* vol. 1, n.º 3 (2009): pp. 63-71.

35. Ibíd.

36. Estadística mundial de producción de automóviles, http://www.worldometers.info/cars.

37. Paul Chefurka, «How Tight Is the Link between Oil, Food and Population?» (15 de febrero de 2011), http://www.paulchefurka.ca/GrainOilPop.html.

38. Ibíd.

39. «UN Raises "Low" Population Projection for 2050», Instituto World Watch (2 de julio de 2013), http://www.worldwatch.org/node/6038.

40. Organización para la Agricultura y la Alimentación de Estados Unidos, «Global Hunger Declining, but Still Unacceptably High» (septiembre de 2010), http://www.fao.org/economic/es-policybriefs/briefs-detail/en/?no_cache=1&uid=45361.

41. Ibíd.

Capítulo 3. El punto crucial

1. Citado por Jacques Steinberg, «Stoppard Overwhelmed by World's Problems», *The New York Times* (11 de julio de 2008), http://nytimes.com.

2. Ibíd.

3. «Q&A with Malcolm: What Is the Tipping Point?» Página web de Malcolm Gladwell, http://www.gladwell.com/tippingpoint.

4. Zach Van Hart, «How Weight Loss Saved My Life: The Story of Bill Smith», *Spark People,* http://www.sparkpeople.com/resource/motivation_articles.asp?id=79.

5. Dicho por Neil Armstrong, «One Small Step», transcripción corregida y comentario, *Apollo 11 Lunar Surface Journal* (revisión final del 18 de enero de 2013), http://www.hq.nasa.gov/alsj/a11/a11.step.html.

6. «How Weight Loss Saved My Life: The Story of Bill Smith».

7. Facultad de Salud Pública de Harvard, «Fats and Cholesterol», *Nutrition Source,* http://www.hsph.harvard.edu/nutritionsource/fats-and-cholesterol.

8. El término «disonancia cognitiva» fue acuñado por primera vez en 1956 por Leon Festinger y se define en su libro *A Theory of Cognitive Dissonance* (Stanford, CA.: Stanford University Press, 1957).

9. Página web de Ken Kuhne sobre los módulos ecológicos para todo tipo de climas construidos en Santa Fe (Nuevo México), http://www.raisedbed.biz.

10. Expuesto por James A. Blumenthal, profesor de psicología clínica del centro médico de la Universidad de Durham, en Carolina del Norte, «Research to the Heart of the Matter: Psychologists are producing clear evidence that psychosocial factors contribute to cardiovascular disease and are coming up with interventions that may help patients live healthier lives», *Asociación Americana de Psicología*, vol. 32, n.º 1 (enero de 2001), http://www.apa.org/monitor/jan01/coverheart.aspx.

Capítulo 4. Cómo llegar

1. Esta declaración procede de la cita de apertura de la edición especial de *Times*, «Beyond 9/11», http://www.time.com/time/beyond911/#.

2. Ibíd.

3. Una definición de resiliencia de la Asociación Americana de Psicología, http://psychcentral.com/lib/2007/what-is-resilience.

4. Una definición ampliada de resiliencia que se puede aplicar a la naturaleza y a la sociedad, de la página web del Centro de Resiliencia de Estocolmo, http://www.stockholmresilience.org/21/research/what-is-resilience.html.

5. Janice Harris Lord y Kevin O'Brien, «Core Elements and Strategies for Victim Service Providers to Develop Resilience», un extracto de «Chapter 10: Developing Resilience», en *National Victim Assistance Academy Track 1: Foundation-Level Training* (marzo de 2011): pp. 9-18, https://www.ovcttac.gov/downloads/views/TrainingMaterials/NVAA/Documents_NVAA2011/Participant-Text/10_NVAA_MAR_2011_Developing_Resilience_PText_final.doc.

6. Peter Corbett, «Ex-Iran Hostage Survived on Faith, Power of Prayer», *Arizona Republic* (9 de noviembre de 2012), obtenido de

http://www.azcentral.com/community/articles/20121106ex-iran-hostage-survived-faith-power-prayer.html.

7. Citado por Pierre Tristam, «Terry Anderson Remembers His Ordeal as a Hostage in Lebanon», *Middle East Issues*, http://middleeast.about.com/od/lebanon/a/me081206f.htm.

8. Charles R. Snyder y Scott Barry Kaufman, «The Will and Ways of Hope», *Psychology Today* (26 de diciembre de 2011), http://www.psychologytoday.com/blog/beautiful-minds/201112/the-will-and-ways-hope.

9. Ibíd.

10. «Healthy Relationships: Their Influence on Physical Health», *BC Council for Families* (2011), http://www.bccf.ca/all/resources/healthy-relationships-their-influence-physical-health.

11. Eleanor Roosevelt (1884-1962), diplomática estadounidense de las Naciones Unidas, humanista y primera dama, http://thinkexist.com/quotation/the_purpose_of_life-after_all-is_to_live_it-to/296516.html.

12. Bruce Lipton, *The Biology of Belief: Unleashing the Power of Consciousness*, *Matter & Miracles* (Santa Rosa, CA.: Mountain of Love/Elite Books, 2005): pp. 146-150.

13. Rollin McCraty, Bob Barrios-Choplin, Deborah Rozman, Mike Atkinson y Alan D. Watkins, «The Impact of a New Emotional Self-Management Program on Stress, Emotions, Heart Rate Variability, DHEA and Cortisol», *Integrative Physiological and Behavioral Science*, vol. 33, n.º 2 (1998): pp.151-170, http://www.heartmath.org/research/research-publications/impact-of-a-new-emotional-self-management-program-on-stress-emotions-heart-rate-variability.html.

14. Ibíd.

15. Kahlil Gibran, *The Prophet* (Nueva York: Alfred A. Knopf, 1923), p. 30.

16. Rollin McCraty, Raymond Trevor Bradley y Dana Tomasino, «The Resonant Heart», *Shift* (diciembre de 2004 - febrero de 2005): pp. 15-19.

17. Esta cita, que expresa la interrelación entre la comunidad, la vida y nosotros, es una de mis favoritas. M. Scott Peck (1936-2005),

psiquiatra y escritor estadounidense, http://www.motherton-gues.com/catalog.php/mothertongues/pg5306.

Capítulo 5. Cómo ir más allá

1. Zerihun Kassa, citado en Bethany Marinelti, «Herds to Harvest: A Community Transformed», *Global Hope Network International* (20 de febrero de 2013), http://globalhopenetwork.org/herds-to-harvest-a-community-transformed.
2. Ibíd.
3. Michael Krasny, «What Is Community?» *Mother Jones* (mayo - junio de 1994), http://www.motherjones.com/politics/1994/05/what-community.
4. Ibíd.
5. Ibíd.
6. *Back to the Future* (1985), dirigida por Robert Zemeckis, con Michael J. Fox, Christopher Lloyd, Lea Thompson y Crispin Glover.
7. Anthony Giddens, *The Consequences of Modernity* (Stanford, CA.: Stanford University Press, 1990): p. 64.
8. Programa de Gestión de las Transformaciones Sociales, Naciones Unidas para la Educación, la Ciencia y la Cultura, «Glossary: Globalisation», *International Migration and Multicultural Policies*, http://www.unesco.org/most/migration/glossary_globalisation.htm.
9. Henry M. Paulson, Jr., «It Could Have Been A Lot Worse: A Conversation with Henry Paulson», *American Interest* (mayo - junio de 2010), http://www.the-american-interest.com/article.cfm?piece=815.
10. Lee Crockett, «Overfishing 101: Protecting Tuna with Technology» (publicado el 27 de septiembre de 2011). Página web de National Geographic, http://newswatch.nationalgeographic.com/2011/09/27/overfishing-101-protecting-tuna-with-technology.
11. Citado por Ken Gewertz, «Fish Story: Anthropologist Bestor Looks at Globalization and Culture Through Study of Sushi Market», *Harvard University Gazette* (6 de diciembre de 2011).

12. Thomas L. Friedman, «Globalization», *Newsweek* (2010), http://2010.newsweek.com/top-10/most-overblown-fears/globalization.html.

13. Ibíd.

14. Judith Rodin y Robert Garris, «Reconsidering Resilience for the 21st Century», USAID Fronteras en el Desarrollo, un ensayo basado en investigaciones anteriores realizadas por investigadores de la Fundación Rockefeller, entre ellos Heather Grady, Claudia Juech, Anna Brown, Ashvin Dayal, Bethany Martin-Breen, Stefan Nachuk, Cristina Rumbaitis del Rio y Fern Uennatornwaranggoon, http://www.rockefellerfoundation.org/blog/reconsidering-resilience-21st-century.

15. Judith Rodin, citado por Arianna Huffington, «Worldwide Resilience Key to Our Future», *Chicago Tribune* (23 de enero de 2013), http://www.chicagotribune.com/sns-201301232030--tms--ahuffcoltq--m-a20130123-20130123,0,1817267.column.

16. Ibíd.

17. Massoud Amin, «U.S. Electrical Grid Gets Less Reliable as Outages Increase and R&D Decreases», Facultad de Ciencias e Ingeniería de la Universidad de Minnesota (22 de febrero de 2011), http://tli.umn.edu/blog/security-technology/u-s-electrical-grid-gets-less-reliable-as-outages-increase-and-rd-decreases.

18. «Some Grocery Store Shelves Empty in NYC», *ABC New York News* (30 de diciembre de 2010), http://abclocal.go.com/wabc/story?section=news/local/new_york&id=7870930.

19. Kayla Webley, con la presentación de informes por parte de Christopher Matthews, «Hurricane Sandy by the Numbers: A Superstorm's Statistics, One Month Later», *Time Mobile 2.0* (26 de noviembre de 2012), http://nation.time.com/2012/11/26/hurricane-sandy-one-month-later.

20. Atribuido a Diógenes Laertius, filósofo griego del siglo IV a. de C., http://en.wikiquote.org/wiki/Heraclitus.

21. Isaac Asimov (1920-1992), escritor estadounidense de ciencia ficción, http://www.goodreads.com/quotes/110684-it-is-change-continuing-change-inevitable-change-that-is-the.

22. Robert Cherry, director médico del Centro del Trauma del estado de Pensilvania, «Business Testimonials: Penn State University», Agencia Federal para el Control de Emergencias, http://www.ready.gov/business/business-testimonials.

23. Ibíd.

24. Ibíd.

25. Margaret J. Wheatley describe el alcance de su trabajo en el Instituto Berkana; http://berkana.org/about.

26. Resumen de la filosofía del Instituto Berkana sobre la comunidad, http://resilientcommunities.org.

27. Para ser capaces de abordar mejor los principales retos del siglo XXI, la Fundación Rockefeller está invitando a las ciudades de todo el mundo a participar en «El Desafío de 100 Ciudades», http://www.rockefellerfoundation.org/our-work/current-work/100-resilient-cities.

28. Una serie de conferencias destinadas a crear mayor resiliencia para la ciudad de Filadelfia, http://www.phil.frb.org/community-development/events/2012/reinventing-older-communities.

29. Una descripción de los esfuerzos de la ciudad de San Francisco por «reconvertir los edificios e infraestructuras que sustentan la vida de la ciudad. Nuestro objetivo es asegurar la resiliencia de San Francisco y nuestra capacidad para no solo sobrevivir, sino también para prosperar cuando ocurre un desastre», http://www.spur.org/initiative/resilient-city.

30. Una iniciativa innovadora de la ciudad de Nueva York para responder a las preguntas: «¿Cómo de resiliente es la ciudad de Nueva York? ¿Podemos hacer frente a desastres repentinos que afecten a nuestra economía, a nuestro entorno natural y a nuestro modo de vida?», http://mas.org/video/building-resilient-cities-future-model-sustainability-community.

Capítulo 6. La transformación del mundo

1. «Stanislav Grof, M.D., Receives Prestigious VISION 97 Award», *Merlian News* (25 de octubre de 2007), http://merliannews.com/People_36/Stanislav_Grof_M_D__Receives_Prestigious_VISION_97_Award_printer.shtml.

2. Extracto del discurso de Stanislav Grof de aceptación del Premio Visión 97 en 2007, http://www.realitysandwich.com/acceptance_speech.

3. Ibíd.

4. Atribuido al biólogo estadounidense E. O. Wilson, http://www.goodquotes.com/quote/e-o-wilson/it-s-obvious-that-the-key-problem-facihttp://www.sfu.ca/landscape/geog415/lectures/lecture2%20(species,%20ecosystems,%20biogeographic%20pattern)_posted.pdf.

5. Johan Rockström, Will Steffen y Kevin Noone, *et al.*, «A Safe Operating Space for Humanity», *Nature,* vol. 461 (24 de septiembre de 2009): pp. 472-475, www.nature.com/nature/journal/v461/n7263/full/461472a.html.

6. Preparado bajo la dirección del Consejo Nacional de Inteligencia de Estados Unidos, *Global Trends 2015: A Dialogue about the Future with Nongovernment Experts*, National Foreign Intelligence Board (diciembre de 2000), http://www.dni.gov/files/documents/Global%20Trends_2015%20Report.pdf.

7. *My World: The United Nations Global Survey for a Better World*, http://www.myworld2015.org/index.html.

8. Megan Quinn, «The Power of Community: How Cuba Survived Peak Oil», *Boletín de la Energía* (25 de febrero de 2006), http://www2.energybulletin.net/node/13171.

9. Ibíd.

10. «IEA Lauds Unconventional Gas Reserves», UPI.com (9 de enero de 2011), http://www.upi.com/Science_News/Resource-Wars/2011/01/19/IEA-lauds-unconventional-gas-reserves/UPI-83531295444312.

11. Si bien hay varios trabajos técnicos de investigación sobre el torio como fuente de energía, estoy compartiendo contigo este en particular porque no es técnico, e identifica claramente las ventajas y los inconvenientes de esta tecnología. Victor Stenger, «LFTR: A Long Term Energy Solution?», *Huffington Post* (9 de enero de 2012), http://www.huffingtonpost.com/victor-stenger/lftr-a-longterm-energy-so_b_1192584.html.

AGRADECIMIENTOS

La redacción de este libro es solo el primer paso en el proceso que lo lleva de mi escritorio a tu bolso, maletín, estantería o mesita de noche. En el camino, los correctores de estilo, los diseñadores gráficos, los agentes de marketing, los publicistas, los organizadores de eventos y las librerías han organizado su vida y su horario alrededor de mi compromiso de que *El punto crucial* estaría listo en el momento que les prometí. Aunque nunca voy a conocer personalmente a la mayoría de estas personas, sé que están ahí. Me siento muy honrado por compartir este viaje y estoy enteramente agradecido por todo lo que hacen a diario para ayudar a que este mundo se convierta en un lugar mejor. Estas páginas son mi oportunidad para expresar mi gratitud sobre todo a aquellos cuyos esfuerzos han contribuido directamente a hacer de este libro algo posible.

Estoy especialmente agradecido a todas y cada una de las maravillosas personas con las que jamás pude imaginar que trabajaría, los miembros de nuestra familia Hay House, Inc. A Louise Hay y Reid Tracy, muchas gracias por vuestra visión y dedicación personal a la verdadera y extraordinaria forma de hacer negocios que se ha convertido en el sello distintivo del éxito de Hay House. Con *El punto crucial* cumplo mi décimo aniversario trabajando con esta editorial y un hito en el camino que iniciamos en 2004. A Reid Tracy, presidente y director, mi más profundo agradecimiento por tu apoyo, tus consejos y la confianza depositada en mí y en mi trabajo. ¡Espero ver hasta dónde nos llevan los próximos diez años!

Erin Dupree, la publicista más extraordinaria del mundo; Alex Freemon, el corrector de estilo más increíble; Richelle Zizian, el mejor director publicitario del planeta; Margarete Nielsen, directora de operaciones, y el vínculo más poderoso entre mi escritorio y el complejo mundo de la edición; Nancy Levin, la directora de eventos más increíble en cualquier parte del mundo; Rocky George, el ingeniero de audio con el oído más perfecto que conozco; y todos los trabajadores, siempre contentos, de los almacenes de California que hacen posible que nuestro libro esté a disposición del público en los eventos *I Can Do It!*: ¡sois absolutamente los mejores! No podría pedir un mejor grupo de personas para trabajar, o un equipo más dedicado a apoyar mi trabajo. Vuestro entusiasmo y profesionalidad son insuperables, y estoy orgulloso de formar parte de todas las cosas buenas que la familia Hay House trae a nuestro mundo.

Ned Leavitt, mi agente literario: muchas gracias por tu sabiduría, integridad y el toque humano que siempre pones a todo lo que hacemos juntos. Gracias a ti, y pese a lo cambiante que es el mundo de la edición, cada vez estamos llegando a más gente repartida por los distintos países del mundo con nuestro mensaje de esperanza y posibilidad. Aunque aprecio profundamente tu ayuda, estoy especialmente agradecido por nuestra amistad y por la confianza que depositas en mí.

Stephanie Gunning, mi extraordinaria gurú editorial durante más de una década, y ahora mi amiga: tienes mi más profundo respeto por tu conocimiento del mundo, tu dedicación y tu habilidad para la redacción, que se ve reflejada en cada uno de nuestros proyectos. Estoy enteramente agradecido por todo lo que haces para ayudar a que comparta las complejidades de la ciencia y las verdades de la vida de una manera amena y significativa. Gracias por insistir para que dé más de mí, y así conducirme a que encuentre la mejor manera de expresar mis ideas.

Me siento orgulloso de formar parte del equipo, y ahora familia, que me ha apoyado en mi trabajo a lo largo de los años, que incluye a mi querida Lauri Willmot, mi favorita (y única) gerente desde 1996. Te admiro enormemente, te respeto profundamente y aprecio las innumerables maneras en las que estás siempre a mi lado. Gracias por representarme de una manera que honra las bendiciones que hemos recibido.

A mis queridos amigos que ya han cruzado al otro mundo: Robin Miner (fundador de Source Books) y Debbie Ford (mi hermana en el camino). Ambos dejaron este mundo mientras yo estaba escribiendo este libro, y su fuerza, su coraje, sus elecciones y su aprobación son parte de mi escritura. Os echo de menos y os agradezco todas las maneras en las que compartisteis vuestro amor conmigo y con el mundo.

Rita Curtis, mi extraordinaria gerente de negocios, y ahora mi amiga: aprecio profundamente tu visión, tu claridad y tus habilidades, que nos llevan de aquí para allá cada mes. Por encima de todo, agradezco tu confianza, tu apertura de mente y, sobre todo, tu amistad.

Mi madre, Sylvia, y mi hermano, Eric: gracias por vuestro amor incondicional y por creer en mí, incluso cuando no me entendéis. Aunque nuestra familia es pequeña, es grande en cuanto al amor que nos profesamos los unos a los otros. Gracias por todo lo que aportáis a mi vida cada día.

Mi bella esposa, Martha, que ha sabido sacar lo mejor de mí: tu aceptación incondicional, tu amistad, tu sabiduría y todo lo que abarcas con tu amor está siempre conmigo, y sé que seguirá siendo así hasta el día en que crucemos al otro mundo. Junto con Woody «Bear» y Nemo, los seres peludos con los que compartimos nuestras vidas, hacéis que después de cada viaje apetezca volver a casa. Gracias por todo lo que me dais, todo lo que compartís conmigo y todo lo que aportáis a mi vida.

Un agradecimiento muy especial a todos los que han apoyado mi trabajo, mis libros, grabaciones y presentaciones en los últimos años. Me siento honrado por la confianza que habéis depositado en mí, maravillado por la visión que tenéis de un mundo mejor, y os estoy profundamente agradecido por la pasión con la que procuráis que dicho mundo se haga realidad. Vuestra presencia ha hecho que me convirtiera en un mejor oyente, y que hayamos podido compartir nuestro mensaje de esperanza y posibilidad. A todos, mi más profundo agradecimiento.

Sobre el autor

Gregg Braden, autor de superventas del *New York Times*, ha sido reconocido internacionalmente como un pionero a la hora de tender un puente entre la ciencia, la sabiduría antigua y el mundo real.

Tras su exitosa carrera como geólogo informático en Phillips Petroleum durante la crisis energética de la década de 1970, trabajó como diseñador de sistemas informáticos en Sistemas de Defensa Martin Marietta durante los últimos años de la Guerra Fría. En 1991 se convirtió en el primer director técnico-operativo de Cisco Systems.

Desde 1986, Gregg está explorando remotos pueblos de montaña, monasterios antiguos y textos olvidados para descubrir sus secretos intemporales y fusionarlos con la ciencia de hoy. Su trabajo, ahora publicado en treinta y ocho idiomas y treinta y tres países, deja tras de sí libros tan inspiradores como *La verdad profunda*, *El código de Dios*, *La Matriz Divina*, *Secretos de un modo de orar olvidado*, *La curación espontá-*

nea de las creencias y *El tiempo fractal*. Su libro superventas *La Matriz Divina*, publicado en 2007 en Estados Unidos y también en esta editorial, ha servido como fuente de inspiración para la realización del programa de televisión *Entanglement*, y ahora se utiliza como libro de texto para los cursos universitarios que exploran los nuevos descubrimientos de la ciencia y nuestra relación con el mundo.

Gregg ha recibido numerosos premios en reconocimiento a sus ideas visionarias y a su innovación. Su trabajo ha llegado a todos los rincones del mundo a través de sus conferencias y enseñanzas con las empresas de Fortune 500, el Ejército de los Estados Unidos y varias empresas de alcance internacional. También hace su aparición en programas especiales de History Channel, Discovery Channel, el canal de National Geographic, la NBC y la ABC.

Para más información, por favor contacta con la oficina de Gregg Braden:

Wisdom Traditions
P.O. Box 14668
North Palm Beach, FL 33408
(561) 799-9337

www.greggbraden.com
info@greggbraden.com

ÍNDICE